｜光明社科文库｜

论日本教育的摄取性及其变异

—— 大和时代至二战结束日本教育研究

李应赋◎著

光明日报出版社

图书在版编目（CIP）数据

论日本教育的摄取性及其变异：大和时代至二战结束日本教育研究 / 李应赋著. -- 北京：光明日报出版社，2021.12

ISBN 978-7-5194-6400-4

Ⅰ.①论… Ⅱ.①李… Ⅲ.①教育研究—日本 Ⅳ.①G531.3

中国版本图书馆 CIP 数据核字（2021）第 273245 号

论日本教育的摄取性及其变异：大和时代至二战结束日本教育研究
LUN RIBEN JIAOYU DE SHEQUXING JIQI BIANYI：DAHE SHIDAI ZHI
ERZHAN JIESHU RIBEN JIAOYU YANJIU

著　　者：李应赋

责任编辑：王　庆　　　　　　　　责任校对：崔荣彩
封面设计：中联华文　　　　　　　责任印制：曹　净

出版发行：光明日报出版社

地　　址：北京市西城区永安路 106 号，100050

电　　话：010-63169890（咨询），010-63131930（邮购）

传　　真：010-63131930

网　　址：http：//book. gmw. cn

E - mail：gmrbcbs@ gmw. cn

法律顾问：北京市兰台律师事务所龚柳方律师

印　　刷：三河市华东印刷有限公司

装　　订：三河市华东印刷有限公司

本书如有破损、缺页、装订错误，请与本社联系调换，电话：010-63131930

开　　本：170mm×240mm

字　　数：270 千字　　　　　　　印　　张：15.5

版　　次：2022 年 1 月第 1 版　　　印　　次：2022 年 1 月第 1 次印刷

书　　号：ISBN 978-7-5194-6400-4

定　　价：95.00 元

序

在中国人的眼里，日本教育既熟悉又陌生。日本教育中的众多元素，中国人都似曾相识，甚至有相当部分与中国教育雷同。而有些方面，中国人却难以理解，深感不可思议。中日两国地域相邻，"一衣带水"。两国交往历史悠久，其中有欢笑，有泪水，也有灾难。明治维新前，日本视中国为先生，对中国萌生欣美、崇拜之情，对中国教育简直是全盘照搬；明治维新后，则性情大变，温情全无。国与国之间，教育互通有无，本是常理之中，然而交往过程中的变异，实在令人瞠目。其间影响因子诸多，剪不断，理还乱。究其根本原因，皆由日本教育的特殊性质所致。

中日两国近两千年的教育交流，由日本主动摄取而起。但因摄取的方向改变，摄取的影响各有差异。在古代，两国的教育存在着势位差，即中国教育成熟而完备，日本教育却起点低、发展亦慢。这种势位差决定了两国的教育在规模、速度以及内涵上，均不能相提并论。此期间的教育交流，表现为日本主动吸收式，由中国向日本温和地流动。日本教育从其产生到兴盛，直至逐步完善，每个历史阶段，中国教育均对其产生了巨大的影响。中国教育成为日本教育的摄取之源，对日本教育起着教育母体的作用。本书对中国古代教育进行了一个有选择的重点介绍，阐述了中国古代教育给日本教育摄取提供的可能，它包括形式、内容以及教育理念等诸多方面，由此论证了日本教育特性的形成与中国教育有着不可分割的关联。日本早在大和时代就开始对中国教育进行摄取，奈良时代进入全面摄取中国教育的时期，后经过长期的按需所取、消化创新，逐步形成了具有日本教育特色而又充满中国教育元素的教育体系。但是，近代日本教育转向，由东向西，由汉变洋。通过利益选择，其性质发生变异。两国间教育交流的关系逐渐发生了逆转，变成了"逆摄取"。虽然仍旧是日本教育主动，但因日本教育"逆摄取"的强势，教育交流的大趋势变成了日本向中国强迫式地流动，形成了日本对中国的教育扩张。

日本教育摄取性的基本性质分为 A、B 两面，主要从四个方面切入，即主动开放性、利益选择性、综合创新性和极端两重性。两面之分以时间为节点，明治维新前的教育摄取为 A 面，明治维新后的教育摄取为 B 面。A 面主要论述了大和时代到江户时代日本教育摄取的发展流程，重点介绍了大和时代、奈良时代以及镰仓和室町时代日本对中国教育的摄取状况，在比较教育学的视野下，从细节的角度展示了日本教育摄取性的特质，阐述了日本教育摄取的消化创新和摄取教育尽量本土化的过程。B 面主要论述明治维新后的日本近代教育，日本教育摄取方向与内容发生改变，摄取变异为"逆摄取"，导致日本国家主义教育制度的建立。随着教育摄取之变异，日本教育形成了军国主义的教育特质，并将这种特殊性质外化成两种表象：一是教育"逆摄取"的视于无形的状态，即非武力的教育扩张；二是有形的，即伴随着对中国武力入侵状态下的教育侵略和扩张。

众所周知，日本的古代教育大量模仿中国，特别是在唐代（此时的日本为奈良时代），无论是形式还是内容简直都是全盘照搬中国教育。明治维新后，日本对于欧美教育也是竭力模仿，很大程度上成为西方教育的缩版。日本教育中既有中国教育的影子，也有欧美教育的成分。但它的主体部分不是中国教育，亦不是欧美教育。因为它没有中国教育中的那份平和，也少了欧美教育中的那份自由，却最终衍生出了一个极具特色的"摄取"性质。这种摄取和变异后的"逆摄取"，使日本教育既能表现其"奋不顾身"的"吸收"，也能表现其择己所用的"消化"和唯利是图的"创新"，还能充分地表现出其"逆摄取"时的军国主义性。此种种"表现"，值得国人关注。

是为序。

李应赋
2020 年 11 月

目 录
CONTENTS

第一章　绪论 ……………………………………………………………… 1

第二章　日本教育摄取之源：中国古代教育 ……………………………… 13
  第一节　中国古代教育的萌芽——书契产生，催生教育，为日本教育摄取
       提供可能 ……………………………………………………………… 14
  第二节　夏、商、西周的教育成型——为教设校、学在官府，为日本教育
       摄取提供官学形式 …………………………………………………… 15
  第三节　春秋战国时期私学兴盛——百家争鸣、养士成风，为日本教育摄
       取提供私学形式 ……………………………………………………… 17
  第四节　汉代教育之逐渐完善——经学教育、生徒众多，为日本教育摄取
       提供教育内容 ………………………………………………………… 19
  第五节　唐代之鼎盛教育——科举考试、教育传日，日本教育摄取进入高潮
       …………………………………………………………………………… 20
  第六节　宋代教育之成熟——书院教育、程朱理学，日本教育摄取形成体系
       …………………………………………………………………………… 25
  第七节　元代教育——复学兴校，战争之故导致日本教育摄取渐衰 …… 30
  第八节　明代教育——继承与发展，日本教育摄取又入佳境 ………… 32
  第九节　清代教育——旧教育时代结束，日本教育摄取选择"创新" …… 34

第三章　日本教育摄取性的 A 面表象：主动吸收，综合创新 ………… 37
  第一节　大和时代，对中国教育摄取之始 …………………………… 38
  第二节　飞鸟时代，对中国教育全面摄取 …………………………… 41

第三节　奈良时代，对中国教育摄取之盛 ·················· 46

第四节　平安时代，对中国教育摄取后的消化创新 ·········· 55

第五节　镰仓、室町时代，对中国教育继续主动摄取 ········ 64

第六节　江户时代，对中国教育按需摄取、教育创新 ········ 75

第四章　日本教育摄取性的 B 面表象：利益选择、性质变异 ·········· 100

第一节　教育摄取方向由东向西、内容由汉变洋，近代教育确立 ········ 100

第二节　摄取西方教育之"精华"，国家主义教育制度的建立 ······· 116

第三节　对西方教育摄取之要旨，殖产兴业发展国力、职业教育培养人才
·············· 125

第四节　对西方教育摄取之变异，军国主义教育的形成 ······· 133

第五章　日本教育的逆"摄取"，教育扩张 ················ 141

第一节　教育扩张的前奏，明治时期日本人眼中之中国 ······· 143

第二节　典型的日本对华教育扩张实体——东亚同文书院 ······· 148

第三节　吸引中国学生留日——培植亲日势力 ·············· 163

第四节　派遣日本教习来华指导和直接参与中国教育，谋取在华教育权力
·············· 169

第五节　日语汉字词汇大量进入汉语，教育扩张的显性现象 ········ 176

第六节　对台湾的教育扩张 ·············· 187

第七节　对大连、青岛及"满铁"附属地的教育扩张 ·············· 195

第八节　对东北地区的教育扩张 ················ 209

第九节　对华北、华中、华南地区的教育扩张 ·············· 217

第六章　结论 ················ 228

参考文献 ················ 231

后　记 ················ 238

第一章

绪 论

像历史一样，对教育的描述也只是对以往已经形成的教育事实的观照，但是人类教育就像一条河流，在淘汰、继承、发展中永远向前。日本教育对中国人，特别是对中国的教育来说，是个永远也撇不开的话题。对于日本教育的基本性质，众说纷纭，从外部特征来看，其是有模仿性、再生性、组装性、嫁接性等性质。纵观日本教育的历史，这些说法都不足以表达日本教育的本质特征。众多的教育历史材料证明，日本教育是世界教育中极具特色的教育之一，有它的特殊性质。日本教育作为一个既有其独特性又和世界教育特别是中国教育息息相关的存在，它的兴盛与发展取决于多方面的因素。但是有一个不可忽视的方面，就是其教育的摄取①性。由于日本岛国特质，国小地狭，文明历史滞后，因此外来的教育元素就成为日本教育发展的重要原动力之一。日本紧邻古代文明发达的中国，近水楼台，日本教育通过对中国教育的摄取，积累、混交或同时共存而形成了一种混合积累式教育，经过明治维新前后两个阶段异质异系的教育摄取，形成了多元性的教育结构。

何谓日本教育的摄取性？教育原本是生成的，是人所生成的，由各不同民族的人生成各异的教育。然而日本教育有其特殊之处，它从萌芽之时就缺乏生成性。缺乏生成性的教育似无根基，极易变质并产生异象。特别是在两种教育交流过程中，常不能以平等、和平心态待之而走极端，形成"逆摄取"。本书根据历史研究法、思辨研究法和教育具有形态学的特点，从固定形态（基本史事）的角度对大和时代至二战结束日本教育的摄取性进行分析，研究中日教育交流中出现的异常现象，从而进一步探讨极具摄取性的日本教育。

"摄取"一词，原义为吸取、获取、拍摄。摄，小篆以来的形声字，从

---

① 本文中的"摄取"一词据中文汉字的解释有两种含义：一是获取；二是吸收消化后有所作为。

"扌"（手）；聂（聶），有"提起，牵曳"和"拿取"之义。取，甲骨文以来的会意字，从"扌"（手）持耳，耳又多喻大象，从又（手）役象，表示有所作为，《说文》注为"捕取"义，现代语说"拿"，引申为从中拿出合乎需要的或依照一定的根据或条件去做。① 摄取本为吸收，吸收后消化，取已所用而后再有所作为之义。

日本教育的摄取性，是日本教育的本质特征，是日本教育与生俱来的天性。古代和近世日本教育对中国教育的摄取连续不断，有三次高潮，第一次是奈良时代（710—784），此时代的日本教育基本上是盛唐教育的移植，全日本掀起了一个摄取中国教育文化的热潮。第二次是镰仓、室町时代（1192 1603），日本新兴的武士阶层积极地摄取宋、元、明的教育，此时摄取的朱子学，影响日本教育至今，成为日本近代儒学的渊源。第三次是江户时代（1603—1867），日本大量摄取儒学教育，使日本教育的形式和内容日趋正规，促进了教育的持续发展。悠长的教育摄取，已成为日本的教育自觉。

日本与中国的教育交往，不论该交往是出于友善还是暗怀其他目的，从宏观上看都有三个特点：一是历史悠久。由于地理位置的原因，远古时代就有中国大陆原始居民向日本列岛迁移，应该说此时的中日教育交流就已开始。有文字记载的教育交流史，亦有近两千年。教育交流不仅源远流长，且绵延不断，即使在两国关系交恶之时，此种交流也几乎没有停止过，只是形式和内容有所变异而已。二是范围广泛。中日两国间的教育交流其范围之广为世界罕见，除开大量的以教育为目的的人员往来之外，日本教育交流还包括对中国教育思想、教育目的、教育内容以及教育形式的吸收。这是名副其实的教育全方位交流，它涉及双方教育的各个层面。三是影响深远。中日教育交流对两国教育的影响从历史上来看都是巨大而深刻的，例如，中国古代教育几乎决定了明治维新前日本教育的基本走向，甚至在当今日本教育的身上，也还能看到众多中国教育的元素，其影响不谓不深远。

时至今日，中日之间的教育交往更加频繁，形式亦更加多样，日本教育对中国教育的影响与日俱增，原因在于日本战后经济的巨大成功。中日邦交正常化特别是中国改革开放后，大量的日本文化元素、教育元素进入中国，早在2003 年，中国留日学生就达 10 万人之多。中国人虽然能够直面日本教育，但对其缺乏深入的研究和剖析，故疑窦之处甚多，日本教育支撑其经济的强大，教

---

① 高景成. 常用字字源字典［M］. 北京：语文出版社，2008：216–232.

育导致获诺贝尔奖者众多，教育的光环迷乱了人们的眼睛，因此解构日本教育实有必要。

对日本教育属性的困惑，主要表现在以下方面：一是日本教育属于东方教育还是西方教育。属于东方教育的人认为，日本教育的发端首先缘于中国教育，明治维新前的近两千年的日本教育，几乎无时无刻不受中国教育的影响，日本教育无论是教育内容还是教育形式都大量吸收中国教育元素。其教育的形成和发展过程，可以说是全盘吸收中国教育的过程，吸收后消化而成的日本教育处处都有中国教育的影子。19 世纪中叶，东西方教育文明邂逅之初，在人们的眼中（包括西方人），日本的教育完全属于神秘东方教育圈，甚至被认为是中国教育的支流，是中国教育的翻版。就连周作人所见明治维新后的日本社会亦是如此："我们在日本的感觉，一半却是古昔，而这古昔乃是健全地活在异域的，所以不是梦幻似的空暇，而亦与高丽安南的优孟衣冠不相同也。"① 有人曾问：如果在日本教育中剔除中国教育的成分，日本教育还能剩下什么？回答是，日本教育恐怕难以自存。对此有人却存异议，认为日本近、现代的教育属于西方教育。其理由之一是日本明治时期，大量引进西方教育，以福泽谕吉为代表的一大批资产阶级教育家提出"脱亚入欧"，主张弃汉崇洋，摄取西方教育，开办西式学校。宣扬要想掌握有形的自然科学和无形的独立精神，获取自由之道路，就必须在学校接受西方教育的理念。此后日本教育的改革之深和"西化"内容之泛也是前所未有的，涉及从小学到大学，从国民教育到职业技术教育、师范教育等各种形式的教育，包括学校管理、教学内容、教科书编纂等诸多方面，日本的教育因此而进入了西方教育的行列。特别是二战后美国占领日本，对日本社会进行民主改革，日本的教育从此全面向西，几乎全盘西化。日本人的教育理念和模式亦基本模仿美国教育，美欧色彩相当浓郁。加之而后日本经济跻身"西方七国"，政治上追随欧美，投入西方阵营，因此带有明显功利性的日本教育被认为是西方教育的一分子。

定义是一种创造性的思维活动，对属性的定义之难，在于它既要求有科学概念的严谨，又要求有确凿的史料支撑。对日本教育属性的困惑还表现在日本教育究竟是模仿教育还是再生教育。一些研究者认为，日本教育不是抄袭中国，就是模仿欧美，日本基本就不具有传统教育的特征，此话亦有道理。日本历史上出现过两位受日本人民尊敬的领导人：第一位是飞鸟时代的圣德太子，此人

---

① 钟叔河. 周作人文类编 7 之日本管窥 [M]. 长沙：湖南文艺出版社，1998：28.

圣明，他了解到中国的国力强盛，感受到中国文化的博大和教育的成熟，提出了日本教育模仿中国教育的主张，他不仅仿中国史制和政治道德守则对日本实行政治改革，还大量派遣日本留学生和留学僧来中国唐朝留学，学习中国文化和教育，并仿照唐朝的教育制度建立贵族学校教育制度，在开拓本国教育时几乎完全吸收了唐代的教育内容和教育形式，日本教育以此为基础逐渐成形与发展。更值得一提的是，教育中最关键的元素是文字。而日本文字也几乎完全从中文汉字抄袭或模仿而得，日语中现存的日文汉字以及从中文汉字演变来的日文假名，足以说明这一点。况且其演变的过程实在是地道的模仿过程，日本人是模仿高手，因此说日本教育是模仿教育应该也不为过。第二位是明治维新时代的明治天皇。明治初年，日本"脱亚入欧"思想盛行，此种理念进入教育，成为日本近代教育的共识。于是日本几乎全盘引进欧美教育，仿照欧美的学制，制定了日本大、中、小学规则，建立了大学、中学和小学的现代化学校体系，并着手改革教育内容，加强英文教学和实用知识的教育，使日本迅速进入了近代化教育的阶段。但也有人提出质疑，认为日本教育不应是模仿教育，准确地说应该是再生教育。日本教育中虽有中国教育的影子，也有欧美教育的成分，但它已不是欧美教育，更不是中国教育，而是独一无二的日本教育。之所以如此，是由其再生教育性质决定的。众所周知，日本自古以来就缺乏其民族的原创教育，因而受外来教育，特别是中国古代教育和欧美现代教育的影响颇深，日本在其教育初创之时就大量摄取中国教育，在唐代（日本奈良时代）进入高潮，但谁能说吸收的过程中就没有再生呢？平安时代日本教育自我消化创新，独特的国风文化教育影响其教育的走向，导致僧侣教育的兴盛，应该说是教育再生的具体表现。还有对中国汉字的模仿再生出的日本文字，这不仅是文字的再生，更是特定教育形式的再生。近代亦是如此，对欧美教育的摄取，再生出带有国家主义色彩的日本教育。日本的教育就犹如历经沧桑的古树，它的种子源于东瀛列岛，其根部深深扎在东亚肥沃的土壤之中，这棵古树之根甚至越洋过海汲取中国大陆的营养，而其枝叶又沐浴着来自欧美的阳光雨露，取其精华，再生出东西兼容、汉洋并蓄的奇异之果。

因此，日本教育既有东方（中国）教育的元素，又有西方（欧美）教育的成分，既是聚东方教育之大成的模仿教育，又是取汉、洋教育之精髓的再生教育。这一混合教育体其根本的性质是什么？如何解析日本教育？这确实是一个值得深思的问题。

的确，日本教育的本质特征一直是中日两国学者关注而又难以阐明之事，因为国家教育的性质往往反作用于民族文化的基因、社会政治思潮性质和国民的价值取向，最终影响日本国家的走向。日本自明治维新以来，其社会政治思潮一直是大国民族主义，其主要特点是战前推行侵略扩张理论，武力侵入邻国，夺取被占领国资源。战后否定侵略历史，美化帝国主义分子，主张尊崇天皇，强化国权观念，鼓吹日本是一流国家。用教育号召日本人加强"大国意识"，宣扬"日本文化优秀论"和"日本民族优秀论"，而对其他国家和民族，表现出大国沙文主义态度，甚至主张突破战后"禁区"，加强军备向海外派兵等。这般思潮，原本由教育而生，而后又以教育做媒介，在国际格局大变动的形势下，渐入日本民众之心并得以迅速发展。这不仅在日本民众阶层中有一定市场，而且在一定程度上影响日本政府决策。历史的经验告诉我们，日本的教育决定着日本社会的走向。例如明治维新前的汉学教育，奠定了日本儒学资本主义的社会基础。明治维新后日本的教育改弦易辙，实行"脱亚入欧"，导致近代资本主义的迅速发展和军国主义的极度膨胀。此期间最具代表性的是明治天皇发布的《教育敕语》和井上哲次郎①撰写的《教育敕语衍义》。井上从小受中国文化的熏陶，封建的皇权文化是他国家意识和教育的基础。后留学德国，接受了西方资本主义国家意识的教育，东西文化的冲突，为他提供了新的思维。他抛弃了日本社会过去"孝悌忠信"的传统理念，提出了将日本的皇道与中国的儒学和德国的国家主义三者结合的思想，倡导建立日本所谓"忠君爱国"的教育体系。近代之后日本对外战争中的教育更是被军国主义所把持，通过教育鼓吹侵略，培养战争人才。战后日本教育虽有了些许的反思，揉进了一些民主的元素，但教育的宗旨改变甚少，以至于修改教科书、否定甚至美化侵略之事时有发生，最后发展为修改和平宪法、制定新安保法等一系列的行动。循着这样一条教育发展的路径，任凭日本近代的教育思潮继续泛滥，毫无疑问，日本的日后"作为"亦可想而知。

　　中日两国有着两千多年的交往历史，日本文化和教育的原始形态是中国式的，故在历史的前部分，中国是日本崇拜的对象。而明治后日本经过与中国战争的较量，认定自身力量已远胜于中国，且中国的资源、土地和劳动力，又是日本垂涎已久、志在必得的，因此甲午战争之后，日本念念不忘的就是占领中

---

①　井上哲次郎（1855—1944），哲学家，生于福冈县，东京大学教授。致力于东方哲学的研究，并介绍德国唯心论哲学。同时，从国粹主义的立场出发抨击基督教。《新体诗抄》的编著者之一。主要著作有《日本朱子学派之哲学》《日本阳明学派之哲学》《哲学词汇》。

国，使中国沦为日本的殖民地。这不仅是当时日本的国策，也几乎成了日本民众的共识。于是一战刚结束，日本就向中国北洋政府提出令中国丧权辱国的《二十一条》，此后在长达半个世纪的时间内，日本穷兵黩武，武力侵略中国，挑起了全面的侵华战争，使中国人民深受其害。令人担忧的是，随着时间的流逝，日本曾饱尝发动侵略战争苦果的老一代资深政治家已逐渐陆续退出政治舞台，即使他们在位时，如何正确对待日本历史上的战争责任，已非常不能令在战争中受害的人民满意。新一代的政治家们，由于日本教育的缘故，可能更缺乏对发动侵略战争的负罪感，其中流毒甚广的大国民族主义以及由大国民族主义而衍生出的军国主义思想，势必会对他们产生影响。如此一来，日本若不从教育入手，不消除教育中人为的政治因素，而单单要求其后人正确认识那一段罪恶的侵略战争历史，将并非易事。

事实的确如此。二战后，日本数十届内阁首相中，除中曾根康弘（1982.11—1987.11曾连任三届日本首相）和村山富士（1994.6—1996.1）外，再无一任首相承认侵略的事实。而中曾根虽一边口头承认战争，却一边还在1985年8月参拜靖国神社。战后，日本国内一直有一股否认日本人入侵中国为侵略战争的思潮，日本甚至有一大批不负责任的政治家，公开美化殖民战争，否定对中国和东南亚的侵略。如在中曾根任首相期间的1986年9月，文部大臣藤尾正就曾公开发表否认日本侵略历史的言论，因而被革职①；而后竹下登任首相时的国土厅长官奥野诚光也因公开否定日本发动侵略战争的性质而于1988年5月被迫辞职②；1994年5月3日，羽田孜刚任首相，其内阁法务大臣永野茂门在《每日新闻》公开发表谈话，否定对中国的战争侵略。他竟信口雌黄称，"南京大屠杀是捏造的"，引发中国方面强烈不满，日本舆论大哗，后被迫收回此言论，并引咎辞职。③ 村山内阁的环境厅长官樱井新和通产大臣桥本龙太郎（1996.1—1998.7任日本首相）公然为日本历史上的侵略战争辩解。同届的文部大臣岛村宜伸竟然抛出日本对外战争"是不是侵略战争，属于思想方法问题"的怪论。总务厅长官江藤隆美公开谈及日本的殖民统治"也做了好事"。1995年6月9日，日本众议院虽然通过了《以历史为教训重申和平决心的决议》，但就是这个所谓"不战决议"，也根本没有正面提及日本的殖民统治和侵略。

---

① ［日］坂本赏三，福田豊彦. 新编日本史图表［M］. 东京：第一学习社，2001：244.
② ［日］坂本赏三，福田豊彦. 新编日本史图表［M］. 东京：第一学习社，2001：244.
③ ［日］坂本赏三，福田豊彦. 新编日本史图表［M］. 东京：第一学习社，2001：245.

　　另一敏感事件是日本首相和政府要员参拜靖国神社。靖国神社位于日本东京都千代田区九段北，其前身为东京招魂社。1869 年明治天皇下令创建，以纪念戊辰战争中为恢复天皇权力而牺牲的军人。明治十二年（1879）改名为靖国神社，后由军方管理，二战后更改为独立宗教法人。靖国神社供奉着自明治维新时代以来为日本战死的军人及其家属，其中大多数是在日本侵华战争中阵亡的日军官兵，以东条英机为首的 14 名侵华战争的甲级战犯的灵位也供奉在此。多年来，参拜靖国神社已成为部分日本政客拉拢选民、展示其右翼思想的"个人秀"。1975 年以前日本历届首相（除池田勇人外）都在靖国神社春秋两次大祭时以所谓"私人身份"前往参拜。进入 20 世纪 80 年代以后，每年 8 月 15 日所谓的"终战纪念日"，当日参拜靖国神社的不仅是首相，还包括几乎所有内阁大臣。1985 年 8 月 15 日，日本投降 40 周年之际，时任日本首相中曾根康弘带领内阁成员集体"正式参拜"了靖国神社，开了日本首相以国家公职人员身份参拜靖国神社的先河，并在首相任上先后参拜 10 次之多。2013 年 4 月 23 日的春季大祭，日本跨党派议员团体"大家参拜靖国神社国会议员会"168 人参拜靖国神社。这是继 2005 年 10 月以来首次参拜人数超过 100 人（2005 年 10 月 18 日秋季大祭，日本 101 名议员集体参拜靖国神社）。靖国神社中存放着众多二战中日本主要战犯的灵位，日本国家领导人多次参拜，极大地伤害了中国人民及亚洲其他相关国家人民的感情，挑战着亚洲各国人民的情感底线。更可笑的是，此后每年都有日本政府阁僚变换不同身份和制造各种借口参拜靖国神社，如桥本龙太郎，1996 年时正在首相任上，同年秋天，他竟然借口自己生日，肆无忌惮地参拜了靖国神社。事后在遭日本国内外强烈谴责后，不仅毫无道歉之意，反而口出恶言，指责亚洲国家没有考虑他的"个人感情"。安倍晋三先后两次任日本首相，第二次担任日本首相后竟然对第一次任期内没有以"内阁总理大臣"的身份参拜靖国神社而耿耿于怀。二次任首相后，他倒行逆施，比以往有过之而无不及，把对侵略战争的否定做到了极致，完全不顾日本国人和亚洲人民反对参拜靖国神社、修改日本和平宪法第九条、制定新的安保法等的情绪。如此等等，日本自恃经济大国，越来越无视自己的侵略历史，严重伤害亚洲各国人民的感情。反思这一现象，可以断定，日本在今后的国际政治外交中，否定侵略战争历史，一定会成为一个频发的问题。此问题的关键点在何处？就在教育。日本的教育造就了大批不可理喻的政治家乃至日本民众，从而决定了日本社会的基本走向。因此，探究日本教育的性质，是如何理解日本社会，并与这个邻邦国家打交道之当务之急。

从历史学研究的角度，我们可以看出，开放、封闭，再开放、再封闭，如此循环反复，这是日本教育所走过的道路。日本教育的初创离不开中国，日本社会经过了一段长时间的封闭，公元前3世纪开始，中国大陆的铁器和农耕文明经朝鲜传到日本，从此这个岛国进入了金属器具和稻作文化的时代，此时的岛国居民不仅能满足衣食之需，物质还有了些剩余，于是便有了财富的占有不均，有人成了贵族，有人沦为奴隶。日本国土上，小国林立，且小国之间战争频发，岛上还出现了日本人自己制作的青铜器和铁器，故这一时代史称日本的弥生时代（弥生时代：BC300—AD300，日本列岛进入制作工具和农耕时代。著者注）。这一时代开始至大和时代以及后来的奈良时代，中国的汉字、历史典籍和宗教经书陆续传到日本，日本看见了中国这个巨人般屹立在自己身边的邻居，萌生了强烈的欣羡、崇拜之情。在此驱动下，大批日本人蜂拥来到中国，如饥似渴地学习。学成之后又回到岛国，至平安时代关起门来默默消化，摄取中国的教育，仿中国的模式，办自己的教育。

不知不觉几个世纪过去了，风云突变，西洋的军舰开到了这个岛国门口，强求通商开放，日本人此时才知道中国之外还有一个更强大的西洋，日本人坐不住了，连天皇也为之所动，向西洋取"洋经"。一夜之间岛国"洋化"，成了东半球上的"西式国家"。明治维新，"脱亚入欧"，强大起来的日本不甘寂寞，蠢蠢欲动，不禁要试试身手。此时的中国正值清朝后半期，虽然土地依旧广阔，资源依旧丰饶，但已身患多疾，体力日渐不支，如此状况在侵略者眼中正好是一块令人垂涎欲滴的肥肉。于是，对昔日的老师，这位学生挥起了屠刀，在中国的土地上横行了半个多世纪，将日本文化中最丑恶的一面展露无遗，也将日本教育中的摄取性发挥到了极致。随着武力侵略的深入，日本一大批狂热的政治家、教育家把教育摄取性的主动吸收、利益选择异化变成了教育侵略扩张，近代中国教育成了日本教育蹂躏的对象。

今天凭着强大的经济实力，日本又一次做出了向世界挺进的姿态。这个曾有着侵略别国历史的国家，这个至今都避谈自己侵略历史、对自己的罪行毫无忏悔之意的国家，能否赢得全世界的信任，最关键的就是看它能否对自己的历史、对自己的教育文化来一个彻底的反思，能否对日本教育文化中富有攻击性、扩张性的一面进行彻底的剔除，能否真正坦诚面世、重新做人。

为什么说日本教育是具摄取性的？这还得再一次从日本语言说起。语言是教育的基础，是教育的先决条件，研究日本教育自然离不开日本语言。那么，日本语言的源头在何处？卢梭在论语言的起源时曾阐述了一个观点，他认为言语的起源、言语的初始产生不是因为需要而是激情所致，"看来，需要造就了第一句手语，激情逼出了第一句言语"。① 此话虽有道理，但应该是就语言的声音而言。探究日语语言形成的成因，却发现需要的成分远远大于激情的成分，需要表达了日本民族强烈的实用主义情怀，需要成就了日本语言文字自成体系，创造出世界范围极具特色的日本语言文字。众所周知，语言是文化的载体，也是教育产生与发展的重要条件，历史上语言的产生与教育的产生过程有着惊人的相似，语言的特征基本上决定了教育的特征。原创性的语言对应原创性的教育，而摄取性的语言，所对应的教育一定是摄取性的教育。日本语言和汉语及其他印欧语言存在着差异，其中一个重要特征是日语具有明显的摄取性，其摄取性不仅表现在语言的外显结构上，而且表现在语言的深层流向方面，即语意外扩方面具有极强的侵略性。"文字的第二种形式是用约定俗成的字来表示词语及命题"。② 何谓约定俗成的字？约定俗成的字即是该语言在长期形成过程中原创而成的文字。对日语而言，在初建阶段，原本就没有约定俗成的字，于是只好借助外来文字，中国语言文字便成了首选。日语由汉字和假名两部分组成，日文汉字几乎全部源于中国。早在公元 3 世纪前，中国汉字就以经济贸易、民间往来、政治避乱等各种形式传入日本，日本语言与生俱来的摄取性导致日语在摄取之初就全盘吸收中国汉字，早期日本古籍书便全是用汉字著就，如《万叶集》《古事记》《日本书记》等。摄取性的另一特征便是变异，在强力吸收中国汉字一段时间后，日本语言的变异特征渐露。日本人依照中国汉字的特点，改造和变异汉字，创造了假名，即利用汉字的草书变异成平假名，又利用汉字的偏旁部首变异成片假名。假名的出现使日语成为一种独立的语言文字，日本人对语言的自卑也逐渐变异成对语言的自傲。当一定外部条件（如政治、经济、军事）成熟后，这种外部条件更助长了自傲，使变异之特性演变为扩张。近、现代中日交往史上，特别是甲午战争后日本对中国侵略期间，日本语言文字对中文的入侵，甚至在很大程度上对中文的"替代"，便是这种变异特征的证明。

日本教育在世界上是极具特征的教育之一。日本地处岛国，与大陆隔海相望，其文明开化相比大陆要晚许多。孤居海外，大陆文化的传播也并非易事。因此日本的教育缺乏原生性，不能自然生成的教育使教育成为无源之水、无本

---

① ［法］让-雅克·卢梭. 论语言的起源 ［M］. 上海：上海人民出版社，2003：14.

② ［法］让-雅克·卢梭. 论语言的起源 ［M］. 上海：上海人民出版社，2003：26.

之木。自与中国往来，日本便开始吸收中国教育，中国教育进入日本岛国之初，日本几乎是进行全盘照搬。奈良时代以及奈良以前的日本教育，基本上为中国教育的一个海外浓缩版。平安时代，日本开始消化中国教育，对中国教育进行模仿并加以适当的改造，使教育虽仍带有浓厚中国元素，但已渐具日本特色，甚至有些方面已异化成独一无二的岛国教育。

中日两国一衣带水，隔海相望，两国交往的历史悠久，长达两千多年，民间交往甚至可以追溯得更远。交往的内容丰富，层次多样，从政治制度的模仿、经济贸易的借鉴，到文化的学习、文字的吸收、教育的摄入，中日关系剪不断，理还乱。两千年的国家层面交往以友好往来、和平共处为主线，但两国关系多变，时而友好，时而交恶，兵戈相见也常有发生。特别是明治维新以后日本对中国的全方位侵略，使中日关系急剧恶化，不仅给中国人民带来了半个多世纪的灾难，也使整个日本遭受灭顶之灾。反观中日关系史，一些问题不得不引起我们的深思，古代、中世的日本尚能以和平之态面对中国，为何进入近代便一改往日之面容，以武力入侵中国为最高国策？甲午战争、占据台湾、出兵东北，以致最后中日战争的全面爆发，其原因是多方面的，但教育是否亦是其中的重要原因之一？二战后，日本追随美国，实施冷战思维下的国策，继续与中国为敌。20世纪70年代，中日关系进入缓和期，中日两国邦交正常化，两国的交往日趋频繁，无论是国家层面还是民间往来，都出现了前所未有的高潮。虽然时有政冷经热之感，但总体趋势还是和平友好。可惜好景不长，日本这个近代史上有名的帝国主义好战之国，其经济势力一旦强盛，对中国便又生出众多的非分之想。例如，编辑掩盖侵略历史的教科书、参拜靖国神社、修改和平宪法、抢占中国领土钓鱼岛，等等。日本对华外交政策为何多变且具强权意识？为什么这种意识不仅能成为日本主宰国事的政客，甚至也包括相当数量的日本民众的共识？日本对中国的战争，为什么能得到日本举国上下一致的支持？这些问题看似复杂，难以回答，但细细想来，也不乏日本的教育在起作用，并且该作用有时还特别强大。日本教育的摄取性，导致了日本教育的变异，完全可以说，变异的日本教育养成和造就了变异的日本人，因此研究日本教育的摄取性及其变异，对于进一步深入了解日本人，较好地把握中日关系的基本走向，都具有一定的现实意义。

日本教育的摄取性具有哪些主要性质？一是主动开放性。日本摄取中国教育是全方位的，它贯穿整个日本的古代史，世界上没有一个国家像日本那样热衷于对中国教育进行摄取。日本教育的开放性不仅包含极强的吸收性，还包含极强的主动性，它能最大可能地把中国教育的有益部分收为己有，也能把符合自己利益的教育强加于人，特别是在近代对华教育大量输出，将自己的教育理念强加给中国人。二是利益选择性。在古代，日本在中国教育强势的冲击下，没有被完全同化，相反却以中国教育形式和内容为骨干，以自己固有的民族教育为血肉，按照自己的利益选择最终构成了一种与中国教育诸多相异、具有日本特色的教育。日本教育根据自己的国情在教育活动中选择中国教育内容，删去与日本本土文化和教育不符的理念。如中国儒学中的孟子学说在日本几乎没有市场，其原因在于孟子学说中包含的"易性革命"理论，孟子认为破坏"仁""义"的不仁不义的君主，像桀和纣，是可以"放""伐"的，这种思想与日本天皇一族"万世一系"的统治思想相背离。甚至于在日本出现了四书中亲《论语》《大学》《中庸》，而恶《孟子》的现象。三是综合创新性。兼容各家之长进行综合创新是日本摄取性教育最突出的特点，例如佛学本为"来世主义"，但引入日本后却被"现世主义"所置换，佛学教育在日本成为"现世主义"教育的主要内容，甚至超越国家的佛教在日本也成了"护国教"。还有被世人关注的日本"儒家资本主义"教育，是儒家教育思想与日本式西方资本主义文化创造性的产物。在这里把儒学的"仁政"互换成了国家调节的公私合作关系，通过教育形式自上而下地培育民族团结和进取精神。四是极端两重性。日本教育无论如何变化，都时刻保持着本国现存教育和外来教育的两重特征，其根源在于日本民族教育的自卑感和自尊心这一基本矛盾，这是导致日本摄取性教育两重性的根本原因。可以说日本教育的发展历程就是其岛国民族教育自卑感和自尊心交互作用的过程，前者激起日本民族强烈的向外学习意识，导致主动去摄取域外优秀教育，促进本民族教育的发展。而一旦形成了后者，其教育成熟进步了，国力强盛了，民族优越感、扩张意识便会迅速膨胀，小则"国粹教育"登场，"国粹教育"发展到极致则是军国主义教育和法西斯教育盛行。法西斯源起于20世纪第二次世界大战之前，这只是就法西斯这个组织而言，法西斯的思潮，历史则要久远得多。它的方式是极权主义，在国家强权的操控下，左右社会各个层面的生活。它是政治运动，亦是集体主义，它还是一种组织。其政治运动是国家民族主义的，集体主义是极端的，组织形式是集体压制个人。法西斯主义通过利他主义的宣传来压迫个体，一旦利用武力，便是对个体的残杀，对自由的剪灭，对人类的毁灭。日本近代民族和国家的意志在教育中的表现充分表明了其教育的法西斯性质。

日本教育从无到有，起点便是对中国教育的摄取，这种摄取一开始是毫无阻力的。面对成熟的中国教育，日本教育的空白形成了国家间教育的巨大黑洞，形成了一块几乎未开化的教育洼地，这种特殊的位差导致日本教育的摄取性空前强大，在世界教育史上亦极为罕见，它最大限度地吸收中国教育的形式和内容，甚至包括教育理念，就像一个饿汉遇上丰盛的佳肴，带有饥不择食之感。但一旦饱食之后，便开始选择，开始消化，这就是日本教育全面摄取中国教育之后的综合创新。但这种摄取在本质上带有极大的不稳定性，一方的脆弱程度导致它极易变异，利益的选择又使之异化成国家主义乃至军国主义教育，最终不仅祸害摄取对象国和周边国家的教育，还使本国的教育亦深受其害。

　　二战后的近半个多世纪以来，中日交往变数颇多，但中国对日本教育的态度不外乎以下几个方面：一是全面抵制，"老死不相往来"，视日本教育为"洪水""猛兽"，完全用意识形态的眼光来审视日本教育。二是无所适从，对蜂拥而至的日本教育毫无办法，不知如何看待，更不知如何处置，甚至有时自乱阵脚。三是盲目崇日，对日本教育不加分析、批判，不管精华、糟粕，全盘吸收。特别是青少年一代，追求时髦，近乎狂热。不时出现的"精日"现象不正是这种思潮的反映吗？因此，正确认识日本教育，了解日本教育的摄取性及其变异，应该成为中国教育界的共识。

第二章

日本教育摄取之源：中国古代教育

日本著名历史学家内藤湖南（1866—1934）早在 1921 年就说过："用今天的语言来说，日本文化是东洋文化，是中国文化的延长，是和中国古代文化一脉相承的。所以，要想知道日本文化的根源，就必须先了解中国文化。今天讲历史只讲日本的历史，而不了解以前中国的事情，那么，对于日本文化的由来就什么都不知道了。"① 研究日本教育亦是如此。日本是一个岛国，长期孤悬海外，几乎与大陆隔绝，由于独特的地理环境和岛民性格，古代的中国教育和近代的欧美教育，在基本层面上缺乏对日本教育辐射的主动性，反过来则往往是作为接收方的日本主动摄取，具体表现为古代日本的遣唐使、留学生（僧）和近代（明治时期）遣欧使节团、留欧美学生。此种主动性使日本居于有利之地位，主动出击，使之出则有选择自由，归则有取舍之便。

对日本教育的摄取性研究，从源头来看，摄取的对象不可回避且需首要关注的是中国教育。中华民族灿烂文化五千年，主体思想错综复杂，王朝更替不断，但教育成为中国一脉相承的主线，超越王朝更替，传承民族文化，并深深地影响着近邻日本。原创的发达的中国古代教育，是日本教育摄取的源泉和模仿的样板。中国教育的生成性和日本教育的摄取性，从一开始就注定了两者之间剪不断、理还乱的错综复杂的关系。

---

① ［日］内藤湖南. 日本文化史研究［M］. 储元熹，卞铁坚，译. 北京：商务印书馆，1997：12.

第一节 中国古代教育的萌芽
——书契产生，催生教育，为日本教育摄取提供可能

中国历史悠久，古代文明发达。早在 200 万年前，远古人类就存在于中国的土地上，应该说此时便生成了教育。广义的教育即是生活：生活一日，得一日之经验，即是受一日之教育，故自有生活，即有教育。① 教育是人的教育，它伴随着人类而产生，只是各阶段的教育形式有所差异而已。到了氏族公社时期（大约 5 万年前—公元前 21 世纪），原始社会的教育已渐成熟。先是本能的生活教育，如饿食渴饮、倦息乐舞。以这些自我过去成功的经验，来改变现存之理念、动作，便是教育的主要形式之一，其中，生产劳动教育是原始社会教育的主要内容。如《尸子》说："伏羲之世，天下多兽，故教民以猎。"②《周易·系辞》也记载："神农氏制耒耜，教民农作。"③ 这反映了狩猎和农耕在当时的重要性，其是中国古代教育产生的基础和动力。生产劳动教育属形而下的教育，随着原始宗教信仰的萌芽和宗教活动的兴起，形而上的宗教教育形式也开始了。其教育形式主要是崇拜教育，包括对自然、祖先、图腾、鬼神等的崇拜以及巫术占卜等。

然而狭义的教育，即有形式且可传授的教育起源则有赖于汉字的出现。汉字是以象形为基础的文字，这种象形文字是以图画抽象演变而来，最早的图画抽象便是书契的产生。关于书契，《周易·系辞》曾有如下说法："上古结绳而治，后世圣人易之以书契。"④ 这就是说，在书契之前的上古是没有类似文字的东西的。人们把结绳作为承载记忆、传递信息的主要形式，然后人类的进化、社会的进步需要更复杂的表达，于是，书契出现了。何谓书契？历来史学、教育学和文学大家们只解释了书。多数人是将书、契分开论之，如许慎《说文解字·序》第二段中说："仓颉之初作书，盖依类象形，故谓之文；其后形声相益，即谓之字。文者，物象之本；字者，言孳乳而浸多也；书者，如也。"⑤ 照

① 王凤喈. 中国教育史大纲·中国教育史［M］. 长沙：湖南教育出版社，2008：17.
② 尸佼著. 尸子［M］. 上海：华东师范大学出版社，2009：58.
③ 金永译解. 周易［M］. 重庆：重庆出版社，2006：5.
④ 刘君祖. 详解易经·系辞传［M］. 北京：新星出版社，2011：29.
⑤ （东汉）许慎. 说文解字［M］. 北京：中华书局，2013：3.

此说法，仓颉造字，书便是写下来的文字。《吕氏春秋》亦有这样的记载：奚仲作车，仓颉作书。相传仓颉是皇帝时的史官，是古代整理文字的代表人。《说文解字》也尊仓颉为"造字圣人"。当然，此种说法有些神话的成分，真实的历史并非如此。目前中国最早发现的文字是河南安阳小屯殷墟的甲骨文，甲骨文被公认为是中国最早的成熟文字。但是"契"为何物？书之于木，刻其侧为契，各持其一，后以相考合。也就是说刻木的行为就叫"契"，刻木识数，尤其是人们的契约关系，在日常生活和实际交往过程中，双方的记忆也许不同，数目是最易引起争端的，故刻木作为一种信约。它是人际交往和信息传递的实物保存，具有文字功能。文字是中华民族人类祖先的重大发明，为什么重大？放眼世界，凡是没有文字的民族，相当长的历史阶段都处在蛮荒时代；凡是有文字的民族，就会伴有文明教育的表现。文字承载着智慧的结果，是代代相传、教育相继最重要的载体。

因此，"最初的文字是书契，书是由图画来的，契是由记号来的"。[1] 书契即文字的出现并日益成熟，是灿烂的中华教育产生与发展的不可或缺的保证。文字突破了时间和空间的限制，使教育变成无限的可能，文字不仅成为教育的工具，也成了教育的目的。传播知识技能需要教育，掌握文字亦需要教育。以文字为基础发展起来的中国教育完美而和谐、底蕴深厚、极具内涵，这也为近邻日本的教育摄取提供了可能。

第二节 夏、商、西周的教育成型
——为教设校、学在官府，为日本教育摄取提供官学形式

夏代已进入有文字记载的文明时代，文字是教育的基础，文字促使教育发生着质的变化。夏后氏设东序为大学，西序为小学[2]，地方亦有学校，"夏曰校"，并对此时教育有如此之描述：春诵夏弦，太师诏之；瞽宗秋学礼，执礼者诏之；冬读书，典书者诏之；礼在瞽宗，书在上庠是也。……故十三舞勺，成童舞象，其器甚简。二十而冠，身入乡校，始学礼，舞大夏。[3] 夏代的教育首次

---

① 唐兰. 中国文字学 [M]. 上海：上海开明书店，1949：7 – 8.
② 孙培青. 中国教育史 [M]. 上海：华东师范大学出版社，2000：12.
③ 黄绍箕. 中国教育史（卷四）[M]. 福州：福建教育出版社，2011：4.

进入国家层面，由司徒主管教育，司徒是国家管理机构的六卿之一。夏代的教育目的和内容亦趋明确，以"为政尚武"之需要，培养善骑射的武士。

商代亦有成熟文字可作教育手段。随着社会的进步，文字也迅速发展，到商代已达基本成熟。河南安阳出土甲骨文，单字数量达 4672 字。此外还有陶文、金文等这样的文字。其基本具备汉字构造的几条原则，如象形、会意、指事、形声、假借等，这也是汉字成熟的标志。文字应用于记载社会活动、国家大事，商代出现了有文字记载、分量较重的典籍。文字是教育的工具，典籍则是教育的重要材料，教育设施较完备，因此商代的教育已趋规范。《礼记·名堂位》："殷人设右学为大学，左学为小学，而作乐于瞽宗。"① 古人以西为右，殷人尚右尚西，将大学设在西郊，也叫右学。瞽宗是商代大学特有的名称。当时的大学教育以乐教为重，乐教的教师为乐师。学分大学小学，说明商代已开始划分教育阶段。且商代的教育内容更加细化，已具"六艺"教育的雏形。其中，除延续和丰富夏代的武士教育之外，还专门设置道德教育、礼乐和书数教育。特别是把"孝"作为核心的道德教育，强调"奉先思考"，使"孝"成为道德文化之本，成为教育教化之源。

西周的教育历史特征是"学在官府""学术官守"、官师合一。官守学业，皆出于一，天下以同文为治，私门无著述文字。

西周立教宗旨，在于化民成俗，这实际是对夏以来的传承。掌教的职官为大司徒，教科的纲要在于德行道艺，施教的方法在于礼乐施刑。设为庠序学校以教之。庠者养也；校者教也；序者射也。夏曰校，殷曰序，周曰庠。学则三代共之，皆所以明人伦也。故西周之教：家有塾，党有庠，术有序，国有学。《孟子·滕文公上》：大学在效，天子曰辟雍，诸侯曰泮宫，是其说也。然则两铭，彼云辟雍，此云学宫，名异而实同。②

西周对受教育者的年龄、资格以及受教育的目的等也有较严格的规定。十月事讫，父老教于校室。八岁者学小学，十五者学大学。其有秀者，移于乡学；乡学之秀者，移于庠；庠之秀者，移于国学，学于小学。诸侯岁贡小学之秀者于天子，学于大学。其有秀者，命曰造士。行同而能耦，别之以射，然后爵之。士以才能进取，君以考功授官。③ "六艺"教育已渐成熟，成为西周教育的特征

---

① 孙培青. 中国教育史［M］. 上海：华东师范大学出版社，2000：14.
② 杨树达. 积微居金文说（增订版）［M］. 北京：科学出版社，1959：190.
③ 何休. 春秋公羊径解诂［M］. 北京：北京图书馆出版社，2003：17.

和标志。此外还设立了明确的考核制度，第一、三、五、七、九学年定期考核，合格者奖励官职、俸禄甚至爵位。

此时期为教设校、学在官府，完备的官学体系为日本教育摄取提供了可模仿的官学形式，古代和中世的教育自不用说，日本近世的教育形式仍可见到此时中国教育的影子。

第三节　春秋战国时期私学兴盛
——百家争鸣、养士成风，为日本教育摄取提供私学形式

春秋时期诸侯争霸，战事连年，社会大变革导致国家层面的教育始遭破坏，至战国仍未走出困境。但社会的动乱也为私学的兴起和思想的多元提供了与之匹配的环境。按照王凤喈（1895—1965，著名教育家，教育史研究专家）的观点，该时代的教育特点：一是革新的，是变动的；二是教育中心在私人或私人团体中；三是教育思想是不统一的，个人自有主张；四是注重功利，注重解决问题；五是教育注重养成政治上、学术上之人才。①

春秋时期，世袭制导致贵族不重视教育，官学衰废；而"士"的阶层变化又引发教育的需要，故私学兴盛起来。周室东迁，庠序废坠。春秋二百四十年，诸侯学校之制见于经传者，亦只鲁僖公之立泮宫、郑子产之不毁乡校二事。② 春秋私学的出现，打破了"学在官府"的传统，私学的自由讲学、自由传授促进了各学派的形成，也产生了一批思想和教育的大家，其中最著名的代表为孔丘。他是古代杰出的教育家、思想家，是儒家教育思想的创始人、中国教育的"至圣先师"。孔子最伟大的贡献是他的"私学"，由于当时社会对"士"的需求，他把"私学"办成传授伦理文化、培养道德人格的殿堂，正因为如此，孔子时代，中国历史上才有了一批真正意义上的知识分子——"士"。为推广、发展"私学"，他以《诗》《书》《礼》《易》《乐》《春秋》为教材，提倡"有教无类"，兼收并蓄，教之成才，培养仁者不忧、知者不惑、勇者不惧的德才兼备之君子。主张教学时要学、思、行相结合，启发教学，因材施教，学而不厌，温故知新，诲人不倦，做到教学相长。学生要好学乐学，不耻下问，为学者需立

---

① 王凤喈. 中国教育史［M］. 长沙：湖南教育出版社，2008：27 - 28.
② 黄绍箕. 中国教育史（卷四）［M］. 福州：福建教育出版社，2011：2 - 4.

志克己，中庸内省，见贤而思齐。他的教育思想和理念，支撑了整个中国教育，也影响了日本教育至今约两千年。

春秋时期，贵族教育没落，但"士"的阶层兴起，人民分化成四民——士、农、工、商，而士居首位。养"士"几乎成了当时的一种教育制度。究其原因，春秋时期诸侯争霸，需要大批的"士"来为霸业所用，于是"士"便成为一种职业，自然也就成为择业的对象。有的人认此为终南捷径，大家竞争着来学做"士"。《韩非·外储说左上》载有两段故事，便是"中章、胥已仕，而中牟之民弃田圃而随文学者邑之半；平公腓痛足痹而不敢坏座，晋国之辞仕记者国之锤（四分之一为垂）"。① 这些都是春秋末年之事，可见当年拜师读书、学文做"士"已经成了风气。孔子和墨子两大读书派别，便是在这样的风气中形成的。既然有这许多的人要靠读书来取进身之阶，自然也就有孔、墨这样的大师，靠着教书来铺张自己的场面了。孔子有弟子七十二人，墨子有弟子百八十人，这些数目大概都是可靠的。此种现象的出现取决于当时社会之需和人心所向。

春秋诸国虽无学校，但未尝没有教育。鲁、卫、楚诸国，皆有特别之教育。如卫国之教，危傅以利。鲁邑之教，好迩而训于礼。楚国之教，巧文以利，不好立大义，而好立小信。只是这些教育都不具普遍性，且不具规模。但此时的私学兴盛引发百家争鸣，从而产生了以孔、孟为代表的大批教育家，表现为孔子的仁礼、孟子的性善、荀子的人治、墨子的兼爱、管子的民富、韩非子的法治等，这些中国先贤的教育思想，影响了中华民族教育的整个过程。

战国时期七雄争霸，彼此均尽力图强，当时只要是有才士子，因能助其图强，人主没有不欢迎的。因此"士"阶层更加活跃，养"士"之风盛行。养"士"制度的发展催生了齐国著名的学府——稷下学宫。据东汉徐干记载：齐恒公立稷下之官（宫），设大夫之长，招致贤人而尊宠之。② 故中国第一家由官家举办而由私家主持的特殊形式的学校——稷下学宫在齐国创立。稷下学宫容纳百家、思想自由、招贤纳士、广育英才，成为中国学校教育发展史上的一个重要典范。

春秋战国时期的私学，因社会需求而兴，因争霸大业而盛，内容丰富多彩，模式灵活新颖，它不仅是中国教育史上的重要组成部分，也为日本教育摄取提供了极好的私学形式。

---

① 郭沫若．十批判书［M］．北京：科学出版社，1956：64.
② 孙培青．中国教育史［M］．上海：华东师范大学出版社，2000：56.

第四节　汉代教育之逐渐完善
——经学教育、生徒众多，为日本教育摄取提供教育内容

　　中国数千年的教育制度和教育思潮，多源于汉。秦朝的大统一，特别是文字的统一，为教育的发展提供了极好的条件。汉代充分地利用了这一条件，独尊儒术，完善了极具中国特色的儒学教育，奠定了儒家宗教化教育的基础。追根溯源，日本平安时代以及镰仓、室町时代的僧侣和寺院宗教化教育也应源于此。

　　汉初时尊黄老之学，以静寂无为为根本精神，休养生息。重视知识分子，允许开办私学，放松了对教育的钳制。武帝时重用儒学大家董仲舒，独尊儒术，并兴太学以养士，求之于经籍，立五经博士，开创察举，以儒术取士。以后世之制明之，《小学》诸书被定为汉小学之科目。《论语》《孝经》则被定为汉中学之科目，而六艺为大学之科目。武帝罢传记博士专立《五经》，乃除中学科目于大学之中，非遂废中小学也。汉时教初学之所名曰书馆，其师名曰书师，其书用《仓颉》《凡将》《急就》《元尚》诸篇，其旨在使学童识字习字。……汉人就学，首学书法，其业成者，得试为吏，此一级也；其进则授《尔雅》《孝经》《论语》，有以一师专授者，亦有由经师兼授者。[①]

　　公元前124年，汉武帝为博士置弟子，设立太学，并把搜寻、考证遗经确定为仕之路，汉代经学教育中多采用章句的形式教学，重视师法、家法是汉代经学教育的主要特征，特别是经学内生矛盾时，由两汉皇帝出面统一经学的纷争，以达成一致，这种做法保证了经学系统知识的完整性，从此确立了以经学教育为基本内容的中国封建教育制度。汉之学校也渐齐全，官学重新兴起，私学亦有发展。古之所谓辟雍者，太学是也。汉有太学，又有辟雍。[②] 另外还有四姓小侯学、鸿都门学。京外有学、校、庠、序等为数众多的官立学校。为博士弟子受业的地方称之大学，为养老、大射与诸儒讲论的所在称之辟雍；明帝时为外戚樊氏、郭氏、马氏、阴氏诸子而设四姓小侯学；灵帝时设鸿都门学，以诸生能文赋尺牍及工鸟篆者使居其中。这些层次各异的教育机构满足了安定时

---

① 王国维. 观堂集林（卷四）汉魏博士考［M］. 北京：中华书局，1959：5-6.
② （清）黄以周，儆季杂. 史说略（卷三）汉太学辟雍考［M］. 南京：江苏南菁讲舍，1894—1895：5.

代人们对教育的需求。

教育设置的完善、教育内容的丰富、学生待遇的提高及入学条件的宽松，使汉代学生数量大增。顺帝初年，修起太学，至质帝时，人数增至三万余人，最为兴盛。① 一所大学就有学生三万多，放至今日，也可谓规模庞大、生员众多。而当时郡国学与私人精舍的学生，更是远远超过这个数量。汉代郡国有学，屡见载籍，生徒之众，自不必说，而各地经师私人讲学，注籍的学生常有数百数千以至万人之众的。②

公元初年安汉公③奏立学官，郡国称之为学，县道邑侯国称之为校，校学置经师一人；乡谓庠，聚谓序，序庠置《孝经》师一人。汉代将尊儒、教育、选士三者结合起来，形成了一个以儒家典籍为基本内容的学校教育系统，在教育制度、设施、内容、形式等各方面都为尔后整个中国古代教育奠定了坚实的基础。

汉代汉武帝时"罢黜百家，独尊儒术"的执政理念，也在一定程度上规范了中国教育的内涵，儒家教育从此成了中国教育的主线。特别是成熟的经学教育理念，引发了日本教育的极大兴趣，为日本教育摄取提供了成熟的教育内容，也成为日本教育文化形成的基石。

第五节　唐代之鼎盛教育
——科举考试、教育传日，日本教育摄取进入高潮

唐代教育是中国古代教育的重要阶段之一，也是日本教育摄取史上的里程碑，因为它不仅表现在中国国内教育之繁盛，还表现在唐代教育所具有的强大辐射力。唐代的鼎盛教育对日本教育影响巨大而深远，甚至奠定了日本古代教育的基本走向。

一、空前的官学规模

唐初定长安，便大兴学校，别置弘文院、崇文馆，增学舍一千多间，国学、太学、四门学亦生员大增，唐代教育由此大振，国学尤盛，近古未有。

---

① 侯外庐. 中国思想通史（第二卷）［M］. 北京：人民出版社，1957：344.
② 侯补庐. 中国思想通史（第二卷）［M］. 北京：人民出版社，1957：350.
③ 安汉公，汉朝王莽独有的爵位。

唐肃宗开元二十六年（738）被立为太子，肃宗在位六年，曾目睹大唐帝国由盛转衰，欲再兴学，于是敕令天下：古者乡有序，党有塾，将以宏长儒教，诱进学徒，化民成俗，率由于是。其天下州县，每乡之内，各里置一学，仍择师资，令其教授。①

于是便有：京都学生八十人。大都督中都督府、上州，各六十人。下都督府、中州，各五十人。下州四十人。京县五十人。上县四十人。中县、中下县各三十五人。下县二十人。国子监生尚书省补，祭酒统焉。州县学生州县长官补，长史主焉。② 开元时期，中央国子监所属学校各科生徒及州县学生达六万人。朝廷还下令访求历朝遗书，共觅得图书近五万卷。

仅中央官学国子监一类就可见当时官学规模之盛。唐朝的中央官学分别是国子监下属的六学一馆，即国子学、太学、四门学、书学、算学和律学以及广文馆。朝廷重视官学，对其人数、标准和内容都做了具体规定（表2－1）。③

表 2－1

所属机构	学校名	教师数额		学生数额	招生对象	学习内容
		博士	助教			
国子监	国子学	2	2	300	文武三品以上的子孙，或从二品以上的曾孙，勋官二品、县公、京官四品、带三品勋封之子	分《周礼》《仪礼》《礼记》《春秋左氏传》等五个专业，兼习《周易》《尚书》《春秋公羊传》《春秋谷梁传》。《孝经》和《论语》皆须兼通，暇习隶书，读《国语》《说文》《字林》《三苍》《尔雅》，间习时务策
	太学	3	3	500	五品以上的文武官的子孙、五品职事官的至亲，以及三品官的曾孙和三品以上勋官的有封之子	
	四门学	3	3	1300	三品以上无封和四品有封勋官以及七品以上文武官的子弟500人，平民之优异子弟（俊士）800人	

① 王溥．唐会要·卷三五（学校）[M]//丛书集成．北京：商务印书馆，1955：634.
② 新唐书．选举志 [M]．北京：中华书局，1975.
③ 孙培青．中国教育史 [M]．上海：华东师范大学出版社，2000：154－155.

续表

所属机构	学校名	教师数额		学生数额	招生对象	学习内容
		博士	助教			
国子监	律学	1	1	50	八品以下文武官子弟以及平民中能通晓其学问的子弟	以律令为专业，格式法例亦兼习之
	书学	2		30	同上	《石经》《说文》《字林》为专业，其余字书亦兼习之
	算学	2		30	同上	分为两个专业：1.《孙子》《九章》《夏侯阳》《周髀》《海岛》《五曹》《张丘建》《五经算》；2.《缉古》《缀术》，兼习《三等数》《记遗》
	广文馆	4	2	无定额	准备参加进士科考试	进士科所试内容

贞观五年（631）以后，国学生八千余人，可谓盛极一时。[①]

二、完善的科举考制

科举制始于隋朝，这是中国古代选士制度的一大创新。唐朝进一步推行科举制，逐步扩大考试科目。从考试内容和程序上更进一步完善，用科举制取代以荐取为主的选士制度。唐朝历代皇帝均兴教育、重科举。唐太宗更是垂青教育，重视科举的典范，他对进士提出了特殊的要求和考试规定，要求读经史一部，赴省考试时间是 11 月 1 日至来年的 3 月 21 日。上元二年（675）加试贡士《老子策》。仪凤三年（678）要求参加科举考试者，都要学习《孝经》和《论语》，并以此为科举考试的一项内容。武则天十分重视科举制，她亲自策问贡士

---

① 岑仲勉．隋唐史（第一卷）［M］．北京：商务印书馆，1954：138.

于洛阳殿，开创了科举考试中殿试的形式。唐玄宗也对科举制寄予厚望，为恢复唐高祖重视道教的传统，在贡士减试与加试科目书籍之时，专门于开元二十一年（733）下诏，加《老子》，减《论语》和《尚书》，并于开元二十四年（736）由礼部代替吏部主管科举取士。唐朝的科举分常科和制科两类，制科以招非常之才，而常科分秀才科、明经科、进士科、明法科、明字科、明算科六种，并形成了帖经、口试、墨义、策向、诗赋五科考试方法。科举制开启了社会阶层的流动，刺激了人们学习的积极性，促进了学校教育的迅速发展。

三、前所未有的日本教育"中国热"

中日两国是一衣带水的邻邦，日本的中古文化多半是接受和吸收了唐代文化，经过消化整理，使之与日本固有文化融合而成的，而直接参与这样文化的吸取和移植的主体则是日本政府遣唐留学生与留学僧。因此，教育交流在两国的交流史上占有重要的地位。第一次交流高潮是在隋唐时期，特别是唐代，主要是日本向中国的教育、文化摄取，其摄取的直接成果是产生了日本历史上的第一次重大社会改革——"大化改新"。

622 年，在中国留学达 15 年之久的日本留学生惠日、富日等回国，他们向日本朝廷建议：留于唐国学者，皆学以成业，应唤。且其大唐国者，法式备定，珍国也。须常达。日本朝廷采纳，随后大量派遣留学生且适时召回。① 这样就形成了日本教育"中国热"。《新唐书》对日本学生来唐求学有如下的描述：长安（唐武后）元年（701），其王文武立，改元曰太宝，遣朝臣真人粟田贡方物。朝臣真人者，犹唐尚书也，冠进德冠，顶有华花四，披紫袍帛带。真人好学，能属文，进只有容。武后宴之麟德殿，授司膳卿还之。文武死，子阿用立，死，子圣武立，改元曰白龟。开之初，粟田复朝，请从诸儒授经，诏四门助教赵玄默即鸿胪寺为师。献大幅布为贽。悉赏物贸书以归。其副朝臣仲满慕华不肯去，易姓名曰朝衡，久乃还。天宝（玄宗）十二载（753），朝衡复入朝。上元（肃宗）中，擢左散骑常侍。安南都护。贞元（德宗）末，其王曰桓武，遣使者朝。其学子橘免势，浮屠空海，愿留肄业。历二十余年。使者高阶真人来请免势第俱还。诏可。（《新唐书》）

唐代之中国是世界上一个比较强盛而先进的文明国家，成为东方文明的大

---

① 《日本书纪》卷二二。

本营，为世界诸多国家仰慕。为了炫耀国威与富有，达到以德怀远之目的，当政者们对来访使节加以优待，除尽量满足他们的传授典籍经书、游览繁华市景之要求外，甚至对来访使节所到之处的饮食和住宿一概免费。此种情景使日本人大为惊叹，朝野上下对中国优秀文化更加叹羡和憧憬，醉心学习模仿，形成一股热潮，成了当时日本教育与文化的时尚。其时大批的留学生和学问僧来华，他们成为当时中日教育交流的主体。

据《日本书纪》① 及《大日本史》② 所载遣唐使诸家传记中附见日本留学生的人数，就有十余人，今录其可考者：巨势药、冰志人、筑紫君萨野马、朝崎胜娑婆、布师首磐、吉备真备、大和长冈、阿部仲麿（或作阿倍仲麻吕）、藤原刷雄、膳大丘、橘逸势、春苑玉成、长岑长松、菅原梶成。当日入唐留学生之多，必不止此数。留学生中最有名的是吉备真备与阿倍仲麻吕二人，《大日本史》卷一二三《真备传》云：灵龟二年（唐开元四年，即716年）为遣唐留学生，时年二十四，在唐研覃经史，该涉众艺，当时学生播名于唐者，唯真备、阿倍仲麻吕二人而已。真备于《三史》、《五经》、阴阳历算、天文数术咸能通晓，以天平七年（唐开元二十三年）四月二十六日归国，携回《唐礼》一百三十卷，《大衍历经》一卷。其次是阿倍仲麻吕，《大日本史》第一一六《阿倍仲麻吕传》：灵龟二年，选为遣唐留学生，时年十六，往唐学问。仲麻吕与盛唐诗人王维、李白、储光羲皆友善，常有诗赠和。储光羲诗《洛中贻朝校书衡》称许甚至："万国朝天中，东隅道最长。朝生美无度，高架仕春坊。出入蓬山里，逍遥伊水傍。伯鸾游太学，中放一相望。落日悬高殿，秋风入洞房。屡言相去远，不觉生朝光。"李白听说阿倍仲麻吕归国途中遇难，十分悲痛，写下《哭晁卿衡》："日本晁卿辞帝都，征帆一片回蓬壶。明月不归沉碧海，白云愁色满苍梧。"③

据《续日本记》④ 记载，来唐留学生中，大和长冈在唐研习刑法，对于日本法令的制作，贡献很大。膳大丘以天平胜宝四年即唐天宝十一年（752）入唐

① 《日本书纪》，宫内厅书陵部本影印集成第一期，经壬申之乱而取得政权的天武天皇欲向外宣示自身皇威而下令编成。舍人亲王等人撰，720年完成，采用编年体共三十卷。日本书纪［M］. 东京：八木书店，2005.

② 《大日本史》，江户时代水户藩二代藩主德川光圀1657年组织学者编纂。此方为汉文纪传体，共计397卷。

③ 刘德润. 小仓百人一首［M］. 北京：外语教学与研究出版社，2007：24.

④ 《续日本记》，日本平安时代编撰的官方史书，记载文武天皇元年（697）至恒武天皇延历十年（791）之间的历史大事，菅野真道于延历十六年（797）完成，总计四十卷。

留学，专攻儒术，归国后，献议从中土尊孔子为文宣王，为日本尊孔之始。唐代日本留学生在长安的生活情形，记载缺乏，不可得而详。①

唐代六学：曰国子监，曰太学，曰四门学，曰律学，曰书学，曰算学。日本则总名之曰大学寮。其卒业者亦有秀才、明经、进士等称。其学校之教科，一本唐制。黄遵宪《日本国志》：教之《七经》，而兼习《孝经》《论语》。此外有算学、书学、律学、音学、天文阴阳历、医学等。② 邦国之学，亦准唐之州府，置博士学生。《日本国志》："自京师至于邦国，莫不有学。京师有大学，学有博士。国博士每国二人。学生大国五十人，上国四十人，中国三十人，下国二十人。"③

中国教育传到日本，极大改变了日本教育现状，尤其是对日本官学影响甚大，日本不仅仿唐教育建立了完备的教育制度，还对官学的教育内容及学生入学资格都做了严格的规定。整个教育过程，包括考试制度，几乎与唐朝一模一样。日本对中国的教育摄取至唐代进入高潮，至今日本的教育中还存有众多日本摄取中国唐代教育的痕迹。

第六节　宋代教育之成熟
——书院教育、程朱理学，日本教育摄取形成体系

宋代为北南两朝，虽然国力羸弱，但朝廷重视教育，基础教育兴盛，尤其书院教育成熟。理学教育思想活跃，程朱理学盛于此时，是中国教育思想发展的重要阶段。

一、朝廷重视教育

宋代推行"兴文教"的政策，尊孔崇儒，宋太祖命国子监"增葺祠宇，塑绘先圣、先师之像"，并亲自撰文颂扬孔丘和颜渊。大宗祥符元年（1008），宋真宗加谥孔丘为"玄圣文宣王"，后又改为"至圣文宣王"，并确定《周礼》《仪礼》《公羊》《谷梁》《论语》《尔雅》《孝经正义》《孟子正义》《九经正

---

① 贺昌群．从唐代文化之东渐与日本文明之开发［J］．文史杂志，1941，1（12）．

② （清）黄遵宪．日本国志（上下）［M］．天津：天津人民出版社，2005：457.

③ 柳治征．华北渐被史［J］．学衡，1922（10）．

义》等为《十三经正义》，颁发学校成为法定教材。同时，宋朝也大力提倡佛教和道教，宋太宗设译经院，宋真宗著《释氏论》，明确释氏戒律之事，与周、孔、孟、荀迹异道同。南宋时，全国寺院林立，佛教极盛。道教在宋朝亦颇有地位，规定自今学道之士，许入州县学教养；所习经以《黄帝内经》《道德经》为大经，《庄子》《列子》为小经，还规定在太学、辟雍中各置《内经》《道德经》《庄子》《列子》博士 2 人。教育是唐制宋随，官学制发达且规范，中央官学分为国子监和中央各局两部分，国子学、太学、武学、小学等属国子监，医、算、书、画等属中央各局。地方官学有州学、府学、军学、监学以及县学，属于地方政府及诸路提举学事司管辖。

（南宋）高宗自南渡以来，复建太、武、宗三学于杭都。太学在纪家桥东，以岳鄂王第为之，规模宏阔，金碧壮丽。有二十斋，各斋有楼，揭题名于东西壁。厅之左右，为东西序对列位，后为炉亭，又有亭宇，揭以嘉名甚夥。绍兴年间，太学生员额三百人。后塔置一千员。今为额一千七百一十有六员：以上舍额三十人，内舍额二百单六人，外舍额一千四百人，国子生员八十人。诸生衫帽出入，规矩森严。朝家所给学廪，动以万计；日供饮膳，为礼甚丰。月书季考，由外舍而升内舍，由内舍而升上舍，或释褐及第，或过省赴殿，恩例最优。[①]

宋代对已设地方学校的管理与支持，表现在两个方面：一是赐书；二是赐学田。真宗和仁宗就曾分别向"州县学校及聚徒讲诵之所"、京兆府府学赐《九经》，特别是赐学田。真宗乾兴元年（1022）向兖州州学赐学田十顷，这是宋代向地方官学赐学田的开始。学田是中央与地方学校经济关系的纽带，是支持由虚到实的象征，赐学田的对象也从地方官学发展到私立书院，并作为一种制度被确定下来。大观二年（1108）提举京西南路学事路瑗称：他所辖共八州三十余县，在诸路中属最小，但已有学舍三千三百余区，教养生徒二千三百余人，赡学田业等岁收田斛六万三千余贯石（《续资治通鉴》）。在办学经费上，宋朝实行以学田为主，政府资助、社会献田、捐款保资、学校刻书创收等多种途径相结合的办法进行筹措。这种赐学田和政府资助的办学形式也被日本平安时代的书院教育所模仿。

---

① 吴自牧. 梦粱录（卷十五）［M］//丛书集成. 北京：商务印书馆，1935—1937：131 - 132.

二、兴盛的蒙学

儒家经典《周易·蒙卦》有"蒙以养正，圣之功也"之说，蒙养教育在中国自古以来就受到关注，汉代蒙学教育机构渐趋成熟，至宋代到达高峰。宋代蒙学的特点：一是办学规范，它分为官办和民办两种，官办是京城的贵胄小学，民办私学主要是庶民小学；二是数量众多，特别是地方的庶民小学，几乎遍布全国；三是特色鲜明，这不仅表现在教学内容和方法上，而且蒙学教材就极具特色，如《千字文》《百家姓》和《童蒙训》等；四是影响极大，它不仅影响中国而且影响日本，日本通过教育摄取，使其蒙学就带有众多的中国蒙学色彩。宋代的这类官办小学制定了学规，对入学手续、注意事项、教师职责、教学计划、奖罚制度等都做了详细的规定，如《京兆府小学规》中就有：教授每日讲说经书三两纸，授诸生所诵经书、文句、音义，题所学字样，出所课诗赋题目，撰所对诗句，择所记故事。诸书学课分三等：第一等，每日抽签问听经义三道，念书二百字，学书十行，吟五七言古律诗一首，三日诗赋一首，看史传三五纸；第二等，每日念书约一百字，学书十行，吟诗一绝，对属一联，念赋二韵，记故事一件；第三等，每日念书五七字，学书十行，念诗一首（《金石萃编·卷一三四》）。宋蒙学使用的教材是《三字经》《千字文》《十七史蒙求》《叙古千文》《百家姓》《史学提要》《历代蒙求》《训蒙诗》等。私立蒙学在宋代民间亦盛，如苏轼自称，他8岁入学，以道士张易简为师，一起受业的学童有几百人。宋代私办蒙学之人甚多，如窦禹钧、欧阳守道等。窦禹钧，范阳人（为左谏议大夫致仕），诸子进士登第，义风家法，为一时标表。于宅南构一书院，四十间，聚书数千卷。礼义行之儒，延置师席。凡四方孤寒之士无供需者，公咸为出之。无问识不识，有志于学者，听其自至。故其子见闻益博。[①] 今天子始诏天下有州者，皆得立学。而县之学士满二百人者，亦得为之。繁昌，小邑也。旧虽有孔子庙，而卑下不完。今修而作之，而治其两庑，为生师之居，以待县之学者。[②]欧阳守道，守公权，吉州人。少孤贫，无师自力于学，里人聘为弟子师。年未三十，翕然以德行为乡郡儒宗。江万里守吉州，守道适贡于乡，万里

① （北宋）范仲淹．范文正公集（卷三）·窦谏议录［M］//丛书集成．北京：商务印书馆，1935—1937：21–22.

② （北宋）王安石．临川先生文集（卷八十二）·繁昌县学记［M］//四部丛刊．北京：商务印书馆，1922：82.

独异视之。淳祐元年，举进士。十年后，万里作白鹭州书院，首致守道为诸生讲说，湖南转运副使吴子良聘守道为岳麓书院副山长，学者悦服（《宋史·欧阳守道传》）。宋朝之际都城内外，自有文武两学，宗学、京学、县学之外，其余乡校、家塾、舍馆、书会，每一里巷，须一二所。弦诵之声，往往相闻。遇大比之岁，间有登第补中舍选者。①

发达的蒙学教育成为日本初等教育摄取和模仿的主要对象，日本古代少儿教育的形式和内容几乎与中国蒙学一模一样。

三、完备的书院教育

书院是东方教育一种特殊的教育形式，它萌芽于唐，兴盛在宋。宋代书院众多，但最负盛名的有六所，它们分别是白鹿洞、岳麓、应天府、嵩山、石鼓和茅山。这些书院均受朝廷褒奖，或赐院额，或赐书，或赐学田，或兼而有之，一度社会影响极大。书院的特色有四：一是书院教育经费不太依赖政府，除朝廷已赐学田外，由私人捐助或地方供给；二是书院山长多集贤士及德高望重之人，人格感化能力极大，如朱熹自任白鹿洞主，亲自掌教，聘学录杨日新为书院堂长；三是地处便利，风景清幽，便于当地士子读书，儒生往往依山林，即闲旷以讲授；四是藏书丰富，便于研究。书院除聚徒讲授外，还从事学术研究以及祭祀、刻书活动。书院对南宋理学的发展发挥了极大的作用，是不同学术流派之间展开讨论争鸣、相互交流的重要场所，成为一种很有价值的学校。

宋兴之初，天下四大书院建置已见规模。此外又有西京嵩阳书院，赐额于至道（太宗）二年（996）；江宁府茅山书院，赐田于天圣（仁宗）二年（1024）。嵩阳、茅山后来无闻，独四书院之著名。是时未有州县之学，先有乡党之学。

之所以如此说，是因为：盖州县之学，有司奉诏旨所建也；故或作或辍，不免具文，乡党之学，贤士大夫留意斯文者所建也；故前规后随，皆务兴起。后来所至，书院尤多。而其田士之锡，教养之规，往往过于州县学，盖皆欲仿四书院云。②

---

① （南宋）耐得翁. 都城纪胜·三教外地［M］. 重刊栋亭藏本. 扬州：扬州诗局，1235：14.
② （元）马端林. 文献通考卷四十七·学校考七［M］. 万有文库本. 北京：商务印书馆，1929—1937：431.

宋代书院最早只有白鹿、石鼓、应天、岳麓四大书院，此后日增月益。宋宁宗开禧年间，在湖南衡山有南岳书院，掌教有官，育士有田，南岳书院基本上仿四书院之制建立。之后在涪州建北岩书院。到宋理宗时尤盛，书院均得朝廷批准，朝廷赐匾额，赐书并按朝廷官制设官管理，加之朱熹修复白鹿洞书院，并亲手制定《白鹭调书院揭示》。书院体制的官学化和教育的正规化，使书院发展势头正盛，导致全国各地书院应运而生。当时应天有明道书院，苏州有鹤山书院，丹阳有丹阳书院，太平有天门书院，徽州有紫阳书院，建阳有考亭书院、庐峰书院，崇安有武夷书院，金华有丽泽书院，宁波有甬东书院，衢州有柯山书院，绍兴有稽山书院，黄州有河东书院，丹徒有淮海书院，道州有濂溪书院，兴化有涵江书院，桂州有宣成书院，全州有清湘书院。后来，还有淳安的石峡书院、衢州的清献书院等。中国的书院教育从形式到内容成熟而完备，成为日本平安时代书院模仿的极佳模板和日本教育摄取的重要内容，在日本至今仍有些教育机构冠以书院的名称。

四、程朱理学教育

宋代理学分北宋与南宋两个阶段。北宋与南宋都有其理学大家，北宋的重要领军人物是二程兄弟，即程颢和程颐，南宋是朱熹和陆九渊。二程兄弟是理学思想的奠基人，其理论体系可分为三个方面：一是本源问题，认为理即为天理，是万物之本，并以此为基础，在承认事物恒变的前提下，提出了"天人相与"这一哲学观点；二是世界观问题，第一次提出了先"理"后"气"的理论，并坚持"理""气"是构成世界万物之本的思想；三是认识论问题，从中国古代文化的基础出发，提出了"格物致知"的认识理论，开了先验论、认识论之先河。南宋朱熹的理学成就更大，他和陆九渊不仅是继承者，而且是集大成的发展者。朱熹极好地完善了原有的理学体系，认为世界在没有物之前便已存在物之理。"理""气"相比，"理"为基础。他还认为"理"无则"气"不存，"气"无"理"亦不能存，二者紧密相关。他坚持"理"的一元论，提出"理"即人性，并从中国传统道德的角度来阐释人性说，把人性量化成"仁、义、礼、智"。他觉得信者之所受乎天者，其体则不过"仁、义、礼、智"之理而已。他把此观点引入教育领域，认为教育之所以能够成就人的原因是：教育能"变化气质"，培养善行。因为人性中"气质之性"是可变化的，就像为使珠宝重现本色之光而去掉其表面污泥浊水一样。他说《大学》中所说的"明明德"，就是此意。要"明明德"，就必须"复尽天理，格尽人欲"。学者须格尽人欲，复尽天理，方始是学。他主张教育的目的在于"明人伦"，认为中国古代传统儒学中的人伦大理，是学校教育之根本，"父子、君臣、夫妇、长幼、朋友"之五伦为道德之首，尊此五伦则能达到教育之目的。朱熹在《白鹿洞书院揭示》中，明确把五伦列为"教之目"，置于首位，指出"学者学此而已"。南宋另一理学大家为陆九渊，他的主要观点有二：一是"心即理也"，他认为宇宙之间，"心"为根本，"心"为一切，其名言是"宇宙即是吾心，吾心即是宇宙"。"心"既为第一位，那么人类之要、教育之首则是发明人之本心。二是将求学方法归纳为三，分别为先立其大、思考、主静。与朱熹观点相左，他反对学人博览群书，更反对学者著书立说、宣讲学问。

宋代发达的教育、兴盛的蒙学、完备的书院教育以及极具哲学理念的程朱理学教育理念，为日本的教育摄取提供了极好的条件和极佳的内容。日本的蒙学教育基本上以宋代蒙学为样板，平安时的书院也极力模仿宋代，特别是对程朱理学教育的吸收与研究亦有相当的深度，此时日本教育摄取从形式、内容到理念都已自成一体。

第七节 元代教育
——复学兴校，战争之故导致日本教育摄取渐衰

元代统治者视学校为风化之本，是出治之源，因而也注重学校教育。在教育因战争遭受重创之后，就开始创办各类学校，并且重视学田的设置和管理，使教育经费有了一定的保证。元丰时大兴学校，而天下之有教授者只五十三员，盖重师儒之官，不肯轻授滥设故也。观其所用者，既是有出身人，然又必试中而后授，则与入馆阁翰苑者同科，其遴选至矣。哲宗元祐初、齐、卢、宿、常、虔、颖、同、怀、澶、河、阳等州始相继置教授，三舍法行而员额愈多。至大观时，吉州、建州皆以养士数多，置教授三员。宣和时，罢州县学三舍法，始令诸州教授，若系未行三舍已前置者依旧，余并减罢。① 学校种类繁多，中央官学方面，元代主要有国子学等。地方上按路、府、州、县的行政区划，建立起

① 马端临. 文献通考卷四十六·学校考七 [M]. 万有文库本. 北京：商务印书馆，1929—1937：433.

了路学、府学、州学、县学以及小学、社学的儒学系统，还开设了蒙古字学、医学、阴阳学等专门学校。

按《钦定续文献通考》①，大司农司所上诸路学校之数，至元二十三年（1286），二万一百六十六所；二十五年（1288），二万四千四百余所；二十八年（1291），二万一千三百余所；可谓盛矣。按当时人口计算，每三千人左右就有一所地方学校。到至元二十四年（1287），元朝统治者在大都设计国子学，仿唐制设博士，除管理国子学事务之外，还对三斋学生进行教学，主要教授经、音训之类。同时还设助教和正录，助教的职能是与博士一起管理国子学，但只对一斋学生负责，正录的职能是向学生申明国子学的学规，并督促学生学习功课、完成学业。在具体教学上，博士和助教讲授句读和音训，正录伴读。学完第二天便对学生进行考查，顺序以学生抽签而定，内容有两部分：一部分是复述前学过的功课；另一部分是对前学过的诗章经史等进行评论，由博士出题，考完后先由助教评卷，后交博士审定，该成绩登记在案，作为日后升学凭证。国子学还规定了学生学习内容，学习分为两个阶段：第一阶段学习内容为《论语》《孟子》《大学》《中庸》《孝经》《小学》等，第二阶段学习内容为《诗》《书》《礼记》《周礼》《春秋》《易》等。国子学学生定额先为 200 人，后增至 300 人或 400 人，由于元朝的民族政策的影响，学生来源中蒙古人占 50%，另外 50%为色目人和汉人等。

（中统）二十八年（1292）三月，命各路各县学内，设立小学，选请老成之士教之，或自愿招师或自从其父兄者所便。……凡师儒之命于朝廷者，曰教授，路、府、上中州置之。命于礼部及行省及宣慰司者曰学正、山长、学录、教谕，路、州、县及书院置之。（《新元史·选举志》）

科举制度，大约沿宋，元世祖既定天下，立法科举，三岁一次。元兴佛学，原本宋代后的中国教育，是以程朱理学为中心，而元代时的蒙古式教育，则改为了以佛教为中心。

元代教育的不景气，加之时处日本平安时代，使此时期成为日本教育对中国教育摄取后的消化之期，特别是元初中日之间两次战争——文永之战

---

① 《钦定续文献通考》，清乾隆十二年（1747）至乾隆四十九年（1784）三通馆臣奉敕编撰。该书记录了宋宁宗嘉定末（1224 年）至明思宗崇祯末（1643）四百余年的政治经济制度的沿革，是一部重要的典制体史书。

(1274)① 和弘安之战（1281）②，使两国交恶，日本教育摄取较前相比进入衰退期。

第八节　明代教育
——继承与发展，日本教育摄取又入佳境

明代教育是中国古代教育发展历程中的重要阶段之一，它是对唐宋教育的继承与发展。明初封建王朝统治者吸取前朝教训，认识到教育对治理国家之重要，在明确"治国以教化为先，教化以学校为本"（《明史·选举志》）的国策的同时，大办教育，兴办官学和社学，并逐步形成了其学校特色。明代在应天（南京）与北京分别设立南北两个国子监，为南京国子监和北京国子监。同时，明朝统治者也十分重视发展地方教育。全国各府、州、县纷纷设立学校，且予教育人员极好的待遇，并详细规定教育规格和内容。

洪武二年（1369），府设教授，州设学正，县设教谕，各一。俱设训导：府四、州三、县二。生员之数，府学四十人，州县以次减十。师生月廪食米人六斗，有司给以鱼肉。学官月俸有差。生员专治一经，以礼、乐、射、御、书、数设科分教，务求实才，顽不率者黜之。十五年颁禁例十二条于天下，镌立卧碑，置明伦堂之左，其不遵者以违制论。当时明朝重视教育，大办学校，学校之鼎盛是前朝乃至唐宋以来都不能比拟的。明朝时期甚至连山野之处和蛮夷之地亦设置学校教育后人，且学生众多，办学规范，成为教育盛世。

府州县学岁贡生员各一人，翰林考试经书义各一道，判语一条。中试者一等入国子监，二等送中都；不中者遣还，提调教官，罚停廪禄。于是直省诸士子云集辇下，云南、四川皆有士官生。日本、暹罗诸国亦皆有官生，入监读书，辄加厚赐，并给其从人。永宣间，先后络绎至；成化正德时，琉球生犹有至者（《明史·选举志》）。日本官生入监读书，朝廷给予优待并惠及随从，客观上刺激了日本学生来明朝留学。

明朝太祖皇帝把教育作为大事来办，为发展社学这一地方官学，太祖皇帝

---

① 文永之战：1274 年，日本文永十一年，忽必烈率大军四万从朝鲜合浦出发远征日本，因遇台风撤回中国，以失败收场。
② 弘安之战：1281 年，日本弘安四年，忽必烈发兵十余万分两路进攻日本，最终也因遇台风而失败。

于洪武八年（1375）专门下诏，要求各地要兴办社学，普及和发展民间教育，并且把社学与府、州、县等儒学衔接起来。朝廷规定每三十五户家庭必须开办社学一所，以保证城镇和乡村的民间子弟能够上学接受教育，有些地方的社学是在过去庠、序的基础上创办起来的，由官方安排一位有学问的贤者做老师，称为师训，亦称秀彩。教学内容先学《百家姓》和《千字文》等，后学经学、历史、天文、算数等。学后要经过选拔考试，三年一大试，然后将考试成绩优异者推荐给朝廷，以供朝廷之用。明代社学规范，在教学活动方面有具体要求，如吕坤的《社学要略》对此就有详细的介绍：教童子，先学爽洁；砚无积垢，笔无宿墨。蘸墨只着水皮，干笔先要水润；书须离身三寸，休令拳揉；手须日洗两番，休污书籍；案上书，休乱堆斜放；书中句，休乱点胡批；学堂日日扫除，桌凳时时擦抹。念书初要数字（认字之法），次要联句，次要一句紧一句，眼瞅定，则字不差；心不走，则书易入；句渐紧，则书易熟；遍数多，则久不忘。看书不可就讲。先令童子将注贴经，贴过一番，令之回讲，然后一一细说，巧比再看。复回不知，再讲，庶几有得。作文初极明浅，易于发挥题目。作不得题，细讲一遍，仍作此题。一题三作，其思必尽，其理自通，胜于日易一题也（十分深奥不能作之题，则且缓出）。记文须选前辈老程文，极简、极浅、极切、极清者。每体读两遍。作文之日模放（仿）读过文法者出题，庶易引触。①一日读书亦如下，学童皆黎明上学，晨读先习背书，再读新课。早饭毕稍息一刻后习文作文，先写后读。午食后户外放松二刻，午后续读书，日落出对破题，讲后散学。

洪武十五年（1382），鸡鸣山之阳扩建教育工程。中为彝伦堂，分为两厅（博士厅、绳愆厅）、六堂和三十二班。左庙（先师庙）右学，肄业有所，会馔有堂。永乐年间，俊造云翕，外夷鼎来。市廛渐集，闾阎日开。乃增仓圈，妻子以食。乃拓号舍，疾病以息。鼓箧至者，视旅如归，延袤十里，灯火相辉。规制之备，人文之盛，自有成均，未之尝闻。其景足见教育之盛，人心所归。

明代中国教育与日本教育亦有交际，洪武二十三年（1390）日本国尝遣官生入监，后亦不至，帝命工部每人给予罗绢衣服，俾为秋衣，仍与现在铺盖，从人给予棉布衣服，实异数也。永乐迄正德间，尝三四至。唯嘉靖五年（1526）五月，琉球国中山王尚清遣蔡廷美等四人至。十一年归国。十七年（1538）三

---

① 孙培青. 中国教育史［M］. 上海：华东师范大学出版社，2000：238.

月，尚清又送梁炫等四人再至。二十三年（1544）三月归国。其向慕文教如此。①

随着教育的发展，学生的数量也激增，生徒之数，洪武二十六年（1393），官、民生悦慈等八千一百二十四名；永乐二十年（1422），冠带举人、官、民生方瑛等九千九百七十二名，为极盛。②

明代的汉人朝廷重视教育教化，教育恢复快，发展水平高，远胜于日本。日本此时正处于将军统治时期，为自身政权之需要，日本加大了教育摄取的力度，在贸易往来的同时，增派留学和教育交流人员，日本对中国的教育摄取又入佳境。

第九节　清代教育
——旧教育时代结束，日本教育摄取选择"创新"

清初沿袭明代发达的教育，尊孔崇儒，因而在清代初、中期，教育得到了一定程度的发展。

世祖定鼎燕京，修葺明北监为太学。顺治元年（1644），置祭酒、司业及监丞、博士、助教、学正、学录、典簿等官。设六堂为讲肆之所，曰：率性、修道、诚心、正义、崇志、广业。一仍明旧（《清史稿·选举志》）。清朝统治者入关后，崇尚儒家经术，提倡程朱理学，确定了"兴文教，崇经术，以开太平"的文教政策。要求大小官员更需"留心学问"，研究经术，"择满汉词臣，朝夕进讲"《六经》。顺治二年（1645），封孔丘为"大成至圣文宣先师"。康熙二十二年（1683），康熙帝亲书"万世师表"匾额悬挂于全国各地孔庙。清初除崇尚儒家经术外，还提倡程朱理学。康熙五十一年（1712），下诏朱熹配享孔庙，列为"十哲之次"，认为用法必用先王之法，为道必为朱熹之道。乾隆帝也曾九次亲赴曲阜朝拜。程朱理学成为清代办学育才的指导思想和科举考试的基本内容。因其为进仕之路、利禄所在，故而科举引得天下士子同趋。清初沿袭明制教育，在中央设学校，改明北监为太学，后又陆续设立了八旗官学、宗学、觉罗学、学算、景山官学、咸安宫官学、俄罗斯文馆等，并在太学设祭酒、司业及监丞、

---

① 黄佐．南雍志（卷七）［M］．影印本．南京：江苏省立国学图书馆，1931：6.
② 黄佐．南雍志（卷十五）［M］．影印本．南京：江苏省立国学图书馆，1931：2.

博士、助教、学正、学录、典籍、典簿等学官。为讲学肄业，又设立了率性、修道、诚心、正义、崇志、广义六堂。在地方上设立府、州、县儒学，府设教授，县设教谕，各一人，每所学校还另设有训导以辅佐教育。

有清学校，向沿明制。各学教官，府设教授，州设学正，县设教谕，各一，皆设训导佐之，员额时有裁并。生员色目，曰：廪膳生，增广生，附生。初入学曰附学生员。廪、增有定额，以岁、科两试等第高者补充。生员额，初视人文多寡，分"大""中""小"学。"大"学四十名，"中"学三十名，"小"学二十名。后屡有增广（《清史稿·选举志》）。

国子监的教学内容，主要是《四书》《五经》《性理》《通鉴》等书，学生兼通《十三经》《二十一史》，博览群书者，随资学所诣。每日临摹晋、唐名帖数百字。关于教学方法，《清史稿·选举志》有这样的记载："月朔，望释奠毕，博士厅集诸生，讲解经书。""祭酒、司业月望轮课《四书》文一、诗一，曰大课。祭酒季考，司业月课，皆用《四书》《五经》文，并诏、诰、表、策论、判。月朔，博士厅课经文、经解及策论。月三日，助教课，十八日，学正、学录课，各试《四书》、文一、诗一，经文或策一。"又据《清朝文献通考·学校考三》记载：监生在"听讲书后，习读讲章。有未能知晓者，即赴讲官处讲解，或赴西厢质问"。可知教学方法既有教师讲授，又有学生自学和质疑问题。① 但万变不离其宗，一切均以科举制度为导向。自隋朝起实行的科举制，对中国封建时代的教育发展、中国封建社会选拔人才起到了积极的作用。但历经一千多年之后，至明清时期基本定型，世间事物均是如此，定型也就意味着僵化，到清代中、后期，科举制已明显跟不上时代的要求。迫于形势，光绪帝于1905年下诏停止科举考试，科举制废除。

在国子监肄业的还有外邦留学生，如琉球和俄罗斯学生。康熙二十七年（1688），琉球国王开始派遣陪臣弟子梁成楫等随贡使至京师，八国子监肄业。直至同治年间，仍有琉球的留学生在国子监肄业。外国留学生，也同样"月给银米器物"，完成学业后则由清政府送回原籍地。

社会学校以私学为主，富有家庭就单独一家在先生家中授教，平民则多家共一位先生，校址多选于祠堂庙宇，壁上必书"至圣先师孔子之神位"。平民子弟读习为通学，朝出暮归，富家子弟除白天外晚间亦必须读书。教科书以《三字经》《千字文》《幼学》《四书》《五经》为主。读书以先生口读，学生模仿诵

---

① 　孙培青．中国教育史［M］．上海：华东师范大学出版社，2000：256．

背，习字为样本描红。课程最重要者为读经，习字读诗赋，读、作八股文。清代对于教育，虽无优良制度，但因有科举的奖励，故读书者亦甚多。虽穷乡僻壤，亦有很多人参与考试。

清代教育为中国旧教育之末，虽有继往开来之功，但因忽略实用，偏重格律，不重普通教育，更无体能教育，因而教育缺乏生命力，弊端暴露，导致近代中国教育出现前所未有的危机。

清代初、中期，中国教育的相对强盛对日本具有一定的吸引力，因而日本的教育摄取在此阶段仍在发挥作用。如1691年林凤冈①任大学头时，继续加强儒学在日本教育中的地位，把《大学》及四书五经作为幕府学校教学的主要内容。但进入清代中、晚期，随着中国教育的没落，加之洋学进入日本，日本教育摄取开始选择，并在此基础上按己之需而迅速"创新"，形成了内涵西化、外形强势、极具扩张力的教育态势。

---

① 林凤冈（1645—1732），日本人，名春常，字直民。江户时代著名的儒学学者。

第三章

日本教育摄取性的 A 面表象：主动吸收，综合创新

从大和时代（公元 3 世纪）到江户时代结束（1867）约 1600 年，是日本向中国摄取、吸收教育的阶段。此阶段在中国教育的影响下，日本的教育主动摄取、强力吸收、综合创新，经历了一个由简到繁、由低级到高级的发展过程。

关于日本历史初始的形成，因日本历来政府理念的束缚和考古制约，史料缺乏，日本历史学者不敢放手向前，故证据不足，研究不深。一般认为日本列岛的历史开始于约一万年前的绳纹石器时代，后因石器遗址的发掘和人类化石的发现，说明距今数万年至十余万年前，日本民族的祖先就已劳作、生息、繁衍在日本的土地上了。对此虽有异议，但绳文时代日本列岛的绳纹陶器可能是受黑龙江下游的绳席纹石器的影响而出现的观点，已受到越来越多研究者重视。日本著名考古学家、东京大学名誉教授驹井和爱博士认为，这可能是中国文化最早给日本文化带来的影响。日本列岛的绳纹时代，原始氏族公社制社会缓慢地向前发展，而与之隔海相望的中国大陆正处在由奴隶社会向封建社会转变的时期。先进的中华文明，在日本绳纹文化晚期，通过朝鲜半岛，陆续传入日本列岛。与中国大陆距离相对较近的北九州地区，最先接触到中华文明。而后的弥生时代，农作和冶炼更是与中国有密切的联系。[①] 据一些学者的研究，日本最早的水稻，是从华中地区及长江流域渡过东海，经朝鲜半岛南部传入北九州的。[②] 弥生时代的工具和祭器开始均为青铜器，后来改为铁器。当时冶炼技术——锻造法，甚至包括铁原料都是日本从中国大陆摄入。可以说，日本古代的显形文化基本上是从中国舶来的，因而推断其成形的有意识的教育也应是如此。

日本的太古教育应该存在，因为若无教育存在，孩子较父母或许会恶化而

---

① ［日］藤森荣一. 绳纹中期文化的构成 [J]. 考古学研究, 1963, 9 (4).
② ［日］酒诘仲男. 试改日本原始农业 [J]. 考古学杂志, 1956, 42 (2).

平凡，日本社会也绝无进步可言。但现存的史料中几乎找不到有意识和有自觉的教育。太古时代，严格地说日本大和时代以前，当时整个社会的文化程度极低，人们的欲望小，生活所需物资亦丰富，只需稍稍劳动，便可容易得到食物及日用品。加之无异族影响，所以当时的日本人缺乏国民的自觉和爱国心，社会也并不需要有意识的教育。《播磨风土记》的饰磨郡处有这样的记载：昔大汝命之子火明命，性恣肆。父神以为患，欲弃之。另赴因达之神山，命其子汲水，乘其未返，驶舟遁去。① 可以看出，对于性行不良之子，日本人不施教育而将其放弃，表明了当时日本社会缺乏改善孩子品性的希望及要求，缺乏教育的原动力。故日本真正有意识的教育，应该始于大和时代。

第一节　大和时代，对中国教育摄取之始

大和时代（公元 3 世纪至 6 世纪）是日本历史上一个重要的时代，它与中国魏晋南北朝时期同代。此时的日本基本上完成了统一，国家版图已初具雏形，中日交往进入了有文字记载的历史，中国的教育进入和影响日本也源于此时。这一时代亦是日本对中国教育摄取之始 。

一、中日交往的发端

大约 3 世纪，日本本州中部的大和地区（今奈良县）兴起了一个强大的奴隶制国家——大和国。当时大和国经济比较发达，与中国的交往日渐增多，一批又一批的中国大陆移民把铁制农具、先进的农业技术和养蚕、织绢及其他手工业技术传到日本本州，促进了当地的经济发展。有关日本的文字记载，应首推《山海经》②，《山海经·海内北经》有云："盖国在钜燕南、倭北。倭属燕。"表明先秦时期中日两国人民就有直接或间接的交往。此后大和国凭借强大的经济和军事实力，统一了日本。此前在日本九州还存在着一个较强大的奴隶制国家——邪马台国。日本在向奴隶制社会过渡的过程中，邪马台国和大和国一样均与中国有较多的往来。据《后汉书》记载，公元 57 年日本弥生文化后期就曾

---

① ［日］高桥俊乘. 日本教育史［M］. 秦企贤，译. 香港：中日文化协会，1950：13.
② 山海经［M］. 方韬，译注. 北京：中华书局，2009：12.

遣使向后汉光武帝朝贡，光武帝"赐以印绶"①，印章上的"汉委奴国王"② 五字从刻字规格到印章的装饰都表明了当时汉朝中央对这个东邻国家较之以前有了更进一步的重视。

曹魏与北九州的邪马台"倭女王国"，从 238 年开始就有正式联使往来，10 年之中就有 6 次。中国的珍贵锦绣、毛织物和一般生活用品不断传入北九州。4 世纪中叶，北九州已归大和国管辖，日本与中国南朝正式通聘，中国史书（如《宋书》）中所提到的"倭国"，已经是泛指日本，而不再是指北九州了。日本史籍所称的"秦人"和"汉人"，早已由朝鲜半岛的乐浪、带方等处不断地移入日本。这些人都是当时日本社会所欢迎的"归化人"。此后，更有不少的中国陶工、画工、鞋匠等从百济移居日本。

二、汉字传入，教育摄取

据日本史书记载，汉字在日本的使用，应在公元 3 世纪左右。日本出土的主要铁器，如奈良县天理市出土的石上神宫七支刀，泰和四年 6 月（369 年 6 月）制，上有汉字 61 个。在千叶县桥本市出土的隅田八幡神社人物画像镜上，有汉字 48 个。埼玉县行田市稻荷山古墓出土的铁剑上有汉字 115 个，等等。③ 这说明汉字在 3 世纪之前的日本，至少在社会上层较为盛行。

日本对中国教育的摄取，最早应追溯到王仁渡日。据《日本书纪》和《古事纪》记载，公元 284 年（应神天皇 15 年，中国魏晋南北朝时期），因阿直岐精通经典，"百济使阿直岐来贡良马，帝即命之养焉。阿直岐能通经传，皇太子师之"④。天皇问阿直岐曰："汝国有胜子汝之博士乎？"对曰："有名王仁者极为优秀。"⑤ 由于阿直岐推荐，天皇命王仁随使臣来日本，"献论语十卷，千字文一卷。于是皇太子从学焉"⑥（王仁虽号称"百济人"，但据史料考证是汉族人）。随着大和国和邪马台国与中国的频繁交往，汉字、汉语、汉学特别是儒家思想，随汉学家传入日本，日本开始摄入教育，摄入汉字。在汉字传入日本之前，日本没有自己固有的文字，成书于 7 世纪前后的《隋史》就曾记载："无文

---

① 参见《后汉书·东夷传》及《光武帝本纪》中元二年春正月辛未事。
② ［日］坂本赏三，福田丰彦. 新编日本史图表［M］. 东京：第一学习社，2001：14
③ ［日］坂本赏三，福田丰彦. 新编日本史图表［M］. 东京：第一学习社，2001：20.
④ ［日］德川光圀. 大日本史［M］. 日本：水户藩，1715：213.
⑤ 李寅生. 论唐代文化对日本文化的影响［M］. 成都：巴蜀书社，2001：67.
⑥ ［日］高桥倭乘. 日本教育史［M］. 秦企贤，译. 香港：中日文化协会，1950：22.

字，以刻木，结绳记事。"汉字的传入引起了日本皇室的重视，并受到日本社会的关注和好评，在很长的一段时间里日文曾完全借用汉字。日本人用一种极其崇拜的心情摄取中国教育，皇太子菟道稚郎子曾拜王仁为师，学习中国的各种经典，并在日本宫廷里开办起了学问所。学问所是当时出现的特殊教学形式，这种有组织的日本天皇宫廷教育，吸引了除皇太子之外的众多王公贵族子弟，他们在这里习汉字、学汉学。此时的日本汉诗文已有进步，在《日本书纪》中就有记载日本人"曲水宴"的说法，因此宴会有赋诗于曲水的习惯，这是中国文人饮酒赏诗的行为。曲水设宴赋诗，也叫曲水流觞，它始于中国晋代，是中国古代文人中盛行的一种游戏。到了继体天皇 7 年（513），百济国五经（诗、书、易、春秋、礼记）博士段杨尔等来到日本；尔后推古天皇时代出色的汉文传世和圣德太子为中心时代的汉文学的发达，都可以说是五经博士段杨尔等渡日以后的结果。继此之后还有易博士、医博士、历博士相继来到日本。这样一来，日本最早的成形教育机构——宫廷中的学问所，不仅继续保持下来了，且具兴旺发达之势。

除了国家层面的交往，民间的交流亦发挥了巨大的作用。公元 3 世纪之前，由于政治上和经济上的诸多原因，众多的中国人经朝鲜半岛来日本定居。在日本教育摄取汉字、汉学的同时，由移居日本的中国人带去的传统文化和农业、手工业技术，不仅有利于日本经济的发展，还为日本的社会文化和有形教育增添了丰富多彩的内容。特别是汉字的传入，极大地促进了日本教育的进步。日本的文字由汉字脱胎而来，日本最早的典籍《古事记》《万叶记》等就是借助汉字写成的；日本的历书也是按照中国历史仿制而成。这些表明，有了成熟的文字就极大地方便了记载，给系统的教育提供了可能。日本著名的六国史为《日本书纪》，太安麻吕撰；《续日本史》，藤原继绳编；《续日本后记》，藤原良房编；《文德实录》，藤原基经编；《三代实录》，藤原时平编。这些都是用中国文字写成的。①

日本摄入中国汉字，汉字的用法也渐见普遍，使得在整个日本社会与汉字有关的行业亦日渐兴盛。文字是教育必不可少的基本元素，文字出现后，开始有了用汉字整理的并用于国民教育的教材。教学内容的确定和教材的使用，使教育能在有意识的状态下进行。

---

① 韦政通. 中国文化概论［M］. 长沙：岳麓书社，2003：322.

第二节 飞鸟时代，对中国教育全面摄取

继大和时代中国文字、教育、文化被日本摄取并受日本人喜爱之后，飞鸟时代（593—710 年，与中国隋朝及唐前期同代）此种势头更盛。中国强势的文化、教育，使日本教育摄取渐入佳境，并逐步走向正规，且初具规模。

一、佛学的吸收

此时日本历代天皇都建都于飞鸟地区（今奈良县檀原市），史称飞鸟时代。历史给了日本极好的机会，儒学的传入几乎改变了整个日本社会。而此时，佛学也经朝鲜半岛传入日本，奴利斯致契受百济王之令，献释迦牟尼佛金铜像及幡盖、佛经给日本天皇。佛教的传入及普及，不仅对日本的宗教，而且对日本的思想界和文化教育事业亦影响极大，佛教的经书给日本人带来了更加系统的文字文化。《隋书·倭国传》云："敬佛法，于百济求得佛经，始有文字。"日本藤原京出土的出云国木简和若佐（狭）国木简上就分别刻有 "出云国嶋根郡副良里伊加大赘廿斤" 和 "庚午年四月若佐国小丹生评" 的汉文字。[1] 飞鸟时代日本对中国汉字、中国文化的吸收首推圣德太子（574—622）。593 年女帝推古天皇即位时，圣德太子被立为皇太子，并委以摄政之要职，总管朝政。《日本书纪》赞太子：生而能言，有圣智，及壮，及时闻十人之诉苦而无混误，兼知未然。且习 "内教" 于高丽之僧惠慈，学 "外典"（指儒书。著者）于博士觉哿，悉能通达。[2] 圣德太子，既通儒学，又精佛学。摄政 30 年，致力于移植中国的封建制度，改革日本的政治制度，恢复了与中国断绝多年的邦交，大兴文化教育事业，成为日本文化教育的开拓者。为摄取之需，公元 600 年其第一次派遣隋使来中国，朝见隋文帝，学习隋朝典章制度，并努力提高自己的学问修养水平，"拜高丽僧惠慈为师学习内典，拜博士觉哿为师以学习外典"[3]，力求融会贯通佛学与儒学之精髓。《隋书·倭国传》说：（日）使者曰："闻海西菩

---

① ［日］坂本赏三，福田春彦．新编日本史图表［M］．东京：第一学习社，1998：20.

② 宫内厅书陵部本影印集成第 1 期．日本书纪［M］．东京：八木书店，2005．天武天皇令舍人亲王等编撰于公元 720 年完成．采用编年体，共三十卷.

③ 宫内厅书陵部本影印集成第 1 期．日本书纪［M］．东京：八木书店，2005．天武天皇令舍人亲王等编撰于公元 720 年完成．采用编年体，共三十卷.

萨天子重兴佛法，故遣朝拜。"据此可看出，日本在听说隋帝继北周武帝废佛之后，又竭力复兴佛教，故特意遣使前往，希望能在隋朝恢复佛学之后，学习佛教文化，取己之需，为己所用。

二、圣德太子改革

圣德太子推行政治改革，制定了"冠位十二阶"的品官冠位制度，并对不同阶位的官员所给予的位田、位封（户数）、位禄（包括季禄）等仿照中国做了详细的规定，还制定了官吏贵族必须遵守的 17 条政治道德守则——《十七条宪法》，《十七条宪法》引用典籍之多，除《诗经》《礼经》《孝经》《论语》《孟子》《左传》《庄子》《史记》《汉书》等汉籍之外，还博引佛教和阴阳家之学说。① 这是日本政治家第一次以国家意志的形式系统摄取中国文化的具体表现。随后圣德太子又派以小野妹子②为首的第二次遣隋使团来中国，并主动派遣四名留学生、四名留学僧，为日本遣送留学中国学生之始，此举表明日本教育对中国教育的摄取已进入实际操作的阶段。其中南渊请安③在中国留学达 32 年之久，僧旻④也在中国留学 25 年。说明此次遣隋不单为学佛法，而是为了广泛摄取先进中华教育与文化。隋炀帝派以裴世清为首的 13 名官员回访日本，亦受到日本推古天皇盛情接待。

文化和教育摄取之后，圣德太子学以致用，创立了法隆寺等寺院以宣讲佛教。法隆寺是学问寺，是一所宗教学校，它的建造比普通学校约早 60 年。同时还继续派遣一批留学生和学问僧到中国，学习中国先进的政治和文化。开阔了眼界而又习得"真经"的日本留学生们回国后，弘汉文，仿隋制，促成了日本历史上有名的大化改新。大化改新后的日本，按照中国隋唐的政权形式，建立新的制度，从此进入了封建社会，日本教育也由对中国教育的喜爱变成了自觉的摄取。万象更新、百业待举之时，去"老师"的国度求学访问，成为日本人上至天皇下至朝臣僧侣最向往之事，此种理念促使日本大批的遣唐使络绎不绝

---

① ［日］高桥俊乘.日本教育史［M］.秦企贤，译.香港：中日文化协会，1950：28.

② 小野妹子（生卒年不详），日本飞鸟时代官员，推古十五年（607）奉圣德太子之命，作为第一批遣隋使向隋炀帝递交国书。

③ 南渊请安（生卒年不详），飞鸟时代的学问僧，608 年随小野妹子渡海入隋朝，640 年回日本。给中大兄皇子、中臣镰足等人讲授儒学，对大化改新产生很大影响。

④ 僧旻（？—653），古代学僧，608 年随遣唐使小野妹子到隋朝，632 年回到日本。645 年与高向玄理一起成为国博士，在新政府中举足轻重。

地渡海来到中国。遣唐使的船队从难波港（今日本大阪）出发，天皇设宴送行，巨大的木质帆船先沿日本海岸航行，后在九州北部横渡大海，经朝鲜半岛在渤海边中国山东北上岸，或西渡东海，在扬州和明州（今宁波）登陆。遣唐使一到中国就受到当地人民的欢迎与接待，地方政府对其非常重视，一边将此事奏报，一边派专使护送，恭敬有加，此期间所有费用均由中方支持，借以表示东方大国之慷慨。日本遣唐使到都城长安，由监使负责接待。唐皇还亲自接见日本使臣，在内殿赐宴，给使臣授爵赏赐。随使团前来的日本留学生进入唐朝最高学府国子监学习，日本僧人则被派往名山大寺拜师求教。除中国文化和中国教育的强力吸引外，中国政府和民间的盛情，给日本使臣和日本留学生（僧）情感上以极大的满足，这亦成为日本教育摄取强大的外动力。

在圣德太子摄政期间，日本不仅向中国派遣留学生，还注意模仿中国开拓本国教育，鼓励开办私塾。推古天皇十年（602），百济学问僧观勒到日本朝贡，带来历书及天文、地理、遁甲方术等书，有数名学生为求学问拜他为师，可以说这就是私塾成立的端倪。此后，百济归化人味摩之①迁居日本，因其擅长伎乐，也有很多人向他学习。每逢这种情况，圣德太子皆予以支持。

大化改新是日本历史上的重要事件，它是日本向中国学习摄取的一次高潮。大化改新后，中国正值唐朝盛世，吸引日本人的东西比比皆是，日本摄取的不仅是政治制度、法令条文、教育制度和文化艺术，甚至包括民俗习惯和生活方式等。为更好地摄取、模仿，在教育方面孝德天皇起用高向玄理和僧旻，并任命他们为国博士（博士在当时是一种管理教育的官职职称。著者）。僧旻、高向玄理、南渊请安等人"在中国逗留了二三十年，经历了隋唐两朝的更替，而且对两个朝代的文物典章制度十分熟悉，对东亚地区的形势也非常清楚，这些人回日本后均创办学塾，传播大陆国家的先进知识和制度"。②

三、初仿唐制设学校

大化改新的中心人物中大兄皇子和中臣镰足，就曾师从遣隋留学生南渊请安，学"周礼之教"。中大兄皇子（天智天皇）正式即位（668）后，于天智四年（671）设立官学，这是日本官学之源，当时的学校主管为学识头，由百济归

---

① 味摩之，百济艺僧。曾在中国吴越一带学习伎乐。推古天皇二十年（612）回到日本。后定居大和的樱井，向日本少年（真野首弟子、新汉斋文等人）传授伎乐。

② 王新生．日本简史［M］．北京：北京大学出版社，2005：23.

化人担任，可见摄取和模仿是日本教育的传统，日本官学一开始就是借助外来资源筹办的。

文武天皇的大宝元年（701），他们开始行释典之礼，也向中国的统治者一样，逐渐神化孔子，以便利用孔子之说来更好地治理国家。这是日本祭祀孔子的源起。同年制定了一部综合性的国家法律——《大宝律令》，在这部法律中就有专门一卷为"学令"，"学令"用法律规范了日本的学制，是日本历史上第一部有关教育的法令。"学令"中还有很多关于教育的详细规定条文，如学制规定、课程设置、学校管理等。《大宝律令》的颁布在日本教育史上具有划时代的意义。按照"学令"的规定，在京城设"大学寮"（简称"大学"），在地方的"国"设"国学"。把儒学作为一门重要的课程，在"大学"或"国学"内讲授，并以从唐朝留学回国的留学生及博士、助教为教师。甚至在当时的学校内还制定了体罚制度，以强迫学生接受儒家思想。

1. "大学"。日本的官学也和唐朝的官学一样，具有双重职能。此时日本的"大学"，一方面是具有政府职能的官学，由式部省管辖，甚至有时还代替式部省行政。另一方面又具教育功能，担负培养社会人才的任务，且学校管理有序，分工明确。"大学"分别设有大学头、事务管理官、教官等，事务官和教官的设置类别分明，职责清楚，如博士就有音、书、算之分，分别讲授不同的课程。"大学"还严格规定了学生数量，"学生定员为四百人"。"大学"既是官学，因而其首要任务是要为国家培养官吏，日本教育当时几乎是空白，无奈教育内容只好全部从唐朝摄取，教材也基本上是中国儒家经典，即以《孝经》和《论语》为中心，课程分为经学、音、书、算四科。经学的第一步是学习经典，此外在"大学"中还专门设置音、书博士。汉字的音、义及书写是入门课程，算术是专门课程。经学为"大学"的主要课程。教材全部都是中国儒学经典，除《论语》《孝经》外，《周礼》《尚书》《周易》《礼记》等，也被指定为必读的教科书。

日本当时正值封建社会的兴起期，封建等级观念也反映在教育中，"大学"学生的入学资格亦是如此，13 岁至 16 岁为"大学"入学年龄，资格分为两条：第一条是自由入学者须是三位①以上贵族之孙和五位以上贵族之子②，第二条需批准入学者是六、七、八位官吏的子孙。在此规定中，庶民子弟无论优劣都被

---

① 位：日本当时的官阶，相当于中国封建社会的"品"。

② 王新生. 日本简史［M］. 北京：北京大学出版社，2005：29.

排斥在大学之外。毕业也比较宽松，只要按规定学完课程，并通过录用官吏的考试即为毕业，推荐朝廷为官的均为品学兼优的学生。学校有定时的休假制度，一个月 3 天休息，每 10 天休 1 天，但有旬考制，即每次休息前小考，岁考在每年 7 月进行。考试内容为大义 8 条，并以此定成绩。上等为过 6 条以上者，中等为过 4～5 条者，下等均为不足 3 条者。还规定有退学制度：一是学业考试 3 年都为下等者或者连续 9 年都未修完学校规定课程者；二是不遵守校规或全年有 100 天以上休假者，这两种情况都被勒令退学。

"大学"为官学，且培养国家官吏，办学经费由朝廷拨给，故学费免征。但生活费自理。且免缴税，免服征役。学生苦学六年后可分别获得六种学位，即"秀才""明经""进士""明法""书""算"。其中"秀才"和"进士"取"明经生"中拙于经书的义理而巧于文藻者，"秀才"要写"方略策"，"进士"要写"时务策"。"大学"也有类似中国的考试制度，通过考试选拔人才，推荐给太正官安排官职。"国学"和"大学"差不多，不同之处：一是推举学生的名称不同，"大学"叫举人，"国学"称贡生；二是考试的差异，贡生须参加式部省的考试。考试合格者授予大初位上到正八位不同的官品，并委以相应的官职。

2. "国学"。大化改新之前日本的行政区划分不清，造成国家管理诸多不便，《大宝律令》明文将其分为国、郡两级。而"国学"则是由所谓"国"这一级政府所管辖的学校。全日本分为 60 多个国，归中央直接管辖。国一级的地方官叫作国司，由中央政府直接派遣。郡是国的下属行政区划，其长官叫作郡司，郡司一般由国司指派。

因而"国学"顾名思义为"国"一级政府所辖的学校，其办学目的主要是为该"国"内的地方官的子弟学习之需要，若有些"国学"学生名额有余之时，亦考虑有才华的庶民子弟。因当时日本所谓"国"这一级政府所辖面积和人口不同，所以其管辖的"国学"学生数量亦有差异，学令规定国有大、中、小三等，分别为 50 人、30 人、20 人。[①] 但必须有五分之一的人学医。"国学"亦基本模仿"大学"的教育方针，仿"大学"设置课程和学科，连考试方法和学生的推荐也基本照搬"大学"模式。经学在教学中占重要地位，儒学教育成为当时日本的国学，设国学博士讲授经学。为了服务所属"国"的地方民生，还设置了医学和药学，由医师来讲授。国博士和医师虽都由地方政府任用，但

---

① 王桂. 日本教育史［M］. 长春：吉林教育出版社，1987：27.

选优候补极难。特别是做其后补的儒官，元正天皇养老七年（723）敕令伊势、远江等十余国设置。后到神龟五年三四国设一人。按照《大宝律令》的规定，原则上每一国设一所"国学"，只有九州例外，把筑前、筑后、丰前、丰后、肥前、肥后六国的"国学"合并在一起，在太宰府设一所府学。府学学生定员为240人，讲授经学的教官称太宰博士。

此外，在式部省所管辖的"大学"及"国学"之外，还设有几种专门教育机关，实施医药、天文历数、音乐舞蹈等方面的教育，以完善社会之需的教育，培养各类实用人才，日本当时的教育形式、内容、理念，由于教育摄取的原因，几乎完全与中国相同。

第三节　奈良时代，对中国教育摄取之盛

公元710年，元明天皇把京城由飞鸟迁至平城京（奈良城），开始了奈良时代（710—794）。奈良时代与中国盛唐时期同代，这一时期整个日本社会安定，出现了前所未有的太平盛世。唐朝强盛的文化和成熟的教育，吸引了日本奈良王朝统治者的目光，他们把学习、模仿唐文化和教育作为治国的重要国策。奈良时代的历代天皇都实行引进吸收的国策，积极推行与中国的友好交往，全面地学习中国，通过全方位的教育摄取，促进了日本教育事业的蓬勃发展。

一、遣唐使、留学生（僧），教育摄取主体之庞大

日本奈良时代适值中国唐朝的鼎盛时期，日本人醉心于唐朝的先进文明，敢于冒生命危险渡海到中国来学习，表现出一种前所未有的积极摄取精神。遣唐使从630年第一次的犬上御田锹[①]到894年第20次的菅原道真[②]，前后共达264年之久。其间"大致可分为三个时期：初期：630—669年，共任命七次，使团规模不大，船只一、二艘，成员也只有一、二百人，走沿朝鲜半岛沿岸的北路航线，学习唐朝制度成为当时的主要出访目的。中期：702—752年，是访

---

① 犬上御田锹（生卒年不详），日本飞鸟时代的官员。推古22年（614）作为遣唐使、舒明2年（630）作为第一次遣唐使两次渡海来到中国。

② 菅原道真（845—903），日本平安初期的学者、政治家。受宇多天皇重用，醍醐天皇时任右大臣。后因左大臣藤原时平的谗言而左迁大宰权帅，殁于九州。死后被尊为学艺之神，受到崇敬。编纂《类聚国史》，著有诗文集《菅原文草》等。

唐学习和摄取教育的极盛时期，共任命并成行四次，使团规模成倍扩大，每次人数达 500 人之多，船舶四艘，航线大多是经南方诸岛的南岛路。为全面深入学习盛唐文明，实现全盘唐化，有大批留学生和留学僧来唐并长时期地留住在唐朝，有人甚至在唐朝为官。后期：759—894 年，较前两次相比为渐衰期，共任命九次，实际成行六次，此间正值安史之乱，唐朝渐衰，日本学习唐朝热情降低，使团规模小，留学生、留学僧留唐时间亦缩短，航线主要是横渡东海的大洋路"。① 也就是日本史书上所提到的从博多津到扬州的南路和从博多津经访津（日）、奄美岛（日）、明州（中）到扬州的南岛路。其中最盛时期，日本四次派出遣唐使和大批留学生，规模宏大，阵容严整，往往多达五六百人，需乘四艘大船。除大使、副使、判官和录使四等官员外，随行人员中还有留学生、留学僧、医师、画师、音乐师、工匠、艺人，甚至还有围棋手、射手等。这些人都是经过严格选拔的好学之士，真正到中国来求知取经的。他们在不同的领域，都为沟通中日两国友好交往、摄取唐代文化为日所用做出了杰出的贡献。留学生随遣唐使来到唐朝长安学习，这些日本青年精英日后学有成就之人众多，如有著名的留学生阿倍仲麻吕②（中国名字为"晁衡"）、吉备真备③、橘逸势④和留学僧最澄⑤、空海⑥等。它们均由朝廷分派进国子监，所学专业均各有差异。木宫泰颜在其所著的《日中文化交流史》中，曾考证史料列出留学人员（留学生和学问僧）的姓名，共达 149 人。⑦ 其中尤以吉备真备对中日交流贡献巨大。吉备真备知识面极广，专业涉及经史、礼仪、历法、祭祀，甚至音、书、

---

① 王晓秋. 中日文化交流史话［M］. 北京：商务印书馆，1996：35 – 36.

② 阿倍仲麻吕（698—770），日本奈良时代遣唐留学生。养老元年（717）入唐。改名晁衡，仕于唐玄宗，并有政绩。因遇暴风，未能返还日本。在唐 50 余年，客死长安。

③ 吉备真备（695—775），奈良时代的学者，廷臣，吉备地方的豪族出身。717 年跟随遣唐使留学，735 年回国，带回《唐礼》等书籍、兵器及器具。751 年任副遣唐使两次入唐，回国后建怡土城。平定藤原仲麻吕之乱的功臣。日本文字片假名创造者。

④ 橘逸势（？—842），平安初期的官僚、书法家，奈良麻吕之孙。804 年与最澄、空海一道入唐，据说参与承和之变，在流放伊豆途中客死远江国。擅长隶书，与空海、嵯峨天皇并称日本三笔。

⑤ 最澄（767—822），日本平安时期僧人，日本天台宗开山祖，谥号传教大师。延历二十三年（804）进入唐朝。翌年归国后，综合天台与密教、禅、律，以建立大乘戒坛作为目标。著有《显戒论》等。

⑥ 空海（774—835），日本平安时期僧人，教育家。日本真言宗开山祖。804 年入唐朝长安学佛，806 年归日本，创建金刚峰寺，综艺种智院。谥号弘法大师，著有《三教指归》等。

⑦ ［日］木宫泰颜. 日中文化交流史［M］. 胡锡年，译. 北京：商务印书馆，1980：149.

兵、算之类，学成归日时带回大量中国汉学和儒学古籍，填补了日本在典籍制定方面的资料参考之空白。吉备真备从唐朝带回的典籍大多数都是与礼乐制度相关的著作，如《唐礼》《东观汉记》《太衍历经》《乐书要录》等。另外还带回了如乐器铜律管、测影铁尺、方响等唐朝的实用器物。还特别带回了许多用于军事方面的器械，如骑兵使用的弓箭，弓有马上饭水漆角弓、丝缠漆角弓、露面漆四节角弓等；箭有平射箭、射甲箭等。中国围棋亦是由吉备真备带回，现在为日本著名的体育项目。他还利用回国后任大学博士的机会，将在唐朝的所学传授给大学生员。为模仿中国集天下英才而教之的教育理念，倾其全力兴办太宰府学。吉备真备重视中国传统史籍的作用，第一个把《汉书》《史记》《后汉书》等作为大学寮的教科书。就连孝谦天皇为学《汉书》和《礼记》也曾拜吉备真备为师。日本朝廷为了学习实用战法，还曾派专人请他讲授孙武的九地传营法和诸葛亮的八阵图。他参稽礼典，为朝廷重新制定和完备了祭孔仪式。吉备真备还根据汉字的偏旁部首创造了片假名，使日本文字初具系统，且更加规范和实用。

　　奈良时期，随着数次遣唐使团来唐，大批留学生和留学僧亦来到中国，在长安受到唐廷的优遇，其中著名的阿倍仲麻吕与同来的吉备真备、大和长冈[①]等日本留学生，通过专门接待外国人的机构鸿胪寺的安排进入国子监，学费全免。经过近十年的学习，完成了"国子学"的学业。阿倍有众多的中国挚友，如李白、王维、储光羲等，他还加入了中国户籍，以中国人的身份参加了唐朝开科取士的考试，并于727年以优异的成绩考中进士出仕唐朝。[②] 作为日本人能通过如此高难度的中国科举考试，仲麻吕是第一人，也是最后一人。

二、鉴真东渡、教育繁荣，制度层面摄取之深

　　佛教产生于印度，后传入中国。隋唐以后，中国的佛教已基本走上了独立发展的道路。受中国佛教的影响，日本的佛教有法相宗、三伦宗、华严宗、律宗等。佛教的传播得到了日本朝廷的支持和提倡。其中，朝廷提倡佛教的最盛期，是圣武天皇的天平年间。

---

① 大和长冈（689—769），奈良时代的贵族及明法家。自幼爱好刑名之道，潜心研究。后来和吉备等人入唐请益，颇有心得。当时学法令者都向长冈请教。他和真备共同删定律令24条。

② 王晓秋.中日文化交流史话［M］.北京：商务印书馆，1996：44 – 45.

为使佛教在日本迅速传播，日本朝廷派普照①、荣叡②等僧人到唐朝选聘人才。当时中国唐朝的高僧，德高望重的鉴真和尚③应邀东渡。鉴真本姓淳于，扬州人。此次应邀在 742 年，是鉴真赴日的第一次，之后又连续四次，共五次东渡，但都未成功，其原因诸多，有时是官府所阻，有时是海盗所掠，有时又为狂风巨浪所困。历经千辛万苦，以致双目失明。753 年（唐天宝十二年），日本遣唐使藤原清河④等人又一次邀请鉴真同船赴日本传教，鉴真第六次东渡终于成功，于日本孝谦天皇天平胜宝五年（753）11 月 2 日抵达日本。天平胜宝六年 2 月 4 日，鉴真被迎入首都奈良东大寺，受到日本各阶层人士热烈欢迎。日本天皇下诏：自今以后，授戒传律一任和上⑤，并授予鉴真"传灯大法师"的称号。鉴真随后为天皇、皇后、皇太子及僧侣等 400 余人授戒。

天皇授以鉴真传灯大师位，并委托他立坛授戒。日本朝廷被鉴真东渡所感，赐地为他修建东大寺，鉴真在此讲经，培养日本僧侣，并为朝廷制定佛教受戒制，以训练和培养僧侣。鉴真及其弟子和其他随行人员在传播佛学的同时，还把中国的医药知识和建筑技术等传给了日本。他不仅在建筑上亲自主持修建了东大寺，还利用自己精通医药之便，帮助鉴辨中草药，为天皇和皇太后治病，被日本医药界尊为始祖，直到 17 世纪江户时代日本药行的草药袋上仍印有鉴真的画像。

摄取中国唐朝教育文化，借以创建日本教育，是大化改新的重要内容之一。大化改新后的日本不仅在政治、法制、宗教文化乃至生活习俗方面都模仿中国，在教育上更是几乎全盘引进，如建立"大学""国学"、设国博士管理教育等。

---

① 普照，生卒年不详，奈良时期的僧人，同荣叡一起入唐，后拜谒大明寺的鉴真和尚，并邀请鉴真东渡日本。754 年，随鉴真回到日本后，居住在东大寺。

② 荣叡，荣睿（？—749），日本美侬（今岐阜县）人，奈良兴福寺僧人。唐开元二十一年（733），随日本遣唐使丹墀真人广成入唐，在河南洛阳从大福先寺定宾和尚受戒。留学三年。唐天宝元年（742）欲与普照同行归国，到扬州恳求鉴真和尚到日本传经。天宝二年至三年，两年共四次东渡失败。天宝七年（748）6 月，第五次东渡，船出扬州，经长江口，遇飓风，漂流至海南岛。是年秋，经广西梧州入广东端州。到端州（今肇庆市），入住鼎湖山龙兴寺，天宝八年春（749）染病，圆寂于鼎湖山龙兴寺。

③ 鉴真（688—763），奈良时代渡海赴日本的唐朝僧人，日本律宗开祖。五次渡海失败，后又失明，终于 753 年抵日。在东大寺大佛殿前设戒坛，为圣武天皇以下者授戒。被赐赠大和尚称号，并奠定了唐招提寺的基础。

④ 藤原清河（生卒年不详），奈良中期的廷臣，房前之子。752 年任遣唐大师入唐。归国途中乘船遭遇大风。后自称河清，仕于唐王朝并殁于唐。

⑤ 和上，即和尚，律宗、法相宗、真言宗中成为授戒之师的僧人，亦指高僧。

公元 661 年中大兄皇子即位称天智天皇，天智四年（664）朝廷创设官办的学校，任命百济归化人鬼室集思为学识头①。从此时起，日本开始设立贵族学校。

到了奈良时代，贵族学校教育制度渐趋完善。飞鸟时代后期制定的《大宝律令》，已把学校教育制度纳入国家的律令中。依据律令的规定，奈良时代贵族学校逐渐有所发展。要掌握这个时期贵族学校教育的发展情况，还是首先必须了解《大宝律令》中关于教育制度的各种规定。

模仿中国法令的《大宝律令》几乎通篇都涉及教育问题，其中除"学令"明文规定了学校教育制度之外，"职员令""选叙令""考课令""医疾令"中也有涉及，并从法律的角度对与教育有关的事项做出了规定。日本教育史上的教育制度化和法令化，始于《大宝律令》中带有中国教育色彩的学制的诸多规定。其中虽带有众多的中国元素，但它在日本教育发展史上所具有的重大历史意义却是不可忽视的。必须指出，这种学制的阶级性是很鲜明的。它是封建贵族阶级的教育制度，其中还存在着一定的矛盾性和不切合实际需要的缺陷。譬如，按照大化革新培养选拔人才的要求，企图排除门阀限制，广开选拔任用人才的门路，但在《大宝律令》中却对"大学"和"国学"的入学资格做了等级身份的限制；对于上层贵族的子孙不论其是否"大学"毕业及学业成绩如何，仍然可以世袭官位。这种世袭制既违背广开才路的精神，又与创设"大学"的宗旨背道而驰，致使"大学"开办以来并不景气，大大影响了其生命力。

奈良时代文化繁荣，教育事业空前发展，这是与朝廷推行文化教育奖励政策分不开的。朝廷明确宣布："文人武士，国家所重。医卜方求，古今斯崇。""优游学业，堪为师范者，特加赏赐，劝励后生。"② 这种奖励政策，有力地推动了文化教育事业的发展。

奈良时代家庭私立教育亦兴盛，家庭私立教育的形式和内容常因社会地位和职业而异，一般有三种：一是学者就在自己家里直接教授子孙；二是上层贵族家庭多半是招聘学者在家里对子弟施教；三是手工业者和工艺家则在家庭中对自己的后代传授技艺。此外，还有些人想学习某种技艺，但又没有这方面的私塾，便到精通此技艺的师傅家去拜师，接受个别传授，这类似于中国的学徒制度。

---

① 见《日本书纪》二十七，《怀风藻》序言。学识头即学校的长官，相当于《大宝律令》中的大学头。

② 续日本纪，平安时代编撰的官方史书，菅原道真主持。797.

三、大学寮中的儒学、汉学，教育内容摄取之广

奈良时代的"大学"比飞鸟时代的"大学"更趋完善，其设置更合理，管理更科学。此时"大学"为大学寮，开设在京城。大学寮中设置最高管理者，叫"大学头"（校长），最早称谓为"鬼室集思"。教官称博士，大致上分六大类，除音、书、算博士外，还设置文章博士、法律博士和纪传博士。大学寮中有"头""助""允""属"四类办事官员，其分别对应的官位如下：①大学头（一人）从五位上。②大学助（一人）正六位下。③大学大允（一人）正七位下。④大学少允（一人）从七位上。⑤大学大属（一人）从八位上。⑥大学少属（一人）从八位下。

元正天皇养老元年（717）修改了文武天皇大宝元年（701）制定的律令，其中对"大学"和"国学"进行了种种规定。在"大学"中举行春秋两次"释典"（孔子的祭典）。

如前文所述，日本始建"大学"的目的，一是解决王公贵族子弟的教育问题；二是为朝廷培养官吏。日本"大学"模仿中国教育，对教学内容的讲授和教材的选用都有严格的规定。并设置了具体的课程，把课程分为经、音、书、算四门。学习汉字汉文是学习经典的第一步，经学为主要课程，算术是专门课程，均属本科范畴。规定教材必须选用中国的儒家经典，特别是经学的教材更是确定书目，并将其分成大、中、小三个层次，层次则由规定教材的难易而定。《礼记》《春秋左氏传》为大经，《周礼》《毛诗》《仪礼》为中经，《周易》《尚书》为小经。为使教育适应每位学生的不同学习状况，经学中除《论语》和《孝经》为必读外，大、中、小三经中可选读两本，但要求大经和小经中须各选一本。日本一改古代的弃老传统①，完全摄取中国魏晋时的举孝廉制，开始孝敬老人。天平宝字元年（757）日本孝谦女皇下诏，其诏书内容有二：一是社会中若出现孝子，须上奏由朝廷重奖；二是全国人均一本《孝经》，以利孝文化在百姓中传播。为了在各级官吏中推行儒学，在选拔官吏的考试中，所考的试题几乎都是儒学、汉学的内容。需要指出的是，在神龟和天平年间②改革大学课程时，把原来的四科改为"明经""文章""明法"及"算学"四道。大学寮的教

---

① 日本古代传统文化中有丢弃老人的风俗，由于日本古代生产力低下，当老年人丧失劳动能力后，子女就将其背进深山遗弃。日本小说《楢山节考》中就有此类描写。

② 日本元正天皇年号，神龟元年为公元 724 年，天平元年为公元 729 年。

材也几乎全部选用儒家经典，它包括中国古代"三史"①。关于大学寮中教科书的内容，927 年颁布的日本相关法律细则《延喜式》卷二十中有较详细的记载：凡应讲说者……三史、《文选》各准大经。此处规定了教科书必须使用的一些具体经史典籍，还有讲授这些经史典籍所需的时间，其中特别提到了"三史"和"大经"。"三史"的讲授时间是 770 天。类似的条文，8 到 9 世纪的法律细则《弘仁式》中亦有所见，可知《后汉书》在 9 世纪初就已经被当作大学寮纪传道的教科书了。②

《续日本后记》编纂人为日本著名汉学家、文章博士春澄善绳和菅原道真的父亲，即时任刑部尚书的菅原是善③以及日本当时伟大文学家、诗人菅原氏"学问之家"的代表人物菅原道真，都讲授过《后汉书》。

当时在日本学习明经者称为"学生"，而专攻算道者称为"算生"。中国教育被日本摄取时几乎被全盘吸收并采用。如明经学生学习明经之前须从师音博士学习正确的中国音，学习汉籍的训读。其顺序是先学中国经后习经义。"明经道"的教科书又分为小经类两部，分别是《周易》和《尚书》；中经类三部，分别是《毛诗》《周礼》和《仪礼》；大经类两部，分别是《礼记》和《左传》，总共为七经。规定其中只要任选大经、中经中任何二经或中经中的任何二经学习，即可毕业。此外不论何种学生，都须学习《论语》《孝经》。并且这些经书的注释都应与唐制相同，即《尚书》（孔安国、郑玄）、《周易》（郑玄、王弼）、《论语》（郑玄、何宴）等。

日本此时的学校还有放假的规定，假期主要是"田假"和"授衣假"，但形式上都是照搬唐朝。对学生的德育方针也完全依照儒教，教学生知"礼"后以"礼"，所谓以"礼"即入学时模仿中国学生们要向老师行束脩之礼。其"礼"在《令义解》上有说明，是"释典及束脩之类"的意思。释典是祭祀孔子，束脩是作为学生入学时的礼物，相当于学费。《论语·述而篇》中就有子曰："自行束脩以上，吾未尝无海焉。"④。日本统治阶层从儒家思想中发现了不

---

① 三史为《后汉书》《史记》《汉书》，大经指的是《礼经》和《左氏春秋》。

② ［日］后藤昭雄. 日本古代汉文学与中国文学［M］. 高兵兵，译. 北京：中华书局，2006：77.

③ 菅原是善（812—880），平安前期的学者，清公之子，道真之父，人称菅相公，参议。参与《文德实录》的编纂策划。著有《东宫切韵》《集韵律诗》、诗集《菅相公集》等，均失传。

④ 论语［M］. 吉林：延边人民出版社，2006：42.

少对维护其统治极为有利的东西，于是在教育摄取的过程中，他们把这些东西进一步发扬光大。如庆云四年（707），文武天皇在其诏书中强调：凡为政之道，以礼为先。这恰恰说明了他们十分重视儒家之礼。奈良时代先后出现的《古事记》《日本书纪》《怀风藻》《万叶集》等书籍，都在很大篇幅上反映了儒家的思想和诗教意识。

唐朝重文学，进士科试诗赋的风气也经教育的摄取进入了日本，导致日本的社会风气也转为崇尚文学。日本朝廷于神龟五年（728）在大学寮里增设文章道，讲授文学。文章道所学主要是唐人的诗文集。当时日本最著名的汉诗集是《怀风藻》，其编者为淡海三船，全书共 120 篇。在学生考核方面，日本也极力仿效唐朝，把考试分为旬考、岁考和毕业考三种形式，严格规定了考试制度。旬考的内容主要分为两部分：一是读，即其试读的学生，每千言内，试一帖三言。二是讲，即每二千言内，问大义一条，共问三条，答对二条为及格，一条或全不通者，则视为不及格或酌情处理；岁考内容为一年内所学专业知识，形式是问大义八条，对六条以上为上等，四条以上为中等，三条以下为下等。若连续三年为下，及在校学习九年"不堪贡举者"，要被开除学籍。

四、全面模仿盛唐教育制度，设置层次众多的教育机构

经过对唐代的教育摄取，日本的教育机构已经相当成熟，在中央设立"大学"，在地方设立"国学"。此时日本的教育基本上是由全国统一管理，出现了教育上中央集权的局面，从而使各种专业教育都能得到更好的实施。当时为适应社会之需要，在中央统管下设立了典药寮、阴阳寮、雅乐寮等众多的教育形式。

这些国家层面上的教育机构根据其特征培养社会所需人才，"阴阳寮"培养"阴阳生""历生"和"天文生"；"典药寮"培养"医生""针生""按摩生"和"药园生"；"雅乐寮"培养各种"乐人"。这些教育机构学习的规定与"大学"基本相似。

大学初办时，学生不多，常不满法定名额。曾任大学助的藤原武智麻吕[①]在文武天皇时期的大宝四年（704）指出了大学不景气的现象及其原因。他说："各地事变很多，百姓被劳务所驱使，不喜欢学校。学校衰落，学生流失，我也

---

① 藤原武智麻吕（680—737），奈良初期的廷臣，教育学者，不比等之子，南家之祖。

无可奈何，很困难！"① 针对此种教育状况，日本朝廷采取措施，于天平年间，对成绩优秀的学生，实施奖学制度，给予衣食之资助等。

"国学"教育在实施过程中，困难更多些：找不到合格的教师，缺乏图书，学生来源亦少。这样一来，"国学"维系艰难，其中仅有九州六国合办的府学较为兴旺，即太宰府学②。因当时九州与中国的交往较多，接受中国文化较早，文化较发达，所以很多学生和学者、医师汇集而来。特别是在吉备真备任太宰大贰③期间，他致力于学政，太宰府学迅速兴旺发达起来，全国各地慕名来到这里的学习者突然增多，太宰府学成为此时日本学术的中心。

奈良时"大学"和"国学"虽已创建，但学校数目不多，而且对入学资格限制严格，不许庶民子弟自由入学，所以学生名额有限。文化教育的发展，单靠"大学"和"国学"是不可能实现的，还须靠学校外的教育。因此当时日本还产生了官家私塾、民间私塾教育和家庭内的个别传授三种教学形式。

官家私塾是在"大学"之外，由众多学者收容弟子，教授汉学及其他来自中国的学术的教育机构。太平二年三月，太政官的奏文有云：阴阳、医术及七曜颁历等，为国家之要道，不可废阙。但诸博士年齿衰老，若不再教授，恐将绝业，仰令吉田连宜④等七人，各收弟子，其衣服膳食，悉以大学生为准。⑤ 圣武天皇时期鼓励医学家吉田连宜等人专门任教，开办私塾，招收弟子，传授其业，并规定学生学习时的衣着及伙食费按照大学生的标准。此为官家私塾。

此时民间亦有私塾。进入奈良时期，庶民子弟迫切希望入学受教育，为满足其要求，民间私塾教育和家庭教育得到了迅速发展。很多知名学者都仿唐朝教育开设私塾，创造条件在自己家中招学生传授儒家的经史学问，如南渊请安和僧旻等；还有从朝鲜半岛和中国大陆东迁日本的归化人及其后代，也招收学生，分别传授文学艺术、工艺美术、金工、木工、雕塑、绘画等各种手艺。由于政府的提倡和资助，私塾数量增加很多。当时贵族亦重视家庭教育，如贵族为附庸风雅和社交之需要，学习"和歌"者日渐增多，奈良时代出现了大批以

---

① ［日］尾形裕康. 日本教育通史［M］. 北京：早稻田大学出版部，1978：31.
② 太宰府是九州地区的最高统治机构，管辖筑前、筑后、丰前、丰后、肥前、肥后六个国，相当于中央政府的派出行政机关。
③ 太宰大贰：大贰，日本官位，正三位。太宰大贰为太宰府最高行政长官。
④ 吉田连宜（生卒年不详），奈良时期的医学家，原为僧侣，后还俗钻习医术，成为名医。公元721年朝廷赐他丝、布等重奖，封为医术之模范，以鼓励后生学医。公元730年又鼓励他专门任教，开办私塾，传授其医术。
⑤ ［日］尾形裕康. 日本教育通史［M］. 东京：早稻田教育出版社，1978：35.

教授和歌为职业的人。特别是民间的贵族私塾，如吉田家，世代兼通儒、医，弟子甚多。当时很多名人均出于此，如藤原武智麻吕二子，长名丰成，弟名仲麻吕同，就学于博士门下，屡奉绢帛以劳师，二子才学都卓绝于世。空海少年时也曾从师外舅阿刀大足学汉籍，习文章。

如前所述，大化革新前日本儒学和佛教已相当普及。在尚无学校这种教育机构时，学者和僧侣招收弟子讲学，促进了私塾的形成与发展。除南渊请安和僧旻这些大学问家曾在自宅向学生讲授儒家的经学外，还有从朝鲜半岛和中国大陆迁来日本的归化人等也招募学生，传授各种实用型技艺。奈良时代的天平年间，政府对于这种私塾不仅提倡，而且下令支持增办。以书道和音乐为例，当时书道（书法）亦有很大进步，著名学者石上宅嗣不仅长于诗文，且工草书和隶书。当时日本最著名的图书馆——芸亭就是由石上宅嗣创办的。芸亭内就有众多的石上宅嗣墨宝。在大学中亦设有书道，书道成为当时朝臣官吏的必修功课。书道摹六朝之风，并尤以晋王羲之为最高标准。在贵族家庭，音乐也极为盛行，外来乐相当普及，仅"雅乐寮"培养的歌舞音乐的学生中就有"歌人"三十人，"歌女"百十人，"儛生"百人，"笛生"六人，"笛工"八人，"唐乐生"六十人，"高丽乐生"二十人，"百济乐生"二十人，"新罗乐生"二十人。① 朝廷还极力奖励孝道，注解《大宝纪》的《令义解》举出了中国二十四考的例子，并仿中国表彰孝子、顺孙、义夫、节妇。如神护景云二年（770）对马上县郡人高桥波自米之女，夫死后守贞操，父死后结庐墓侧每日斋食，受朝廷终身免税的特典，天平宝字元年（757）四月的诏书如下：古者治己安国，必重孝道。百行之本，莫此为先。天下每家宜各置孝经一本，精勤诵习，详加讲解。②

第四节　平安时代，对中国教育摄取后的消化创新

平安时代为恒武天皇 794 年迁都平安都开始到 1192 年源赖朝建镰仓幕府，约 398 年。它与中国唐朝后期、五代十国、北宋同代。此时期日本教育、文化的特征为消化中国的唐式教育和唐文化，逐步形成日本"和"式教育、"和"

① ［日］高桥俊乘. 日本教育史［M］. 秦企贤，译. 香港：日中文化协会发行，1950：49.
② ［日］高桥俊乘. 日本教育史［M］. 秦企贤，译. 香港：日中文化协会发行，1950：49.

文化的时期。此时期日本教育的较大变化是国有教育渐衰而私学渐盛。

一、国风文化形成

在奈良时代，日本全面吸收中国唐代文化，"只要是唐朝的东西，不论什么都要尽快些传过来"①。但唐朝文化毕竟是外来文化，不可能完全适应日本的国情。进入平安时代，由于各种原因，主要原因是中国因分裂争斗而国力渐衰，日本从国家层面停止了对中国文化教育的摄取，转而进化消化，逐渐形成其独特的国风文化。平安时代初期，贵族社会（也包括僧侣）改革了万叶假名。9 世纪中叶，空海利用部分汉字的草书体制成"平假名"，如"安→あ"等。吉备真备利用部分汉字楷书体的偏旁制成"片假名"，如"阿→ア"等。终于创造出具有日本民族特色的万叶假名文字（日文）。只是当时在公文乃至日记方面仍然使用汉字。而此时的日本社会相对和平、稳定，物质生产也较前更为发达。由于生活水平提高，国人（特别是宫廷贵族）开始追求高雅的生活方式，贵族间往来、男女间恋爱等社会应酬对文学提出了新的要求，于是出现了日本短歌、俳句这些能较好表达日本人细腻情感的文学形式，而假名则是书写短歌、俳句最适合的文字，用假名书写的短歌、俳句在社会上流行，不仅宣扬了假名文字，也丰富了日本文体。从 9 世纪后半叶到 10 世纪，和歌、俳句博得了贵族的普遍爱好，其爱好程度甚至超过汉诗和汉文。905 年，纪贯之②奉醍醐天皇③之命选辑了《古今和歌集》。中唐大诗人白居易（772—846）主张诗歌必须负起"补察时政""泄道人情"的使命，从而达到"救济人病，裨补时阙"的目的，并提出"文章合为时而著，歌诗合为事而作"。白居易是日本平安时代最有人气的中国诗人之一，因此白居易的此类观点在《古今和歌集》中几乎处处都有表现。白居易的创作思想影响了一代日本诗人。如日本平安初期的政治家、思想家、文学家菅原道真最喜爱的就是白居易的诗。他晚年的诗如《路遇白头翁》《早寒十咏》等，不仅在创作观方面，在内容上与白居易的讽刺诗亦有颇多的相似。

---

① ［日］井上清. 日本历史［M］. 天津：天津人民出版社，1974：87.

② 纪贯之（866?—945），平安前期的歌人、歌学家，三十六歌仙之一。虽在官位、官职方面失意，但在和歌领域为当时第一人，歌风具有理性。《古今和歌集》的编撰者之一。《假名序》是其著名的歌论。著有《土佐日记》《新撰和歌集》，个人歌集有《贯之集》。

③ 醍醐天皇（885—930），第 60 代天皇（在位 897—930），名敦仁，宇多天皇的第一位皇子，起用菅原道真为右大臣，实行了"延喜之治"的天皇亲政。

散文方面，日本文体也从这时开始占据了文学界的主流。在原行平①以民间故事为基础，用日本文字写成了《竹取物语》，并且总结汉诗、汉文中的故事，写成了《伊势物语》。935 年，纪贯之用假名文字和日本文体写作了《土佐日记》。996 年，清少纳言②写成《枕草子》。到 11 世纪，日本文学发展达到鼎盛时期，女文人紫式部③于 1008 年写成 54 卷巨著《源氏物语》。

在此之前，日本国史的撰写都是借助或完全用汉文。到 11 世纪中期的 1035 年，出现了第一部用日本文字写成的历史书籍《荣华物语》，叙述了从宇多天皇到堀川天皇共 15 代约 200 年的历史。后来，又出现了以多人对话的叙述方法写成的历史书籍《大镜》等著作。④

平安时期的音乐，主要是将从中国传来的器乐和乐曲按照日本的风格加以修改而成，如宫廷中韵雅乐就是如此。11 世纪，民间歌谣《催马乐》广为流行。后来又出现了伎乐、田乐等音乐形式。在美术和雕塑方面，也体现了这一时代的特征，其题材主要是佛教方面的内容。如当时最著名的美术雕塑家定朝⑤就制作了许多阿弥陀的画像和雕塑像。日本亦是重视书法的国家，但平安时代一改过去模仿之风，形成了日本的特色，产生了众多书法名家，书法"三笔"就是其中的杰出代表，他们是嵯峨天皇、橘逸势和空海。此三人皆得唐书法影响最多。其中又以空海极著唐风的《风信帖》最负盛名。

二、国有教育的短期继承与改革

自奈良迁都平安，"大学"各制都略有改变，明经道、明法道、纪传道、算道成为"大学"的正式科目。除"大学寮"外，在其附近再建有都堂院（文章

---

① 在原行平（818—893），平安前期的歌人，在原业平的兄长，任大宰权帅、中纳言民部卿。兴建奖学院作为在原氏一门的学习场所。《古今和歌集》中收录他谪须磨时所作的和歌，后世的谣曲《松风》等取材于此。

② 清少纳言（生卒年不详），平安时期的女文学家，其父清原辅是《后撰集》的撰者。曾侍奉一条天皇中宫定子，因其姓清原，人称清少纳言。作为精通和汉之学的才女而闻名，著有《枕草子》。个人歌集《清少纳言集》。

③ 紫式部（970—1014），平安中期的女作家、歌人，藤原为时之女，最初称藤式部。和藤原宣孝结婚，生大贰三位，不久丈夫去世。其后开始执笔《源氏物语》。被誉为才女，侍奉中宫彰子，讲解《白氏文集》。还著有《紫式部日记》《紫式部集》等。

④ ［日］市古贞次. 新编日本文学史［M］. 东京：明治书院，1988：57.

⑤ 定朝（？—1057），平安中期佛像师，因制作法成寺佛像有功，作为佛像师首次获得法桥位，后成为法眼。确立了定朝样式这一流丽的富有日本风格的雕塑样式，完成了佛像的拼木制作工艺。

道的学舍)、明经道院、算道院、明法道院。还专设庙堂,祭祀孔子及其弟子。延历末年,设置"大学别当"①,由和气广世②担任"别当",对其进行专业的管理。

平安时代初期,朝廷对"大学"和"国学"比较重视。桓武天皇延历十年(791),"大学"实行了尊师重学的措施,经济方面的措施主要有二:一是贵族子弟的学费、生活费均由学校供给;二是给学校所有教职人员定职田。此时日本通过对中国教育进行摄取,完全模仿中国,为"大学"无偿拨助劝学田。

延历十三年(794)十一月定越前加贺郡劝学田 102 町,后逐渐增加,山城久世郡 30 多町③,汤内茨田、涩川两郡 55 町等,共达 200 多町,同时还配给教官职田共 73 町,其中博士每人 5 町,助教每人 4 町,直讲每人 4 町,文章博士、明法博士、音博士、书博士、算博士亦人均 4 町。

这一时期,大学为政府培养了一批能书善写的官员。为适应培养目标的变化,日本教育摄取在教学内容方面进行了选择性消化,对"大学"和"国学"都进行了教学内容的改革。如唐写本《开蒙要训》,在日本藤原佐世④所著《日本现在书目》小学类中,列在(晋)顾恺之《启蒙记》和王羲之《小学篇》后、(梁)周兴嗣《千字文》前,而注云为"马氏撰"。奈良时期末,"大学"特别重视儒家经学,以经学为主课。后来这种课程不再能满足培养能书善写的官吏之需要。在奈良时期末时,"大学"里增设文章博士,讲授文章道。平安时代初期,桓武天皇⑤只重明经道,文章道曾一度不受重视,在"大学"里文章博士的地位低于经学博士。到嵯峨天皇时代,他积极奖励汉诗汉文,文章博士复受尊荣。平安时代中期,"大学"进行了改革,大大提高了文章道的地位。平城天皇弘仁十二年(821),文章博士从传统的"正七位下"升为"从五位下"。而当时的明经博士为"正六位下",明法博士为"正七位下",算、音、书博士均为"从七位下"。由此可见,此时文章博士的地位高于其他博士。

---

① 别当:日本佛寺内的职位名称,为掌管一山寺务的长官。此外,朝廷公职也有用别当之称者,如大学别当等。

② 和气广世(生卒年不详),平安时代的医师,清麻吕的长子,医官和气家的元祖。备前国藤木人。8 世纪末,被任命少判事。著日本最初的医药书《药经太素》2 卷。

③ 町,日本的土地丈量单位。1 町等于 0.992 公顷。

④ 藤原佐世(847—898),日本平安时代前期的贵族、学者。藤原氏家中纳言藤原种继的曾孙。民部大辅藤原菅雄之子。官位为从四位下右大弁。

⑤ 桓武天皇(737—806),日本第 50 代天皇,在位自 781 年到 806 年。桓武天皇的名字是山部,去世后的和风谥号是日本根子皇统弥照尊,汉风谥号是桓武天皇。

平安时代中、后期，文章道受重视后，文章博士的地位提高了，志愿学习文章道的学生数量也迅速增加。仁明天皇承和元年（834），纪传道和文章道被合并到一起，成为一个学科，纪传博士亦随之被取消。平安时期，文章道兴盛，但对于自愿学习者却有严格的限定：首先必须通过"大学"的考试，合格后才允许学习文学课程。这样一来，便只有贵族子弟才能通过考试，学习文章道。文章博士由菅原、大江两氏独占，学生只限于两氏的子孙及其门人。结果文章道学习便成了少数贵族子弟的特权教育。

平安时期，"三才"之人极受推崇，"三才"为赋汉诗、写和歌、弹奏管弦乐器。在日本，特别是贵族阶层，"三才"被认为是有才能之人的三项主要标志。因此，贵族教育的主要内容，就是培养这三方面的才能，同时讲授一些与此相关的知识。当时的入门书是《孝经》《千字文》《唐诗百咏》《蒙求》，稍后便是《文集》《文选》《史记》等。

三、国有教育的渐衰及原因

日本"大学"和"国学"的发展经历了由盛到衰、由朝廷支持到放弃的过程。兴盛时始于奈良终于平安初中期，衰落于延禧年间（901—922），这与社会对教育的重视程度不够和贵族子弟学习兴趣不高有关。学校由于缺乏政府的支持，连校舍维修都存在困难，学校几乎处于瘫痪状态。究其原因，主要有以下几点：第一，经学（汉文学）地位相对下降，文章道地位不断提高，原本是为了培养官吏的实际才能，但发展的结果，都导致人们只追求形式上狭隘的舞文弄墨，只要能说会写就可以为官，从而降低了官吏的文化素养，使学生失去了学习经典的积极性。第二，世袭制的弊端所致。日本当时封建等级制森严，带有很强封建色彩的《大宝律令》就规定可以有五位以上官吏，其子孙享受世袭特权，且不问学业，不论学问。他们不必入"大学"刻苦读书也能承袭，因此入学者日减。加之时至关白①时代，左大臣藤原时平摄政，藤原氏家族势力的强大，更助长了门阀世袭制和用金钱买官的弊端。六位以下官吏的子孙想要为官，就得入"大学"。但大部分官位早已被有权势者占据，学校出身者一官难求。这样一来，过去"大学"为朝廷培养官吏的功能尽失，"大学"的存在丧失了其社会基础。第三，由于各种原因，进入平安中期，大量的劝学田因无人耕种被

---

①　关白：辅佐成人后的天皇掌管政务的要职。始于平安中期藤原基经任此职。在天皇幼小时代为摄政，天皇成人后任关白，成为惯例。藤原氏独占这一职位。

荒废，甚至被侵占，阻断了学校的经济来源。"大学"教官由于待遇低下而无心教授。学校难以维持，逐渐衰落下去。到了高仓天皇治承元年（1177），京都发生大火，"大学"的楼房被烧毁，此后便没有再重建。"大学"因此不了了之。

四、私学的发展

在官办的学校衰落之时，私学却得到了很好的发展，其主要原因与封建庄园经济的发展、地方贵族势力的强大密不可分。从前，王公贵族在学校附近建筑房屋，以供其子弟求学之用，这样也极大地方便了外地的直系子弟。公元8世纪初，当"大学"开始衰落时，他们纷纷把寄宿房舍改作私立学舍，其目的有三：一是子弟接受教育后能考录官吏；二是良好的教育使子弟具备管理家族家产的能力；三是让子弟掌握社会生活中贵族交往所需的"三才"。当时日本所推崇的"三才"为写和歌、赋汉诗和弹奏管弦乐器，此等措施之目的均为振兴本家族。当时最重视"文章学"，首推诗文，尤尚联句。诗文方面阅读最多的是《文选》和《白氏文集》，政治方面阅读最多的是《左传》《史记》《汉书》《礼记》《周礼》《礼仪》《尚书》，当时盛行男子写汉文，女子写"假名"文。且熟练管弦是仅次于汉学的要事，《源氏物语》① 桐壶卷中就曾指出，汉学和音乐（管弦）为时人学习的要项。而当时的"大学"仅教汉学、习字两种，私学教育正好填补了其教授的不足。而建立的庶民子弟学校，则是用以满足庶民子弟的学习需要。另外还有因佛教的发展而兴旺起来的僧侣教育等。有史料可查的，在8世纪到13世纪之间，至少有6所这类的私学以"院"的形式存在过。

（一）文章院

平安初期，许多贵族都在大学寮旁建房筑舍，以供其本家子弟学习时居住，菅原家族和大江家族就是其中的代表。后因大学寮渐衰，菅原清公和大江音人分别将其家族房舍合并以创建文章院。开始，文章院并不是纯粹的私学，而是半官半民的寄宿房舍兼学校，经朝廷批准而设在大学寮的校园内，供众多学生免费住宿。文章院藏书甚多，当时大江家族的"千种文库"藏书就达万卷。后来，文章院渐渐演变为私学，完全与官办的"大学"脱离。文章院分为东、西

---

① 《源氏物语》，物语，54帖，紫式部著。1001—1005年开始动笔，成书年份不详。全书以宫廷、京城郊外为背景，描述主人公光源氏荣华与苦闷的一生。在文章结构、自然描写方面都很出色，被认为是物语中最优秀的作品。比《神曲》早300多年，比《红楼梦》早700多年。

两部分。东部归大江氏管理，西部归菅原氏管理。菅原家族因菅原清公、菅原是善、菅原道真三代世袭文章博士之要职，被称为文章道的书香门第。特别是菅原道真，他既是著名的学者，曾任 894 年遣唐正使，其汉学深厚，又官至右大臣，掌握政治权力，权倾朝野。所以在他管理文章院的时期，全国各地的学生慕名而来，求学之人甚多，这时文章院达到了繁荣的顶峰。此时的文章院历届均有一流学者产出，"秀才""进士"达数百人，在当时的日本有龙门之喻。但是，时运不久，随着菅原道真被降职，菅原氏家族没落，文章院也逐渐衰落下来。但文章院这个名称，却一直保持到镰仓时代。

（二）弘文院

创办于延历末年，是一所创办较早、设备较好的私学。创办者和气广世，曾担任"大学"的事务官，极热心于教育，并有丰富的办学经验。他利用自家私宅（在大学南首）创办这所私学，招收本家族子弟求学。他还是一位藏书家，因此在弘文院还开设了图书馆，收藏内外经书及其他书籍数千卷。据传弘文院仅持续了约 100 年。

（三）劝学院

创建于嵯峨天皇弘仁十二年（821），地点在弘文院之南，创办者是藤原冬嗣①。劝学院以"劝学院的麻雀也会念《蒙求》"的谚语而闻名。他创办这所私学的用意是想通过接济本族中经济上不大富裕的一些家庭，使其子弟受到教育，以扩张本族的势力。劝学院的经济条件较优越，藤原氏家族的学生全部在劝学院免费食宿。院内只设管理行政事务的职员，不配备专职教官，除坚持自学为主的教学方法之外，教师与课程基本上与"大学"相同，并聘请了多名大学寮教官参与劝学院的教学，借以提高劝学院的教学质量。教官负责指导和答题。劝学院的兴衰是和藤原氏的政治势力相一致的。858 年至 1083 年近 200 多年的摄政关白均为藤原家族，因而期间劝学院学生盈门，学院办学如日中天。后日本院政兴起，藤原氏势衰，劝学院也日渐衰落。但是其命脉却保持到镰仓时代末期。它从创办到消亡，延续了 500 多年。在平安时代的私学中，它的寿命是最长的。

---

① 藤原冬嗣（775—826），平安初期的廷臣，通称闲院左大臣，深受嵯峨天皇的信任。历任藏人头、右大臣、左大臣，撰修《弘仁格》《内里式》。曾设置施药院、劝学院。

（四）学馆院

学馆院是嵯峨天皇的皇后橘嘉智子在她弟弟右大臣橘氏公①的协助下创办的。地点为西大宫二条，创办的时间为承和年间，前半期由橘氏公等管理，此后经过大约120年后移交给藤原氏管理，成为"大学"的一部分，持续到平安时代末期，前后约300年。

（五）奖学院

阳成天皇元庆五年（881），由在原行平创办，地点为劝学院之西。在原行平是嵯峨天皇的皇孙，被嵯峨天皇降为臣籍，赐姓为在原。他为了满足原皇族子弟的求学需求，把自己的私有土地拿来作为奖学院的财产，创办起奖学院。奖学院一直维持到平安末期，约300年之久。

（六）综艺种智院

淳和天皇天长五年（828），由空海创立，地点为东大寺之东。和劝学院等私学的创立目的不同，综艺种智院把招生对象定位为庶民子弟，坚持社会平民教育，排除封建门第等级观念，不论贵贱，不问信仰。空海在他写的《综艺种智院式并序》中，表述了他设立这所私学的目的、动机及其他事项。在这本书里，空海谈到了贫民子弟的教育问题。他认为日本教育没有为社会的贫贱家庭子弟提供教育的机会，这对国家、社会、家庭均不利，因此为贫贱子弟提供教育场所是综艺种智院的办学目的。他模仿唐代"间塾""乡学"等民间学校的制度，不论学生贵贱，一律教授道俗之书。他所传授的课程，不仅限于佛教，还包括儒学。他主张把儒家学说的精神和佛教的本义结合起来，不仅要进行智育，而且也要注意道德教育。他还提倡自由研究的学习方法。综艺种智院为贫苦学生提供食宿，向庶民普及教育。空海还把开学典礼放在他的中国师父惠果逝世的这一天，以示怀念。

空海是从佛教的普度众生和一切无差别的思想出发，立足于社会教化的观点而提倡无差别教育的。这种思想富有浓厚的宗教色彩，具有一定的空想成分。但是，它在日本教育史上是有进步意义的，为日本教育平民化提供了思想基础。空海的综艺种智院教育，是日本平民化教育第一次成功的尝试。

---

① 橘氏公（783—848），平安时代前期的公卿，橘清友的儿子，嵯峨天皇的皇后橘嘉智子的兄长。天长十年，任近卫大将，同年参议。承和十一年，任右大臣。翌年，从二位。死后，追封为从一位。

五、僧侣教育与僧侣教育家

综观世界教育史，可以看出宗教往往是教育创立和发展的重要因素之一。日本的僧侣教育也是随着佛教的传入与发展而逐渐兴盛起来的，鉴真东渡日本传佛教，留学生最澄和空海学成归日取回"真经"，加之朝廷重视，如此种种导致佛教在日本地位甚高，平安时代为佛教所建寺院比比皆是。

日本古代寺院的功能有二：一是宗教功能；二是教育功能，它是整个日本宗教文化和教育文化的中心。进入平安时代，其教育功能更加显著，不仅实施僧侣教育，还向社会开放，教育贫民子弟。当时寺院中最著名的教育机构有鉴真和尚主持的东大寺、太宰府管理的观世音寺以及药师寺和天台法华院等。这些大的寺院教育规模较大，教学规范且教育设施齐全，有图书馆、博物馆、音乐堂和运动场。图书馆所藏佛经和博物馆所列历史文物都成为当时的教学资料。

提及当时的僧侣教育家，首推最澄和空海。最澄在日本宗教教育史上最大的功绩：一是推行宗教教育；二是进行宗教改革。他创建佛教天台宗，提倡大乘戒，倡导田野山林佛教。为培养优秀的学问僧，他著书立说并创建学问所。他在《山家学生式》一书中还详细介绍了比睿学问所的教学状况。最澄的书法也颇有名。他所学书帖为《怀仁集王圣教序》，这本书帖相当于唐代书法的国家级教科书，因唐太宗特别喜欢"右军"书法①，所以举国奉之为圭臬。最澄深受当时书风影响，回日本之时，所带的《书法目录》中就有十七种书法字体，包括真、草、行法帖，主要为王羲之、王献之、欧阳询、褚遂良等人的笔迹。

空海是日本佛教真言宗的鼻祖。15 岁时随舅父阿力大足学习《论语》《孝经》等，18 岁时上京，入"大学"学习《毛诗》《尚书》等明经道（儒学）。公元 804 年，随日本遣唐使一起来到大唐，和最澄和尚共师于一人，老师为长安青龙寺的惠果和尚，接受了惠果和尚的密教大法真传。由于空海入唐之前就已经具备了相当的儒学和佛学根基，所以学业进展迅速。2 月入西明寺，6 月师从惠果。仅仅两个月就得到"遍照金刚"的名号，并获得密教正宗嫡传的名位，这在当时的中国人中间都是不可能的。806 年空海回到日本，得到嵯峨天皇的优待，主持神护寺。空海对汉诗极有研究，著有私汉诗集《性灵集》和日本第一部汉文词典《篆隶万像名义》，并依照汉字创造了日本的平假名。他还是日本有

---

① 右军：王羲之曾任右军将军，后人称他为王右军，右军书法为王羲之书法。

名的书法"三笔"之一。空海和最澄都是力主宗教改革的代表人物，且两人观点相同，均主张山林佛教。另外在教育方面他提倡平民化的僧侣教育，在高野山传密教的同时写了《弘仁遗戒》，认为只有通过教育培养僧侣骨干才能把佛教发扬光大，使广大庶民能信教崇教。为此目的，他于公元 816 年建高野山金刚峰寺，开堂设教。后又在东大寺东侧创办了日本教育史上第一所带有宗教色彩且具平民化的正规教育机构——综艺种智院。综艺种智院面向庶民子弟，广开教育。空海的教育主张归结为两点：一是教学内容以密教为主，提倡佛儒结合、兼容并包、博采众长。二是严格规定僧侣教职与学生禁戒之项。

最澄和空海既是佛学家又是教育家，双重身份使他们对寺院有更深的感悟，在他们眼里寺院是道场，亦是学问所。道场有修身养性、参禅悟道之用，学问所则是僧侣和庶民儒、佛学文化教育的重要机构。他们大肆宣扬其教育的重要性，并对此种教育的设置规模、教学形式、教学内容都有详细的规划，但因在世办教育时间较短，故社会效果不甚明显，不过他们所倡导的教育，身后因后人传承发扬逐渐兴旺起来，一直延续 200 多年。至平安朝末，日本进入院政时代，平氏势力渐盛导致国内战乱频发，社会生产力遭破坏，寺院破败又无力修缮，因而僧侣教育亦入低谷。

第五节　镰仓、室町时代，对中国教育继续主动摄取

镰仓时代（1192—1333）、室町时代（1336—1573）与中国的南宋、元朝和明朝前期同代。此时日本社会处于封建割据的动荡年代，各地大名各自为政，天皇朝廷虽然还存在，但中央的实权却掌握在幕府将军手里，日本进入了武家统治时期，武士教育成为该时代教育的重要内容之一。

一、日中贸易交往，文化吸收

如果说奈良时代日本在与中国的往来中摄取中国教育、吸收大陆先进文化的方式是以官方为主导的话，那么镰仓时代则是以民间为主导。具体交往分为两部分：一是经贸的往来。北宋时期中国船舶开赴日本达六七十次之多，且官方许可下的民间贸易亦十分盛行。镰仓中后期，幕府也派船来大陆贸易。室町时代，从公元 1439 年到 1547 年百余年间，幕府共派赴明朝船队 11 次，船舶总

数达 50 艘以上①。其中一个重要现象可说明中日贸易之盛况，即中国铜钱大量流入日本。原因是当时日本国内贸易兴盛，需从中国大陆进口大量铜钱用于交易，铜钱的外流使南宋一度出现"钱荒"，南宋朝廷不得不加以限制。除铜钱外，陶瓷器、丝绸、书籍、茶叶、砂糖及来自东南亚的香料、药品均为日本进口物品。而日本向中国大陆出口的主要商品为金、银、硫黄、木材、漆器、刀剑等。当时仅日本刀就运出二十多万把，从中国换回日本特需的铜钱四十万贯。元朝时日本进口的物品还增加了经卷、佛事用具、茶具及绘画等（但铜钱仍是主要商品）。二是教育的摄取和文化的吸收。进入宋朝后，中日两国宗教著名人士交往频繁，南宋时期就有大约 80 名日本僧侣来到中国大陆，宋朝僧侣到日本列岛的也有 20 多人，其中日本著名的僧侣有荣西、道元等，中国著名的僧侣有兰溪道隆、一山一宁等②。当时以禅宗及朱子学为主要内容的大陆文化传到日本，创立临济、曹洞两禅宗的荣西和道元都曾来到中国宋朝学习禅宗，学成归国后身体力行，大力传播禅宗。禅宗宣扬"自力本愿"，即通过主观意志便可以"成佛"。虽然禅宗修炼方式简单，但其追求"一念不生"的最终境地，因而适合缺乏文化而且信仰视死如归的武士，在日本社会影响极大。

二、"朱子学"传入日本，教育渐进平民化

镰仓时代末期，以南宋朱熹为代表的儒家学派传入日本。中国的程朱理学传至日本后亦被称为"朱子学"，其学说认为，"理"是世界万物产生的根源，强调忠、孝、仁、义等社会道德，提倡百姓要"各依本分，凡事循理"，绝不能"以下犯上，以卑凌尊"，不可有"悖逆作乱之心"。这些理念完全适合当时幕府统治的政治需要，故能迅速地与禅宗融合在一起，传到日本并渗透到武家政治和平民教育之中。

镰仓、室町时代各地大名分立，社会政治动荡，因此教育的对象、内容和形式也随之发生变化，其基本倾向是：古代的贵族教育衰落，朝官为世袭，各类"道"的博士也世袭，如文章道为清原、中原家族世袭；明法道为中原、坂上家族世袭；算道为三善、小槻家族世袭；医道为和气、丹波家族世袭；阴阳道为贺茂、安倍家族世袭。虽然此风弥漫也能使教育渐变成流派，但循规蹈矩，缺乏生命力。为满足社会之需求，代之而起的是武士教育和寺院教育，平民教

---

① 王桂. 日本教育史 [M]. 长春：吉林教育出版社，1985：47 – 48.
② 王新生. 日本简史 [M]. 北京：北京大学出版社，2005：66.

育也应运而生。因此教育对"朱子学"的摄取愈加深刻，社会对"朱子学"的需求也日渐强烈，接受教育的对象比以前迅速扩大了，从而开始出现以"朱子学"为中心的教育。

三、武士教育的兴起

在当时的日本，武士教育是一项新兴的教育，它的教育对象极其简单，教育内容也较规范。内容分为两部分：一部分是道德思想方面的教育；另一部分是职业技术方面的教育。道德思想教育主要是对武士道精神的灌输，职业技术教育则为武艺的传授，如弓马之术等。

武士的生活极其规范，简单地说为三种活动：击剑、读书和交友。其独特的性质是"轻生死""重承诺""尚意气"。在当时的日本社会，这样一种勇于自我牺牲而保护主家的奋斗精神，是最被社会赞美的。它是道德的极致，是人生的真意，是宇宙的大法。甚至可以和神同体，与佛同化。这种武士道的精神越是神秘，越是悲哀，社会对其就越是赞美，民众对其就越是推崇。

武士道精神是日本文化的重要组成部分，它是从武家社会滋生出的道德伦理，是源赖朝①、北条泰时②、足利尊氏③等历代幕府创建人所倡导的。在幕府时期，武士作为一个特殊的社会阶层，严重依附于幕府、大名。这种封建依附关系决定了武士道精神的基本内容：一是忠于君主，甘愿为主君及家族利益牺牲；二是诚心信佛，礼义敬祖，尚武功崇神勇，看重主人恩情大意，不惧人间生死。贞永元年（1232）北条泰时执政时，幕府曾发布《贞永式目》④，将武士道精神明文化，除强调修神社祭祖、修寺庙崇佛之外，还特别规定了封建领地

① 源赖朝（1147—1199），镰仓幕府第一代将军，义朝的第三子。平治之乱后被流放到伊豆蛭小岛。1180 年响应以仁王讨伐平氏的敕令举兵，后败北。同年，在富士川破平维盛的讨伐军。1185 年灭平氏，平定全国。后以讨伐义经为口实，在全国设置守护、地头等职，确立了武家政治的基础。1192 年任征夷大将军。

② 北条泰时（1183—1242），幼名金则，法名观阿，日本镰仓幕府第三代执权，北条义时长子。历任陆奥国远田郡地头职、骏河守、武藏守。1221 年，统率幕府军进军京都，打败后鸟羽上皇，设立六波罗府，任首任六波罗探题，监督朝廷，负责处理畿内及西国的行政、诉讼事务。1224 年，义时死后接任执权。1232 年，制定武家法《御成败式目》，作为镰仓幕府的基本法典，从此确立了镰仓幕府以北条氏为核心的执政体制。

③ 足利尊氏（1305—1358），室町幕府的第一代将军。在元弘之乱中发挥重要作用，促成建武中兴。后背叛天皇，于 1336 年拥立光明天皇，开创室町幕府，对抗南朝。

④ 《贞永式目》类似施政纲领，也可以说是法律，是由镰仓幕府在 1232 年 8 月 27 日制定公布的。

内各阶层包括武士之间的身份、权限、继承和转让等细则，重点阐述了忠孝贞节为武士道精神之核心。它要求武士要绝对服从君主，甚至把二者之间的关系异化为"父子"关系。在法律上规定，不论什么理由都禁止主从的诉讼，也不允许对"祖父母"（主之长辈）加以诉讼。这种武士所具性格，是日本德川时代哲学思想的特色，也是日本古学派思想的特色，此种思想造就了世界上独一无二的日本武士，如赤穗藩大石良雄的四十七武士，为其藩王浅野长矩复仇卧薪尝胆一年零九个月，杀死幕府的吉良义央后众人齐齐切腹自杀，以忠诚而闻名于世，这完全是受山鹿素行①教育的结果。山鹿素行是典型的日本主义的鼓吹者，其创世思想，源于男性崇拜。因此日本武士道中所体现的尚武思想、军国主义，并不来源于中国思想和印度宗教，而是源于日本宗法社会的神权迷信，来源于日本固有的神道文化。

武士教育的第二部分为职业技术教育，也就是学本领。这一点在北条时代也极受重视，《北条五代记》一书中就曾有记载。当时的日本，武士跟幕府、大名有着特殊的关系，武士的强大标志着其封建领地的强大。因此幕府、大名把加强武士教育、培养武士作为自己的重要职责，明确了教育内容和教育方式。内容主要为武艺和弓马之术，方式因家庭有别，上层武士之家可请教师，而中、下层武士之家则须由父兄家传。

武士教育中虽只涉及两部分内容，表面似乎并无文化教育之项，但武家对武士的文化教育还是相当重视的，只是当时武士的现实情况是其整体文化水平较低，这是因为平安朝时，官学设置封建等级制，将广大庶民排斥在学校之外，使其失去了受教育的机会，庶民出身的武士勇武有余而文化不足，加之源赖朝是武力掌权，社会崇尚武艺之勇，倡导质实刚健之风，而轻视公家之文弱，排斥诗歌管弦之游乐，因此镰仓幕府初期，武士家庭教育的内容只是传授武艺和灌输武士道精神。但是进入镰仓幕府中期，日本社会发生了很大的变化，物质丰富，社会也相对稳定，有了文化才能更好地辅佐君主，处理政务已成为广大武士阶层的共识，加之武士也羡慕贵族生活，若没有文化修养，就难以融入贵族的上层社会。为此，幕府提供了兼学文武的教育方针，即以武为主，以文为辅，上层武士也开始重视文化教育，加强了对子弟的文化教养。幕府统治更是以身作则，在文化学习方面做出表率。源实朝从 13 岁起就学习《孝经》，后来

---

① 山鹿素行（1622—1685），日本江户前期学者，儒学家，兵法家，"武士道"理论的鼻祖。

成为有名的诗歌家；北条泰时搜古书、撰文集、拜佛教高僧、请文学大家，因而佛学、文学造诣甚高。他还教育其子孙北条经时，学习文化，以文辅助武家之政务。尽管如此，亦未完全改变镰仓、室町时代武主文辅的教育局面。日本镰仓、室町时代的教育重武轻文，社会整体文化水平日趋下降，就教育内容而言，较前明显摆脱了对中国教育的模拟和因袭，不同程度地体现了日本教育的自身特点。

四、寺院教育的繁荣

武家为适应时代的要求，需要学习文化，于是将其子弟送进寺院，导致寺院教育兴盛，促进了社会教育的平民化。

（一）武家与寺院教育

平安末镰仓初，由于战乱，社会动荡，教育遭到了很大的破坏，官办教育已不复存在。武士教育只能依赖于寺院和家庭，其中选择寺院的主要原因有二：一是寺院的私塾化。寺院一改过去所具有的传播佛经、培养僧侣的功能，转而面向社会开放，学儒学，习文化。二是僧侣为当时社会的文化阶层，而武士普遍缺乏文化，只能去寺院拜僧侣为师。当时京都和镰仓著名的"五山"（分别指京都的六座寺院和镰仓的五座寺院）成为日本汉学的中心地，是程朱理学在日本的发源地，寺院的私塾化使之得以迅速发展。当时社会极力提倡朱子学，后成为江户时代儒学先锋的桂菴玄树①，就曾在"五山"求学。"五山"还曾出现过有人用"口语"注释《史记》的现象。镰仓时代日本的寺院教育分为两大类：一种是专门教育，一种是普及教育。专门教育主要针对僧侣，普及教育的对象大多数为世俗子弟，也有些社会上愿做僧侣之少年，基本开展读、写等启蒙初等教育。

因幕府兼学文武的教育方针，武家对文化逐渐重视，当时送子弟去寺院学文已成武家的一种时尚，形成了家庭学武、寺院学文的教育格局。武家子弟大多数入寺院为"儿"（亦称童子），他们与将来准备做僧侣的"儿"一起拜高僧为师，平民为"儿"者也不少。武士子弟与平民少年入学年龄差不多，但学习内容有差异，入学年龄均为7岁左右，武士子弟开始读《孝经》、习假名，此为文化学习，而后着铠、弯弓、骑马等进行武艺训练。平民少年则主要是学习文

---

① 桂菴玄树（1427—1508），日本室町后期的禅僧，儒学家，萨南学派的始祖。

化，由浅入深，循序渐进，内容按难易程度分为"登山""住山"和"师仕"等。一般人入寺学习期限为七年，少年入寺，先习字，以信札为习字帖，叫"往来"。俗弟子入寺的目的：第一是德育；第二是知育，知育则以识字为先。俗弟子生活的书籍在毛利家之臣玉木吉保①的自传中曾有提及：十三岁：习字——假名文、汉字。读书——《心经》《观音经》《庭训往来》《贞永式目》《童子教》《实语教》等。十四岁：习字——继续去年。读书——《论语》《朗泳集》《四书》《五经》《六韬》等。十五岁：习字——学完汉字的草书与行书改习楷书。读书——《古今集》《万叶集》《伊势物语》、和歌、"能乐"等。

（二）平民化的新佛教与社会教育

平安时代以前的佛教是贵族的佛教，面向贵族阶级。镰仓时代以后，向平民百姓传播的佛教发达起来，佛教的新教派逐渐兴起，平民化新佛教形成。

奈良时代，佛教的三论宗、法桐宗和华严宗等仅在贵族阶级中间普及。平安时代由最澄、空海倡导的天台宗和真言宗，虽然和旧教派有区别，并和旧教派相对抗，但它的教义过于观念化，难以被民众接受。进入镰仓时代，佛教才开始以平民百姓为对象，适应时代的要求创造出平易的佛教新教派。新教派有念佛宗（净土宗、净土真宗、时宗）、法华宗（日莲宗）、禅宗三大宗派。新宗派的共同特点是：教义简明易懂，排除烦琐的清规戒律；在佛教中融合了神道的信仰；创造了用"假名"赞颂佛的功德的颂诗。因此，新宗派易被平民接受，以武士和民众为社会基础进而迅速传播开来。

净土宗的倡导者法然②出身于美作（今冈山县东北部）的武士家庭，入教时在延历寺修行。他认识到，戒律和教义过于烦琐就不能解决民众的需要。后来法然倡导一种只要念佛，即使不做其他修行也能往生极乐世界的"专心念佛"的教义，从此开创了净土宗。他的弟子亲鸾③发展和深化了这种教义，开创净土真宗。他们的教义，在战乱频频发生的年代里被不得不对生死问题加以深思的

---

① 玉木吉保（1552—1633），战国时代安芸国的武将，毛利氏的家臣，也是一位著名的医者。

② 法然（1133—1212），净土宗开山祖，讳源空，谥圆光大师、明照大师。日本美作人，师从睿空。1175 年倡导专修念佛，开创净土宗。曾受到旧佛教的压迫，一度被流放，后被允许重回京都。著有《选择本愿念佛集》等。

③ 亲鸾（1173—1262），镰仓初期僧人，净土真宗的开祖，初在比睿山学天台宗教义，后投法然门下专修念佛他力教义。1207 年遭停止念佛的法难，被流放后，遇赦后在关东地方传教、著述。主张依靠绝对他力往极乐净土，提倡"恶人正机"。主要著作为《教行信证》。

武士和被剥削被压迫的群众所信仰。然而，因他力的教义触动了旧教义的理念，法然和亲鸾也遭到宫廷与旧佛教的迫害。公元1207年法然被流放到赞岐（今香川县），亲鸾也被流放到越后（今新潟县）。后来，法然获得赦免回到京都。亲鸾到了常陆（今茨城县），在东国①的农村生活了20年，并在此传播净土真宗。他面对当时的现实生活，开创了一种依靠佛陀的力量（他力）也能够使人得救的绝对他力的教义。在这种信仰中，所谓僧侣不肉食、不结婚的戒律都被废除了。在净土信仰这一宗派里，还有一遍和尚（1239—1282）开创的"时宗"。他曾历游各国，在街头宣讲念佛宗的教义，受到地方武士和农民的欢迎。

自称贱民之子的日莲②，由天台宗转而倡导法华宗（日莲宗）。他宣传只有信仰《法华经》才是最正确的，除此之外再也找不到其他的得救之道了。日莲和尚对于来世得救和现世得救都抱有强烈信心。因此，他主张要按照他所宣讲的《法华经》的教义（正法）施政，而严厉攻击不按正法施政的幕府。由于这个原因，他曾被流放到伊豆和佐渡，但他毫不屈服。日莲宗（法华宗）在工商业者中间得到广泛传播，在关东地方的地头（地头：有势力的守护的家臣。著者注）中间也有信徒。

在这一时代，留学宋朝的僧人荣西和尚③创立了临济宗，道元和尚④创立了曹洞宗。这两个宗派都属禅宗，认为不用佛经的字句（不立文字），依靠自己内心的锻炼，就可以得到精神的解放（得悟）。荣西靠近幕府，受其保护。临济宗在武士中广为传播。而道元不接近任何权势，对天皇和幕府等尘世权威一概予以否定。他离开城市去越前（今福井县一带）的深山，建永平寺，闭居修行纯粹的禅道，同时还进行禅宗教育，以培养弟子。他制定的《永平清规》，阐述了他的教育理念和方法。他在向弟子们传授学问的同时，还注意以身作则对弟子进行人格感化；根据禅宗的本义，强调以行为本，要求通过日常生活达到身心

---

① 东国指京都以东的镰仓、江户等地。
② 日莲（1222—1282），镰仓时代僧人，日莲宗的始祖，字莲长，谥号立正大师，安房小凑人。悟出仅仅依照一部《法华经》也能保住末世国家平安的佛道，于1253年开创日莲宗，通过在街头传道激烈攻击其他宗派。多次被流放，后隐居于甲斐身延山。死于武藏国千束郡。
③ 荣西和尚（1141—1215），日本佛教临济宗创始人，俗姓贺阳，号明庵，备国吉备郡人。幼年从父学佛，登比睿山受大乘戒。曾两度到宋朝求法。
④ 道元和尚（1200—1253），镰仓时代初期的禅僧，日本曹洞宗的开祖，京都人，号希玄，谥号承阳大师，久我通亲之子。于比睿山学习天台宗，建仁寺学习禅宗。1223年入宋。1244年在日本越前开创大佛寺（今永平寺）。著有《正法眼藏》《永平清规》等。

如一的境地。道元所倡导的禅宗僧堂教育在中世纪的日本产生了重大影响，在他死后仍被沿用。道元死后，他的弟子为适应时代的需要，修改了道元制定的《永平清规》，吸收了密教的要素和民间的传统信仰，把曹洞宗传播到民间。

镰仓时的寺院教育，填补了该时代官办教育停办后社会教育的空白。因为寺院教育面向基层，使学在官府的教育局面得以更新，日本社会底层的文化教育得以普及，受教育人群显著增加。室町末，由于社会教育的发展，"寺子屋"这种新的教育机构应运而生。"寺子屋"源于寺院教育，但是寺院教育更适应日本底层社会，它相当于中国古代的正规私塾，满足了社会大多数平民百姓的教育需求，这亦是寺院教育在普及社会教育方面的一大功绩。

五、金泽文库和足利学校

中世纪（镰仓、室町）日本的文化教育设施，值得特别一提的还有金泽文库和足利学校，这是和武家的教养、教育有关的一种文化教育机构。

（一）金泽文库

随着图书文物的增加，中世纪涌现出一些藏书家建立的文库。在镰仓时代的武士中，由于文化的普及，也出现了一些典籍收藏家。据文献记载，在这一时代里有据可查的文库有三善康信①的名越文库、长井宗秀②的长井文库、二阶堂行藤③的二阶堂文库等。但这些文库的遗迹早已不存，无实物可查，故只能推测。只有位于横滨市金泽区金泽町的金泽文库保存下来。

金泽文库建立于公元 1247 年（宝治元年）到 1276 年（建治二年）之间，由北条实时④所创建。北条氏历代好学，曾托菅原为长将《贞观政要》译成国字，并在邸内设立文库，请明经大家清原教隆⑤执教。北条实时是镰仓幕府执权北条泰时的弟弟北条实泰之子，是北条家族的重要政治家。在北条氏全盛时期，他参与了幕府的重要决策。他还是热心好学、有文化教养的武将，曾与镰仓时

---

① 三善康信（1140—1221），镰仓时代初期的明法家（法律学家），法名善信，因其母是源赖朝乳母的妹妹，其本人曾为获罪流放伊豆的赖朝传递京都消息。1184 年奉诏下镰仓，出任问注所第一任执事。

② 长井宗秀（1265—1327），镰仓时期的官僚，曾辅佐北条贞时。贞时死后，作为宿老同长崎高纲、安达时显共同辅佐北条高时。后出家，法号道雄。也是一位歌人。

③ 二阶堂行藤（生卒年不详），镰仓时期儒学者、典籍收藏家。

④ 北条实时（1224—1276），日本镰仓中期的武将，义时之孙，亦称称名寺殿。创建称名寺，奠定了金泽文库的基础。

⑤ 清原教隆（1199—1265），镰仓时代的儒者。

代的儒学家清原教义交往，接受了良好的儒学教育。他当时的学习方法主要是从抄写古书入手，实时亲手抄写了许多古书。他把抄写的古书和从中国宋朝输入的原本书以及日本书籍统统收集收藏起来，创建了文库。文库建在称名寺内，发挥着相当于现在图书馆的职能。因称名寺在金泽，故称金泽文库。后来，称名寺内的部分佛堂被改建为学校，称为金泽学校，称名寺变为培养僧侣的教育机构。文库所藏的图书在教育上起了很大的作用。金泽文库自创立以来历经700余年，没有遭到水火灾害的破坏，许多古文书籍完整保存下来，传留后世。昭和五年（1930），神奈川县修复金泽文库，将其改为县立图书馆。

（二）足利学校

足利学校位于下野（现在栃木县）足利市，建于室町时代。当时这里不仅是关东地区的文化教育中心，而且也是全日本的文化教育中心。

足利学校最初也是足利氏家族藏书的文库，供本族子弟学习之用，后来发展为学校。该校的起源，有多种说法：一是大宝令的"国学"遗制；二是平安之初小野篁①所建；三是足利义兼②所创。日本史学界大多赞同第三种说法，足利义兼与其父足利义康③均被朝廷任为"藏人"，因感京都文化之深，在其宅内建立"学问所"。而后该宅成为"鑁阿寺"，鑁阿是义兼的法名，根据义兼的夙愿，在该寺内举行汉学讲座并教授课。上杉宪实④在称光天皇应永二十六年（1419）被幕府任命为镰仓地区的执事，得到室町幕府的信任。他从永享四年（1432）开始管理幕府的直辖领地足利庄，同时参与管理足利学校，对学校进行修建，收集了许多图书，恢复了学校的职能，并制定《足利学校校规三条》，确定了教育内容，限制仅讲儒学的条款，整顿了校风，邀请圆觉寺的高僧快元和尚⑤来校任庠主（校长）。上杉宪实之后，足利学校历任校长均为僧侣，特别是

---

① 小野篁（802—852），平安前期的学者、歌人、汉诗人，通称野宰相、野相公，参议。与清原夏野等合撰《令义解》。性格直爽、言行坦荡，人称野狂。其诗文见于《经国残篇》《扶桑集》《本朝文粹》等，其和歌见于《古今集》。

② 足利义兼（1154—1159），镰仓时代前期的武将，镰仓幕府的御家人，足利氏的第二代当家。

③ 足利义康（1127—1157），曾任朝廷检非违使和天皇御所武士。

④ 上杉宪实（1411？—1466），室町中期的武将，上杉宪基的养嗣子，关东管领。致力于将军足利义教与镰仓公方足利持氏间的调停，1438年永享之乱中迫使持氏自杀后，便出家云游四方。足利学校的复兴人。

⑤ 快元和尚（？—1469），室町中期的临济宗僧人。永享年中（1429—1441）担任足利学校的庠主。

第七代校长九华和尚①，任职三年，弟子达 3000 人，是该校最盛时期。他在任中还举行"百日会"来讲解周易，次数多达 16 次，听众甚广，达百余人。

足利学校制定的教育方针是以汉学教育为主。在教科书的使用上，足利学校明确规定：以"三注、四书、六经、列、庄、老、史记、文选"为课本，禁止使用其他书籍。学生的培养目标为各地方的教育主管，或为武家的"顾问"（相当于中国的师爷），因而足利学校教育具有师范性质。室町时代，求学的学生多数是僧侣，足利学校也不例外，入学者大部分也是僧侣，但它并不以佛学为主要教学科目，而以汉学的教科书为教本。

在学校的汉学教育中，易学成为最重要的教学科目，这一点从学校的藏书目录和校长人选就可看出。足利学校的藏书目录中，与易学相关的书籍最多；并且选择易学权威义兼为第一任庠主（校长）。另外，兵学也成为学校的重要教学内容。足利学校之所以重点讲授兵学，是因为在战乱年代易学和兵学的知识是武士必须具备的基本技能；武将都要聘请专门从事占卜的阴阳师给他们出谋划策，决定军队的进退。所以，足利学校通过讲授易学和兵学，培养具有军事知识的人才，以便为武家服务。

足利学校客观上满足了社会对教育的需求，因而发展迅速。学校规模庞大，学子云集，吸收全国才俊来足利求学。学成后，他们又将所学带往日本各地。足利学校从形式到内容中众多的中国教育元素表明了这一时期乃至此前日本对中国教育摄取程度之甚。日本教育中的主动摄取是一个相当长的历史过程，虽时强时弱，但基本状态是持续的。室町幕府灭亡、德川幕府统一日本以后，日本出现了短暂时期的和平局面，不再特别需要战乱中占卜的阴阳师，再加上中国宋朝朱子学传入日本后逐渐得到发展，足利学校的教学科目逐渐落后于时势需要，因而入学者愈来愈少。在德川幕府的援助下，这所学校得以维持和保存下来。不过，其教育方针已不同于室町时代，变成完全服务于德川幕府的教育改革。明治五年（1872）日本废藩置县，把这所学校划归栃木县管辖。原校改建为小学校，原校设施只保留了圣庙和足利学校图书馆。

六、有实无名的"寺子屋"——日本现代教育的雏形

镰仓、室町时代是平民抬头的时代，读书和习字已逐渐成为广大民众的共

---

① 九华和尚（生卒年不详），日本镰仓时代著名僧人，佛学家，汉学家，曾任足利学校校长 30 余年。

识，众多的并不希望做僧侣的"儿"，即俗家弟子去寺院接受教育，这种现象到了室町时代更甚。其中著名武士以俗弟子的身份入寺学习者渐多，如伊贺国系冈家的祖氏清①在后醍醐天皇正平元年（1346）十岁时，赴东福寺的海藏院研读；桃井直诠②于后小松天皇应永九年（1402）上叡山习学问；太田道灌③自后花园天皇嘉吉元年（1441）9岁起的三年间在镰仓的"五山"攻读；上杉谦信自后奈良天皇天文六年（1537）7岁起在越俊的春日山林泉寺学习；织田信长④在天文十五年（1546）13岁时登名古屋的天王坊学习。入寺的人遍及朝臣、武士、平民等各个阶层，求学人之多使得"寺子屋"的教育更加有系统、有组织。虽然"寺子屋"的名称到了江户中期才被社会认可，但事实上在镰仓、室町时代便有了"寺子屋"这样的教育机构存在。"寺子屋"最重要的教学方式是实行读、写、算（珠算和笔算）的教学，完全根据社会的实际需求来规定其教育内容。这类教育之所以在日本平民中大受欢迎并得到迅速普及，究其原因，有二：一是得益于当时幕府政府的教育政策，在全面施行社会教化政策的同时重点保护"寺子屋"，使"寺子屋"的教育在很短时间内得以在日本全国普及，成为当时日本教育的一种时尚。二是由于日本此时商业资本主义萌芽，商品经济的盛兴使城市人口急增，大批的商人阶层、手工业者出现，甚至乡下农民的日常生活也成为商品经济和货币交易的一部分，因此社会底层平民迫切需要掌握应对此种变化的文字和数的计算。这种社会需求应是"寺子屋"教育普及的主要原因。

　　这种民间性质的教育设施，开始大多为自发产生，由平民百姓中的能者（大多数是农民、工匠、商人或者是医生）出面开设，自主经营管理，甚至还自任教师。城市中主要是中产阶层的商人开设，江户、大阪、京部等也有少数的上层富商和公务官吏开设。乡村则基本上为管理村落的上层乡绅开设，如庄尾（村长）、村长助理或村吏，也有武士、僧侣等参与开办。

　　"寺子屋"虽不能算作近代学校，但它是日本近代学校制度的前身。在日本

---

① 祖氏清（1336—?），日本室町时代武士，学问家。

② 桃井直诠（生卒年不详），幼名幸若丸，日本室町时代歌人，幸若舞创始人。

③ 太田道灌（1432—1486），室町中期的武将、歌人，名持资，后改为资长，法名道灌，扇谷上杉家的重臣。1457年修筑江户城。由于山内上杉家的计谋，被主君暗杀。精通兵法、和歌。

④ 织田信长（1534—1582），战国时代的武将，1569年，在桶狭间大败今川义元，名声大振。1573年流放将军足利义昭，灭亡室町幕府。修筑安土城，着手统一全国。因遭明智光秀的偷袭，在本能寺自刎。

教育史上，教育第一次以平民的生活为背景，因平民的需求而设立，并在平民中发展，"寺子屋"开了平民教育之先河。"寺子屋"的出现使日本教育和中国教育开始在教育目的上产生了差异。中国教育的目的仍是以强烈的政治色彩为主，以出任入仕为主要目的，而日本教育的目的却带有众多的经济因素，为社会的商品经济服务。而后日本教育飞速发展，到明治初日本就实现了全国小学的普及，入学率几乎能达到100%，这与此时众多的"寺子屋"教育有直接的关联。"寺子屋"是日本平民教育的基础，是社会普及教育的关键。据不完全统计，当时日本全国共有"寺子屋"15000 多所，因此可以说，"寺子屋"是中世纪日本教育历史上留下来的宝贵教育遗产。

第六节　江户时代，对中国教育按需摄取、教育创新

17 纪初，德川家康①统一日本，在江户（今东京）建立幕府，开始了德川幕府时代，史称江户时代（1603—1867），它与中国的明朝后期以及清朝前、中期同代。

江户时代的初期，德川幕府就采取了禁教和锁国的政策。1613 年，禁教法令在全日本实施，幕府采取对传教士和信徒处以刑罚或流放的打击措施，强迫传教士改变其信仰。1641 年，幕府将平户的荷兰商馆移迁至长崎的出岛上，从而形成"锁国体制"。此时日本只通过长崎与荷兰商人及中国民间商人进行对外贸易，中国大陆民间商船经常到长崎，初期与日本人杂居，1689 年幕府出资建设被称为"唐人屋敷"的华人街，以方便对中国商人进行集中管理。日本对中国教育的摄取也在此时期变得极具针对性，按需摄取，并又一次开始了日本教育史上的综合创新。

一、德川幕府的文教政策

德川家康特别注重学问，早在建立幕府前就对儒家学说极感兴趣。1593 年

---

①　德川家康（1542—1616），江户幕府第一代将军（1603—1605），三河冈崎城主松平广忠的长子，幼名竹千代，后改名为元信、元康、家康。先后与今川义元、织田信长联合，把势力范围扩大到东海地方一带。丰臣秀吉统一天下后与之合作，被赐予关八州，1590 年入江户府。关原战役大胜后，1603 年任征夷大将军，开幕府于江户。让位后，仍以大御所掌握实权。大阪冬、夏季战役中灭丰臣秀吉，完成统一大业。

（文禄二年）德川家康在其领地上聘请当时日本最著名的儒学大家藤原惺窝①讲授儒学。他在不断学习儒家思想的过程中，吸取中国历史上王朝统治的经验和教训。通过总结，他深深地认识到，只有倡导学问、奖励知识、兴办教育、实行文治才能治理天下，而光靠武力，仅仅只能取得政权，赢得天下而已，是断然不能治理天下的。于是他开始筹建教育机构，1601 年（庆长六年）第一次在山域伏见建立"学问所"，而后又在江户域内的富士见亭创建富士见亭文库，并将多年废弃的金译文库藏书移进该文库。为保存古献，他组织人员使用木板刊印了大量古书，如《孔子家语》《周易》《群书治要》《贞观政要》《大藏一览》《武经七书》等。朝廷方面亦如此，后阳成天皇于 1593 年（文禄二年）下令出版《考经》《劝学文》《日本书纪》和四书等中国古籍，以上均为活字刊印。1615 年（元和元年）后阳成天皇时期，德川家康在制定公家和武家须遵守的法令时，就特别强调倡导学习、奖励学问。在公家法令和武家法令的第一条都有与此相关的内容，如公家法令规定：公家与众家须勤学好问；武家法令规定：文武弓马之道，应专心学习，文事武备，须兼筹并顾。德川幕府严格限制天主教的传教并禁止西洋书籍的传入，1612 年（庆长十七年）还曾下令禁教。同时却又积极奖励儒学教育，鼓励复兴儒家学说。幕府第八代将军德川吉宗（1684—1751）在执政时期主要做了两件事：一是对老百姓进行思想统治，二是推行"享保改革"②。德川吉宗开始了对"寺子屋"的管理，以便积极开展对民众的"教化"，他改变了过去日本教育摄取的完全中国化倾向，由幕府自行编辑"寺子屋"的教科书，甚至把幕府的法令作为"寺子屋"的教科书使用。他发展生产、振兴工业、放宽海禁、奖励实学、开禁洋书，以解决幕府财政上的困难，也给"寺子屋"的发展提供了有利的条件。1787 年（天明七年）后桃园天皇时期，幕府第十一代将军德川家齐（1773—1841）为提倡节约，整顿社会风纪，实施"宽

---

① 藤原惺窝（1561—1619），名肃，字敛夫，号惺窝，生于播磨国（今兵库县）。他是日本哲学家，江户时期早期理学领袖，曾任德川家康的教师。与他的学生林罗山一样，最初都是在寺院学习儒学。但在 1598 年，在伏见城，他会见了姜沆听到李退溪的朱子学后成为儒学家。在朝鲜王朝朱子学是国家意识形态，并有很多新儒家学者和文学，相反在日本儒学只是依附佛学，武士大多数为文盲，所以在日本新儒家是很新鲜的，后来德川幕府将程朱理学作为统治思想。他最大的成就是使日本朱子学得以独立发展。

② 德川吉宗执政时期，对幕府机构、财政经济制度、剥削与统治农民的方法等进行一系列改革。按日本天皇年号来说，是在享保年间进行的，因此称为"享保改革"。

政改革"①，进一步加强了朝廷对文化、学术和思想的统治。在教育摄取方面也进行了有选择的摄取，把"朱子学"奉为官学，作为必修之学问，而把其他学派（包括其他儒学派）视为异端，在"学问所"中禁止讲授。除此之外，他还实行奖励学问、优待学者政策，并对全国各地的藩校予以资金上的支持。

日本在古代和中世，从中国摄入宗教之目的，并不完全是为纯学问和纯宗教，引进儒、释、道均是如此，摄入宗教、传播宗教主要是为其统治服务。进入近世，随着生产发展和社会进步，日本国内学派增多，各种思想涌现，非宗教意识在民众中滋生，人民需要现实主义的理念。这一现实对统治者提出了新的要求，选择何种理论教育民众成了德川幕府将军们的当务之急，他们根据历史的经验教训，认为儒学能满足这一需求，于是提倡和利用儒家学说、实行儒学教育、培养儒学人才成了当时教育的首选。

二、推崇"朱子学"

德川家康是继丰臣秀吉后日本近世一位有为的将军，他作为征夷大将军，南征北战，最后建立起日本的幕府体制。为巩固政权之需要，他重视儒学，积极倡导"朱子学"为主要内容的教育。在他的大力推崇下，儒学成为当时幕府的御用学。幕府取儒学之"精华"，提倡"仁政""忠孝"，大多数的藩也效仿家康，设学校宣讲"朱子学"，最盛时全国学校达到了近 300 所，其中著名的有"水户藩主德川光圀②在其江户藩邸设彰考馆，并邀请明朝流亡学者朱舜水编辑《大日本史》"③ 等。"朱子学"作为官学，在德川时代前朝达到鼎盛阶段。历代将军均继承这个传统，第三代将军家光设塾讲学，教育子弟；第五代将军纲吉创建昌平黉，使之成为当时幕府最高学府，另外他还任命林罗山④（早年为京都建仁寺僧侣，后还俗成为儒学大家藤原惺窝的学生，1607 年成为德川家康的政治顾问）的三代孙林凤冈执掌儒学，将林家私塾变为国家官学。"朱子学"在

---

① 德川家齐当政时代，以老中首座松平定信为核心，实行老中协议政治，当时年号日本天皇为"宽政"，因此把这种新制度称为"宽政改革"。

② 德川光圀（1628—1701），日本江户时代的大名，水户藩第二代藩主，父亲是水户藩第一代藩主德川赖房，祖父是江户幕府开创者德川家康。历史剧《水户黄门》即以德川光圀作为主人公。德川光圀名字中的"圀"字是"国"的异体字，为则天文字之一。

③ 王新生. 日本简史［M］. 北京：北京大学出版社，2005：101.

④ 林罗山（1583—1657），日本德川幕府初期的唯心主义哲学家、儒学家。他对德川幕府早期成立时的各种相关制度、礼仪、规章和政策法令的制定贡献很大，此外他对日本儒学的推展亦功不可没。林罗山一生读书不辍，著有《林罗山诗集》和《林罗山文集》。

元禄、天保年间被称为"京学"。

当时古学派的创始人之一伊藤仁斋①也在京都开设私塾，讲述《论语》《孟子》等儒家经典。平安、镰仓时代的儒学，基本上是根据"古注"，到了江户时代差不多完全根据"新注"从事学习与研究。到了桂庵玄树时期，"五山"发展起来的"朱子学"已经在日本学界占有一定的地位，表现出了巨大的影响力。桂庵于后花园天皇应仁元年（1467）被选派出使明朝，归日后便在各地巡游讲学，后土御门天皇文明九年（1477）应菊池重朝②之聘，到他的食邑去讲学。诗僧横川景三③曾作诗赞当时菊池氏食邑文化之盛：方外论交行化余，参廖玉扁不曾如；西州风俗听人说，户户民村府诵诗。后阳成天皇庆长十年（1605），德川家康为加强"朱子学"的教育，招请崇信朱熹学说并对此深有研究的林罗山为顾问。德川家康还在幕府中亲自讲授朱熹的《论语集注》。幕府中主讲儒学的大学头（主讲教官），也基本上由林罗山之后的林氏家族的后人担任，因此林氏家族对于幕府学政起着举足轻重的作用。德川幕府之所以热心复兴和积极倡导儒学，是因为"朱子学"及其朱子学派的社会伦理学和经济论的理论正好符合幕府的封建等级身份制，利用朱子学派的儒学来维系幕藩体制，有利于日本封建幕府制度的巩固。德川家康的后代都深受其奖励儒学政策影响，并遵循其遗训，加大奖励学问的力度，尤以第五代将军德川纲吉④为甚，他除了聘请林罗山的孙子、日本著名儒学者林凤冈为"大学头"讲授四书五经外，还重点做了两件事：一是效仿德川家康亲自在幕府中讲授《论语》以提高儒学地位；二是把孔子庙从江户上野忍冈迁至汤岛，将其扩建并改为圣堂，以表对孔子的尊重。为祭孔还任命林凤冈为祭主，此后林氏家族代代均为圣堂的祭主。他还把孔子

---

① 伊藤仁斋（1627—1705），江户时代前期的儒学家，古义学的鼻祖，京都人，名维桢，字源佐。率先提倡古义学，在京都堀川开办古义堂，被称为堀川学派。著有《论语古义》《孟子古义》等。

② 菊池重朝（1449—1493），菊池氏的第21代当家，官位从四位下，在应仁之乱中战败。

③ 横川景三（1429—1493），室町幕府时代临济宗、汉诗人。名景三，号横川，别名补庵，播磨国（今兵库县）生人。幼年入相国寺剃度为僧，学习临济宗及汉文化。后得室町幕府第八代将军足利义政之信任，先后任等持寺、相国寺、南禅寺等大寺的住持。其汉诗用典贴切，音韵流畅，文字华丽，在当时颇有影响，他是日本文学史上著名的"五山文学"代表人物之一。主要代表作有《东游集》《京华集》《补庵录》等汉诗集和日记《横川日件录》等。

④ 德川纲吉（1646—1709），德川幕府第五代将军，德川家光的第四子，1680年由馆林藩入继将军家。德川纲吉爱好学问，热心政治，布施善政。后期颁布《生类怜悯令》，任职期间，重视文治，开创天和之治。

庙的所在地改称昌平板，以示崇敬孔子，宣扬中国教育。自德川纲吉以后，幕府对儒者的信任度越来越高，优秀儒者愈加受朝廷重用，圣堂也渐变成半官半私的学校。

三、日本的儒学各学派与日本教育

中国儒家的典籍传入日本的路径，最初是通过朝鲜；公元 7 世纪以后，则是通过中日两国的文化教育交流，直接地被日本摄取，并渗透到日本社会、政治、文化的许多领域，中国儒家的典籍作为教育和文化的载体，对日本产生了深刻影响。尽管中国的儒学思想蜂拥传入日本，并为日本上层统治者所推崇，但是，从研究日本儒学史的角度来探讨前一时期的中日文化关系，可以看出，儒学在当时的日本，始终是作为日本统治阶级的欣赏之物——一种必备的文化教养而存在。在长达1000余年的时间里，儒学在日本竟然没有被作为一门独立的学问而进行研究。儒学仅仅被作为教育内容为日本教育所摄取，并无综合吸收，更无创新研究之举。这一情况，由于中国宋代理学的传入而有所变化。自14世纪中期，日本摄入宋代理学，儒学开始进入研究时期。

由于德川家康的大力支持，儒学大家藤原惺窝将儒学研究深入民间，在此之前，对儒学的教育与研究在日本只限于宫廷和寺院之内。藤原惺窝为适应德川幕府统治之需要，把儒学思想和儒学治国理念同幕府政治结合起来，门徒林罗山更是将其发扬光大。林家子孙均被幕府朝廷重用，担当"大学头"，林家儒学教育又培养出众多子弟，赴任全国各藩，传播儒学，林家成了幕府儒学教育的领军人物。当时的儒学核心为"朱子学"，中国的"朱子学"传到日本，经消化改造，形成极具日本特色的朱子学派。除朱子学派之外，此时日本还有众多的学派，大有百家争鸣之势，主要学派有朱子学派、阳明学派、古学派等。各派代表人物，基本上都在幕府的各藩学校或者私塾中从事教育活动，这些人既是儒家学者，又是教育大家，他们的存在，使得日本此时的学派与教育合二为一，学派的思想在教育的发展过程中得以完善，并为民众所接受。因此掌握各学派的基本概况，是研究和了解江户时代日本教育的先决条件。

（一）朱子学派的哲学思想和教育思想

1."朱子学"的源流和本质

"朱子学"亦称程朱学，它是中国宋朝时期由周敦颐首先倡导，由程颢和程颐继承发展，而被朱熹集其大成的一套理学思想体系。宋代理学吸取了佛、道思想，借以发挥儒学，把儒学哲理化。这就是说，他们一改古代儒学侧重于研究伦理道德的传统，将其发展为研究、探讨宇宙的本体问题以及宇宙本体与人的心性的关系、知与行的关系，还有认识来源和方法等问题，并对这些问题给以哲理的解释。无可否认，这种解释属形而上，是唯心主义的先验论，但它在儒学发展史上却开辟了一个新时期。

集宋代理学之大成的朱熹学说，在日本被奉为"朱子学"，而信奉朱熹学说的日本儒学家则被称为朱子学派。朱熹的年代，相当于日本平安之末、镰仓之初，但"朱子学"真正成体系地传入日本还是在江户之际。此时，自称朱子学派的儒学者众多，但他们所做的工作仅仅为从中国摄取、引进和通过教育传播"朱子学"而已，创新者几乎没有。因此，要研究日本朱子学派的学术观和教育观，有必要先对朱熹的学术观和教育观加以概括地阐述。

朱熹学说的内容是多方面的，这里仅选择其中对日本影响最大的主要论点予以介绍。

第一，哲学上的"理气二元论"。朱熹首先确认天地间存在"理""气"二物，并探讨了"形"与"理""气"之间的关系，认为"理"为万物之本，属形而上，"气"为万物之表，属形而下。"理"为道，"气"为器，道后有"性"，器后有"形"。他甚至认为："未有天地之先，毕竟也只有理，有理便有天地，若无理，便亦无天地、无人、无物。"① 以上观点，表明了他学说的客观唯心主义哲学观。他将"理"与"气"作为构成世间万物之主宰，何谓"理"？朱熹认为，"理"即董仲舒所宣扬的"三纲五常"，是封建社会的政治伦理和道德规范。他把这些伦理和规范称为"天理"。在他看来，这些东西是天经地义、永恒不变的，任何人都不可违背。他说过："须知天理是仁义礼智之总名，仁义礼智便是天理之件数。"（《宗元学案》）由此可见，他把理上升到哲学的高度，认为儒家的伦理道德规范就是天理，进而把伦理学上的"三纲五常"与哲学上的"理"相联系，继承和发挥了先秦的儒家学说。

第二，人性论方面的"性即理"。朱熹将人性分为两部分，即"天命"和"气质"，以此来论述人性与宇宙本体之间的关系。他把"理"的人格化与"天命之性"相连，认为此为"至善"之表现。他所说的"气质之性"，便是理与气混杂之物，具有善与不善之别。善与不善的标准则是是否合乎"天理"，若合乎"天理"，其行为和思想便为善，若不合乎"天理"，其行为和思想便为不

---

① （清）张伯行．朱子语类辑略［M］．北京：商务印书馆，1936：167.

善。他还通俗地解释了"人欲"，认为"人欲"是一切与封建主义的伦理道德相违的言论、行为和思想，是阻碍"天理"的"气质之性"。"气质之性"人皆有之，但有清浊、好坏、多少之分。圣贤之人的"气质之性"呈清明，愚凡之人的则为混浊。通过自我读书学习，接受教育，能够改变"气质之性"，使其变混浊为清明，使其人变愚凡为圣贤。特别是教育，是改变"气质之性"的重要手段，因为教育可以"明人伦"，可以将仕义礼智等善性极大地进行挖掘，使人成为圣贤之人，以实现封建社会人的最高理想——修身、齐家、治国、平天下。

第三，在治学方法和教学方法上，他主张"穷理"与"居敬"。所谓"穷理"，就是通过读书和"格物"的途径以"穷理"，就是"格物致知"，就是"五段"（博学、审问、慎思、明辨、笃行）。他认为：为学之道，莫先于穷理，读书为穷理之要。这就是说，要弄懂"天理"，读书，特别是专心致志地读书实为关键，此为读书学习之根本。由此可见，他所说的"穷理"，就是为了实践封建伦理道德的"义理"而读儒家的经书，并按照书本中的教条去行动。所谓"居敬"（或称"主敬"），并不是万虑皆空，像道士打坐、和尚念经那般，也不是耳无闻、目无见、"万虑休置"、闭目静坐、不接事物。朱熹主张的"居敬"含有两层意思：一层意思是"守于此而不易"（固守不易）、持之以恒、"成始成终"；另一层意思是"内无妄想、外无妄动"，也就是说，在德行修养和读书学习的过程中，不胡思乱想和随意妄动，要主一无适、专心致志，这是一种通过主观努力和潜心学习达到自我修养与自我完善的修炼方法。概括地说，朱熹的治学和教育方法分为两个部分：一是对书本知识的学习和研究；二是对德行的修养与磨炼。他的教育主张中也有一些合理因素，比如他提倡道德教育和文化知识的学习相结合，教育过程中要理顺智育与德育两者间的联系。然而必须指出的是，朱熹所说的道德只是对"三纲""五常"等封建伦理道德而言，他所说的读书学习只限于读儒家的典籍，他的治学和教育方法与其教育目的密切相关，即一切服从于"存天理"、"灭人欲"、"明人伦"、学为"圣人"这一教育目的。

朱熹学说是人类精神文明的宝贵财富，它极大地影响了中国文化和教育，甚至很大程度上决定了中国社会在一定历史时期的发展。日本通过对中国教育和文化的摄取，将朱熹学说引入国内，该学说震惊了日本政治、教育和宗教各界，在日本大受欢迎，研究程朱学说特别是研究"朱子学"成为一种时尚。通过研究，日本出现了一大批儒学家，这些人将研究和儒学教育相结合，不仅增加了研究的深度和广度，而且加快了研究成果的普及。这些集教育家和宗教家于一身的人物，使"朱子学"研究作为独立的学术研究在日本大发异彩。

2. 日本朱子学派的形成、发展与主要代表人物

中国的程朱学说是何时传入日本的？中日学者对此看法不一，至今并无定论。① 有些日本学者认为，程朱学说传入日本是在镰仓时代初期；有些则认为，大约在镰仓时代中期，程朱学说随着佛教的主要教派禅宗大规模地传入而传入了日本②。

大多数日本学者认为，程朱学说作为一门独立的学术，是在 16 世纪后期由藤原惺窝开始的。日本近代中国学东京学派奠基人之一井上哲次郎③在他的《日本朱子学派之哲学》一书中，把藤原惺窝列为"出世之大儒，是谓京学之祖"。这一说法被以后的日本学者所继承。日本哲学和史学大家永田广志在其《日本哲学思想史》中就对藤原惺窝赞赏有加，他认为藤原惺窝作为日本儒家开创者当之无愧，藤原惺窝不仅是作为独立思想的学者，而且是儒学传播的教育家，一大批非官非僧的日本思想学界的精英，都出自他的门下。在这里，永田广志对井上哲次郎的观点做了解释，并充分肯定了这一观点，他在这里说的"儒学"，显然指的就是"独立"了的程朱学。

藤原惺窝（1561—1619）早年也是一位相国寺的禅僧，有神童之称。中年，因与佛门的主张不同，从禅僧转向儒学而还俗，悉力研究"朱子学"而成大儒，开"京学"之基，主要代表作有《惺窝文集》和《千代草》。他的思想特点，概括地说有三点：第一，他根据儒学来解释神道。唐土曰儒道，日本曰神道，名变而心一也。认为日本的神道，有其自身的奥秘，这个奥秘就是正我心、怜万民、施慈悲，是尧舜之道，儒家之学的奥秘也在于此。④第二，他主张穷理、主静、持敬、良知、易简等。他认为朱子、周子、程子和阳明、象山等人的主张，其言似异而入处不别。他继承了朱子学的体系，但并不排斥阳明学。第三，

---

① 北京市中日文化交流史研究会. 中日文化交流史论文集［M］. 北京：人民出版社，1982：142 - 165.

② 北京市中日文化交流史研究会. 中日文化交流史论文集［M］. 北京：人民出版社，1982：144 -145.

③ 井上哲次郎（1855—1944），哲学家，生于福冈县，东京大学教授。致力于东方哲学的研究，并介绍德国唯心论哲学。同时，从国粹主义的立场出发抨击基督教。《新体诗抄》的编著者之一。主要著作有《日本朱子学派之哲学》《日本阳明学派之哲学》《哲学词汇》。

④ 其观点源自《千代茂登草》。《千代茂登草》，是藤原惺窝阐述儒学大意以晓论他母亲的作品，又名《假名性理》。

关于佛教，他对佛教的批评更多的是针对不符合"佛之本意"的"今世的和尚"。他认为只要是"正心、治国、安置万民"的，那么"佛心也是可取的"。这三点表明了这位禅宗出身的唯心主义哲学家和宗教思想家的教育思想特点。可以说，他出于佛而入于神的宗教世界观是以儒学解释神道，儒学的教育理念被他进一步宗教化了。

当时公卿的博士家中，"文章道"方面有菅原氏的子孙高辻、五条、唐桥等，"明经道"方面有清原氏的子孙船桥、优原①等。对于《大学》《中庸》当时流行用新注，而《论语》《孟子》尚用旧注。后光明天皇避佛教而喜儒学，认为古注粗浅，欣赏程朱新说，于是众博士家也采用宋儒之说来讲解朱子学。

在藤原惺窝思想的影响和熏陶下，从他的门下陆续出现了像林罗山、松永尺五、那波活所、堀杏庵、管得庵②这样一些儒者，以及像石川丈山③那样的诗人。特别是林罗山，曾参与幕府的创业，成为幕府官学的祖师，在文化教育上发挥了重大作用。在松永尺五的门下木下顺庵那里，又培养出新井白石、雨森芳洲、室鸠巢、祇园南海、榊原篁洲④等许多优秀门生，史称"五先生"。这就形成了朱子学派中的京都学派。

雨森芳洲（1668—1755），近江伊香郡人，江户中期儒学家，木下顺庵门下十哲之一。因年少时与朝鲜人接触，先通朝鲜语后研究中国，主要代表作有《橘窗茶话》和《戏草》。雨森芳洲是地道的朱子学者，其研究以朱子为中心包容陆象山和王阳明的学说，提倡佛教和儒学的一致性，认为：三圣人不言形而上也，不谋而同，盖天唯一道理，无二致故也（《橘窗茶话》上）。主张读书要正确阅读古书，要精读而不宜贪多，认为不仅要明白字意，就是发音也应和中国人一样才能明白汉文的真义，小孩读书时汉字要逐一教授，《大学》或《小学》日教三五行。

新井白石（1657—1725），江户人，江户中期儒学家、政治家。白石少时聪慧，以诗著名，研究以实用为要，他应用中国的知识来研究日本的语言历史及制度，使之成为政治上的参考。在教学上提倡直观教授法，他在讲解《诗经》

① 菅原氏和清原氏均为日本室町末、江户初的两大学问（汉学）家族。

② 松永尺五（1592—1657），江户初期的儒者，后来成为著名的儒学家、教育家，他的门下有木下顺庵、贝原益轩等人。那波活所（1595—1648）、管得庵（？—1628）、崛杏庵（1585—1642），均为江户初期的儒者。

③ 石川丈山（1583—1672），江户初期的汉诗诗人、书法家。

④ 祇园南海和榊原篁洲均为江户中期儒学家。

时，收集《诗经》中所述及的鸟兽草木及器物，进行实物的直观教学，这在日本教育史上实为首创。白石还在清朝考证风的影响下撰写了《读书余论》《古史通》《同文通考》等著作。

室鸠巢（1658—1734），江户中期儒学家。生于武州，师事木下顺庵，为芳洲和白石后辈。室鸠巢后为将军吉宗所用，撰《六谕衍义大意》和《五伦五常名义》，六谕是清康熙皇帝晓谕人民的六项训谕，其内容为：一孝敬父母，二尊敬长上，三和睦乡里，四教训子孙，五各安生理，六毋作非为。鸠巢为朱子学者，又以尊重道教为己任，时常述论老庄的无为，认为"道"是阴阳的流行，圣人和赤子相似，圣人知"道"而合"道"，赤子不知"道"而合"道"。"道"的主要内容为"礼"和"乐"，故需以此学起，最重要的书籍为四书和诗易二经，主张儿童教育应循序渐进，不可揠苗助长。

山崎闇斋（1618—1682），京都人，江户时期著名教育家、儒学家。少时剃度入寺，后还俗归儒。著《垂加文集》等。笃信"朱子学"，讲授的教材以《小学》《四书》《近思录》《易经》为主。主张尊严师道，将师生关系比作君臣关系。弟子虽有小过，亦厉声叱骂，不予宽恕。弟子中最有地位的佐藤直方也曾说：师事闇斋，每入户，心惴惴焉，如入狱然。及退出户，则详详焉，似脱虎口。即使如此他的弟子门人还是有五六千人之多，可见其学术感化力之深。

中村惕斋（1629—1702），京都人，自学成才，为日本一代大儒，是纯粹的朱子学者。著有《四书钞说》《近思录示蒙句解》等。他提倡孔子"子者亲之后奚敢不敬"的教育理念，对子既要慈爱又要敬（尊重）。在学校教育中，倡导要重视幼儿教育，特别强调母亲对子女的教育作用，并详细规定男女儿童在各不同年龄段的教育方法及内容。如男生六岁习算法；八岁入"小学"，习礼乐、习弓马及字义；九岁习干支；十岁外事师，习三纲五常之道；十五岁入大学，习修身、齐家、治国、平天下之道。其教育主张均出自中国古代教育思想。

贝原益轩（1630—1714），福冈人，江户中期著名社会教育家。学问多出于自学，先学"陆王"，后学"程朱"，倾心于社会教育，是一位笃学厚重的君子，著述有《益轩十训》《慎思录》《大疑录》等。益轩除儒教外还研究佛教，他在著述中，详尽地叙述自己的教育理论，把自己的教育理念系统化、理论化，这种做法在日本明治维新前为第一人。他关于教育的目的论和实际论，在当时的日本具有一定独创性。他的目的论认为，为学以立志为本，学者应为"道"而学。士农工商都有修学问、受教育的必要。教学讲授强调要适应学人器量，先易后难，逐渐导其进高深之境，学分知行二部，知行并进为要。提倡背诵四书，默写唐宋八大家之文。

除藤原惺窝的京都学派之外，在土佐还兴起了海南朱子学派（或称南学派）。这一学派起源于日本战国时代，以室町末期的儒者南村梅轩①为先驱，由他的弟子谷时中②所创建。谷时中培养了许多弟子，如野中兼山、小仓三省③、山崎闇斋。其中山崎闇斋又自成一派，成为闇斋学派的创始人。

藤原惺窝为日本大儒、京学之祖，其门生众多，特别突出的人物是林罗山。林罗山（1583—1657），在幕府初创之时，林罗山就大受幕府宠信，幕府所需之文书无不经其手，他起朝仪、定律令，同时，还写下了大量的文学著作，全面地继承和发展了日本儒学。他按照幕藩体制的要求来建设儒学，是幕府官学的创始人，在确立儒教的统治地位方面做出了杰出的贡献。他发展了藤原惺窝的"朱子学"，把惺窝从带有一定宗教性，且还停留在修身、齐家浅层次的"朱子学"，发展并提高到了治国、平天下的高度。

林罗山的理学思想，概括起来有三点：一是在理与气问题上，他比较靠近阳明学的唯"心"主义，纯化了唯心论，但他对朱熹学说的伦理学却全面地加以吸收；二是尊信程朱理学，对阳明学持批判态度。他认为：解经莫粹于紫阳氏④，舍紫阳弗之从，而阳明学是"儒中之禅"，其"门人末流之弊答，陷于狂禅"⑤；三是他对神道持保护态度，在批判佛教和天主教的同时，改用儒学来论证神道，从而为神道奠定了理论基础。他主张神道即为王道，提倡神儒一致，认为神道就是"理"，心外不存在别的神和别的"理"。一切皆由"理"定，除"理"之外，神和神道都不存在。因此，他把自己的神道称为"理"，以"理"为先区别于其他的神道理论。他进一步阐明了"理"为清明、行迹、政行和国治。清明为神之光，行迹为神之姿，政行为神之德，国治为神之力。在这方面，可以说他是日本神儒调和的先驱。林罗山用儒教的观点解决武家制度的现实问题，从而使儒教成为武家的指导思想。在武家的文教政策特别是在士人的教育问题方面，"朱子学"被采用成为官学，林罗山亦成了实施"朱子学"的重要代表人物。

幕府建制，基本上结束了国内战乱的局面，社会的稳定导致生产力提高和

---

① 南村梅轩（生卒年不详），室町末期的儒家，南学派的祖师。

② 谷时中（1598—1649），江户初期的儒者，教育家。

③ 野中兼山（1615—1663），江户初期的儒者，土佐藩的政治家。小仓三省（1604—1654），江户初期南学派的朱子学家。

④ 紫阳氏指朱子。

⑤ ［日］石井紫郎. 近世武家思想［M］. 东京：岩波书店，1974：88.

商业的勃兴，当时带有资本主义萌芽性质的高利贷商业经济出现了前所未有的兴旺，于是极有社会实用功能的学科应运而生，如数学、医学和药学等。明正天皇庆安年之后的半个世纪，也就是德川家光执政时期，这种繁荣到达顶峰，此时社会太平、教育发达、经济昌盛，是日本武士文明的极盛期。此时良好的社会环境，成为加快推动儒学传播的强大外力，各地藩主也纷纷创建藩校、教育武士、广播儒学。这一时期的崇佛特点有二：一是藩主尊儒为明君，二是优秀儒者参藩政展示才华。社会对儒学的态度，使儒学一枝独秀，日本儒学兴盛，除"朱子学"外，还包括阳明学和古学。

（二）阳明学派的学术与教育观及其主要代表人物

在学术与教育问题上，阳明学派与朱子学派是对立的，这在中国表现为陆王与程朱之争，在日本，"朱子学"代表官方正统思想，阳明学则代表民间，代表在封建社会衰落时期的民间意识。

阳明学作为学术派别在日本起源较早，但在学术界获得支配地位，却是在宽政年间以后。此时正值幕藩的封建体制面临崩溃、古学与"朱子学"在斗争中受到正统儒学压迫，适应形势的需要，一种新的意识形态应运而生，它就是阳明学。阳明学有着广泛的社会基础，其社会主体主要是市民和下级武士，是大批希望打破封建身份等级制度、实行变革的社会底层民众。不仅有农民，有市民还有下级武士，主要的力量虽然说是城市贫民和乡村农民，但能够真正号召农民和城市贫民起义的，就是这些下级武士，如大盐平八郎①的起义就是很好的例证。继此之后有所谓"尊王攘夷"，还有"倒幕"与"王政复古"。那时这些由"草莽志士"发起的轰轰烈烈的改革运动，究其实质也是以下级武士与市民为主体，以阳明学为其意识形态进行的。阳明学和古学，属于两种不同的意识系统，二者有一定的差异性，但在一个问题上他们几乎是相似的，那就是复古，在对待传统方面他们都采取了继承的方式。他们求助于中国的孔孟，着古代服装，说日本借用的汉语，来演绎所谓新的历史。大盐平八郎的檄文宣称要"中兴神武天皇之政道"，还把当时农民所向往的没有剥削的社会，复原为"尧舜天照人神之盛世"。阳明学所属阶层之所以不可能提出"向前看"的革命纲领，而只能走向"复古"的范畴，是因为阳明学的阶级基础决定了其学说的基

---

① 大盐平八郎（1793—1837），号中斋。开设私塾"洗心洞"教授弟子。在天保饥馑（1836）时，变卖藏书，救济难民。第二年二月，为改革幕府政治，举兵起义，后失败自杀。著有《洗心洞札记》。

本性质，属封建阶层的意识，它受下级武士左右。下级武士为地主阶层，他们有一种共同的特色，就是"尊王"，所谓阴明学在日本历史上的意义也就在这里。尊王即表示对当时幕府和幕藩制不满，同时也意味着倾向绝对主义的统一日本的意识。

因此，可以说，阳明学受一定社会和经济因素制约，是日本特殊历史条件下的产物。其此后的发展亦带有这些鲜明的规律特征。

提及日本阳明学的开创者，其毫无疑问是被称为"近江圣人"的中江藤树①。藤树青年时曾经做过武士，过着隐遁的学究生活。他是日本封建社会后期的著名教育家、汉学家。他著书甚多，且更加重视教育实践。为了传播儒学和将深奥的儒教道德通俗化，他结合日本的教育实际，利用自宅开办私塾(1648 年村里为他修建祠堂，命名为藤树书院)。为配合教学，他还撰写了《翁问答》《鉴草》等著作，并在私塾教学中确定了十三经和七书为必读书籍。十三经与中国相同，具体是《孝经》《论语》《孟子》《周易》《尚书》《周礼》《诗经》《礼书》《左传》《穀传》《公羊传》《尔雅》《仪礼》，七书的具体书目为《孙子》《吴子》《司马法》《尉缭子》《六韬》《三略》《李卫公问对》。之所以如此选择，和他思想转变信奉阳明学有关。他认为心学是由凡夫成为圣人的唯一通道。他还将世人分为五类，分别为天子、诸侯、卿大夫、士和庶人。这五等人皆明明德，交五伦者，可称为真正的儒者。真正的儒者是不分贵贱贫富的，这是他教育观的自然表述，他的志向就是要在日本社会平民中开展儒学教育，实现儒学通俗化。可以说这也是当时社会的需求，社会的新生阶层希望改革，希望打破原有等级，争得相应的社会地位，因此迫切要求掌握儒学。中江藤树从信奉朱子学最后决定转向信奉阳明学是在他 37 岁的时候（1644），虽然他以阳明学家身份从事教育活动的时间只有五年，然而正是在这五年间，他遗留下来的著作，表明了他的思想特点。但他此时的教育论点总的看来具有较强的宗教色彩。

中江藤树的理论源于"大学之道，在明明德"，他是围绕着这一命题进行的研究。他认为"明德"是"万物一体之本体"，"学问以明明德为全体之根本"（《翁问答》）。他用"孝德"这个词来代替上述的"明德"而展开了同一个命题

---

① 中江藤树（1608—1648），江户时代初期的儒学家。近江人，名原，字惟命，通称与右卫门。最初信奉朱子学，重考德，著《翁问答》。晚年攻读王阳明的著作，成为日本阳明学的鼻祖，以其德行闻名，人称"近江圣人"。

的研究。明人之"明德"系孝行之本意。他对"明德"和"孝德"进行了深入的研究，并赋予它们新的内涵。他认为"明德"是本体，"孝德"是伦理内容，是源于神学的。在这里可以看到，曾子的"孝"的思想，对中江藤树的影响是很大的。那么，什么是"明德"呢？他引用孟子的话："孩提之童无不知爱其亲也。"他细究《诗》《书》《易》中字句，归结出"人之学""人之教""人之师"和"人之书"等"人格"之论。他认为：明明德之本，在于以良知为镜去私欲而独慎。由此而学叫"人之学"；由此而教，叫"人之教"；从三皇二帝、禹、汤、文、武、周公、孔子、颜、曾、思、孟到周、程、张、朱叫"人之师"；《易》《书》《诗》《春秋》《三礼》《四书》《孝经》《小学》叫"人之书"。他认为天之所以与人，是因人所得以灵于万物。明德者，人之本心，其体至虚至神，而具天地万物之理；其用至灵至妙，而应天下之万事。关于良知，他解释说："明明德"的真正之学问，是"以心读心"的"正心"之"心学"。良知具于方寸，是通于天地有形之外，与鬼神合吉凶者。因为"明德"也好，"良知"也罢，原本就不是我们"心"之本体的东西。

由上述可知，中江藤树的教育思想理论的一系列词汇，如"良知""明德"和"孝德"等，是带有极强的精神色彩，是试图解决人类和宇宙之间某种关系，借以完成学问和良知的转变。由此可见，中江藤树的教育观有伦理的成分，但其哲学观则属于唯心主义。他把"孝"德作为最主要的东西形成了朴素唯心主义的"心学"，其理论基础不应单纯从《孝经》中规定的"孝为百行之本"这方面来加以解释，因为他的理想就是把儒教变为普世哲学，变成人类普通的道，这个道的性质是抽象的和超阶级的（它包括帝王到庶民）。只有从这一点出发，才足以说明其"心学"的内涵。但其理论缺陷有两方面：一方面是中江藤树的学说缺少社会世俗性，缺乏生活的实用性，过于主观主义，过于修身，过于抽象，精神性太强，导致处于社会底层的平民阶层对此不感兴趣；另一方面当时日本底层社会特别是下等武士文化水平极低，有些甚至是文盲，对此高深理论他们无法接受，更谈不上理解，因而其学说不受社会上大多数人的欢迎，当然也谈不上有发展前途。

中江藤树死后，他的思想学说与教育理念被熊泽蕃山①所继承。熊泽蕃山是

---

① 熊泽蕃山，日本江户时代前期阳明学派最主要的代表人物之一。生于京都，原名伯继。参与藩政改革，反对佛教、耶稣教，提倡儒学。视教育为治国平天下的根本手段。主张设立学校，并亲自主讲。重视女子教育。著有《女子训》《集义和书》《集义外书》等。

江户时代前半期阳明学的最主要代表人物。他从 1642 年（宽永十九年）到 1643 年就学于中江藤树门下。在藤树的启发下，转向阳明学，并继续自学。不久，受到池田光政①的重用，参与藩政。此时他作为一个经纶家和儒学家协助池田光政进行政治经济上的革新并取得了成效，从而提高了声誉。但是这个声誉也给他带来了祸害，他由此遭到同僚的嫉妒。1656 年辞官退隐京都，在幕府的监视之下度过后半生。

熊泽蕃山和中江藤树一样，把人类的"性"与"心"二者等同起来，并且提出了"太虚"是世界的根源这一思想，并在《集义和书》②中曾论述这样的观点。他认为理无大小，故方寸与太虚本同，吾心即为太虚，天地四海亦在吾心中。在认识论上，他的观点大体上和中江藤树相同，都属主观唯心论。这也是阳明学的特点。

熊泽蕃山和藤树的伦理道德观一样，熊泽蕃山也是把"明德"同"孝德"等量齐观，主张孝为太虚之神道，为造化之含德。在人则为万善之渊泉，为百行之根源，所以德为其本。关于"儒教的格法"③，他认为不合日本之水土，不中人情，尤其认为儒教的丧礼（如服丧三年）不如佛法"简易"，因而他不提倡吸取儒教那种烦琐的"格法"，而应采用"心法"。他的思想和藤树有异曲同工之妙，都是想将儒教变成为人类的普世学问。

熊泽蕃山的重要贡献就是把"心法"和易经结合起来进行研究，创立了他独特的宗教哲学观。但他的哲学思想属于客观唯心主义范畴，其理论也常有自相矛盾之处，例如，他承认"理气一体"，却提出了世界的本源为"太虚"之说，神化"太虚"、崇拜易经，常以《太极图说》的方式解释现实世界。他从教育的角度提出了人的一切之道为"孝"，提出了养成教育的理念。提倡儿童本位，教育不可求速效，要自然开"神智"，及时发现蒙童的"义之端""知之端"和"礼之端"，先易后难，循序渐进。他的带有浓厚的主观唯心主义色彩的哲学和学问观，属宗教的范畴，其核心就是要建设日本式的"太虚的神道"，使之服务于日本。于是他倒向神道，对佛教加以批判，用儒教来解释日本神道。他还站在神儒调和的立场上，对日本当时盛行的儒教和佛教以及日本本土的神道同时进行了分析批判。

---

① 池田光政（1609—1682），江户初期的大名。
② 《集义和书》，随想录，日本熊泽蕃山宽文十二年（1672）出版，主要论述学术和思想。与宝永六年（1709）出版的《集义外书》同为蕃山的代表作。
③ 格法：指有关身份、礼仪的规定和标准。

(三) 古学派的学术观与教育观及代表人物

古学派即以复古为名而从"朱子学"中解放出来的一个理论派别,名为复古,实质上是提倡一种新学,也是"朱子学"的反对派。古学派的社会地位相当低下,因为他的社会群体为中小地主,不被封建主流意识所重视,被视为"异端"。它产生的历史背景是:在封建的幕府制度动摇之时,随着社会生产力的发展,社会的新兴力量不断壮大,他们除需在社会上争得一席之地外,还渴望在政治上和学术思想上有话语权。故而近代思想的出现使幕府内部的学术思想也活跃起来,于是一场古学、阳明学和"朱子学"之间的辩论应运而生。这里有趣的是,众多的古学派学者批判"朱子学",是因为在研究的过程中,他们发现,"朱子学"与孔孟学说的原意有别,于是他们便开始质疑"朱子学"。他们认为"朱子学"有篡改孔孟儒学的本意,应维持传统儒学之本源,坚持传统儒学之真意,按此原则,他们创立了古学,提倡复古。古学与"朱子学"的差别源于对孟子"四端"的解释的差异,所谓"四端",为恻隐之心、羞恶之心、辞让之心、是非之心。"朱子学"认为"四端"是先天所具有,后天经教育加以"扩充"。"四端"可以完成仁、义、礼、智四德,也就是"性"。所谓"扩充"即是将初有的一定量的"性"予以恢复,这就是"复初之说"。古学派对此点予以排斥,伊藤仁斋(1627—1705)认为:性是可以完成的,所谓"扩充"是将端放大,经"扩充"而成的"仁、义、礼、智"是"德"而不是"性。"这是因为古学派的思想基础源于儒学,它对"朱子学"的批判原本是质疑"朱子学"是否偏离了孔孟之道,而"朱子学"是封建正统秩序的理论基石,受幕府权利保护,古学对其进行批评仅仅是为了引发社会公众对等级森严的封建身份制度进行思考,并无革新之勇气,最多是表达不满而已。因而说古学派开创新局面有些名不副实。

18世纪是日本封建社会的相对稳定时期,日本儒学各派基本上都发端于此时期,但它们所处的社会政治、经济地位有差异,故其理论基础、思想倾向当然亦不一样。例如,"朱子学"维护封建等级制,是因为它本身就是幕府官学,是幕府统治的意识化身。阳明学和古学却与此相反,希望打破那不可逾越的封建等级,因而具有一定的积极意义。阳明学讲"良知"人人皆有,讲"天地万物一体";古学派伊藤仁斋讲"仁",讲"有教无类"。

正统儒学朱子学派拥护当时封建统治阶级,是古学派最大的敌人。古学派以复古儒学为旗帜,依据其广泛的社会阶级背景,敢于和那时政治势力异常强大的封建统治思想做斗争。朱子学派代表的社会阶层与古学派完全不一样,朱子学派代表当权派大地主阶层，而古学派则代表中小地主阶层。例如古学派的创始人伊藤仁斋，据《先哲丛谈》卷四记载：仁斋家故赤贫、岁暮不能买糯糍，亦旷然不以为意。当时仁斋年已五十七八，尚且如此贫寒。另一位古学派中最有特色的古文辞学派创始人荻生徂徕①和伊藤仁斋一样，也是贫穷家庭出身。据《先哲丛谈》卷四记其事迹说：初卜居于芝街，时贫居如洗，舌耕殆不给衣食，增上寺前有腐家，怜徂徕贫而有志，日馈腐查，后至食禄，月赠米三斗以报之。古学派代表人物的出生环境和生存条件，决定了他们的思想和主张与"朱子学"对立是一种历史的必然。

古学派的实质就是两个字——"复古"，是恢复唐虞三代的儒家学问，而此学问的核心为经世和实用两方面，带有唯物主义世界观的色彩。遗憾的是，此唯物主义的认知指向不是向前，而是向后，内容守旧而无创新，导致他们对"朱子学"的批判也是守旧复古型的批判。古学派和朱子学派还有一个大的分歧就是对当时幕府的封建秩序的认识差异，即是对封建社会秩序变与不变问题的认识。首先表现在该秩序的起因。朱子学派认为封建秩序是自然秩序，而古学派则认为是人为秩序。其次是变与不变。朱子学派认为既然封建秩序是自然秩序，就无须再变。为了论证不变之理，他们提出了天人合一的思想，也就是把自然秩序与人的道德规范相连，认为封建秩序是天理和人性的完美结合，强调幕府制度存在的客观性。而古学派则认为封建秩序是非自然性的，是圣人所创，那么随之而来的社会伦理亦是非自然的，它是人为创之，当然可以人为改之，因而强调人为改造社会的重要性。从伊藤仁斋开始，古学派就强调人的作用，提出了"人能弘道"的理念。荻生徂徕比伊藤更重视人为，他认为道德规范不是先天的而是后天的，不是自然的而是人造的，把人的作用提高到创造道德规范的主人地位，这样就把人的道德规范和自然法则在理论上自然分开，用非合理主义代替了封建社会的合理主义。古学派中徂徕学的非合理主义学说，为明治维新做了思想准备。这个分解过程，同时也就意味着封建制的衰退过程，具有近代思想意义。值得肯定的是，它在摧毁封建秩序永恒不变观点上，重视人为的作用，而批判"朱子学"的自然秩序观，这一思想为近代日本资本主义思想的萌芽起到了先导作用。

---

① 荻生徂徕（1166—1728），江户中期的儒学家，江户人，徂徕为其号。初学"朱子学"，后提倡古文辞学，站在古典主义立场上，倡导重视政治 \ 文艺的儒学。著有《辩道》《论语征》《萱园随笔》《南留别志》《译文筌蹄》等。

古学派的创始人伊藤仁斋和古学派中的分支古文辞学派创始人获生徂徕，无论是从汉学学问的角度，还是从汉学教育的角度看，都是日本屈指可数的大家。他们为传播学问都曾办教育、开私塾，在日本培养了相当数量的汉儒学生。伊藤仁斋在京都的堀川自宅开办私塾，名曰"古义堂"。因此，他的学派称为"古义学派"。在他的私塾里设有"同志会"，实施自由的个性教育，避免注入式教育，用"会业"的方法组织学生进行讨论、研究。他认为以学做君子为标准，其所应当履行的途径便是仁义。"朱子学"认为修德的标准在于圣人，而仁斋的意见是：圣人是有至极之德的，纵使仅在一种德行上做到了至极，而其他地方有些许偏废，也可称为圣人；至于君子，则是指对事物得到中庸之道的人，所以君子的至极者可称圣人，而圣人未必就是君子。学问的中心是道德的实践，道德和知识的内容是"文、行、忠、信"，"文"是古圣贤遗文，"行"是孝悌礼让，"忠"是尽己之心，"信"是言行真实。仁斋认为仁义礼和忠信较智更为重要，合称"五德"，以为教育之法则。他著有《论语古义》《孟子古义》《语孟字义》《童子问》等。培养了3000名弟子，使其学术观点能得以普及与发展，古义堂也由他的子孙后代维系经办直到明治四年，持续了六代共244年。像这样的家族学校，血脉相系、薪火相传、学风相承，能保持长时间教育的连续性，可称为世界教育史上的一大奇迹。

古学派中研究古文辞学的叫古文辞学派，亦称"蘐园学派"，著名汉学家获生徂徕就是这个学派的创始人。徂徕是以研究荀子为基础来研究孔子，其研究一方面以经史考证极大地影响了日本学术和教育界，另一方面也为唯物主义哲学在日本的传播打下了理论基础。获生徂徕认为"诗、书、礼、乐"是"道"的主要内容，叫"四教"又叫"四术"。认为"仁"是"长人安民之德"，之所以学圣人之"道"，为的是求"仁"。他提出了"社会教育说"，不仅注意个人修养教育，还注重整个社会教育，认为日本的农、工、商、贾都需学"道"成"仁"。他的教育思想见于他所著的《政谈》中，第一是尊崇师道；第二是学校规模从小，但设备宜周；第三，为维持学校久远起见，经费来源应须确定；第四，毕业生之选任官吏；第五，奖励作诗；第六，设立诗学、文章、历史、律学、和学、兵学、数学及书学八科。以上各项后成为幕府学校的改革方案。一种新教育的自由主义的学风，在蘐园学塾得到较好的实践。

蘐园学塾与古义堂的教育内容和教育目的均不相同，因而二者具有不同的学风。在教育内容方面，古义堂强调道德教育，要"文、行、忠、信"，以仁义为道，学问的中心为实践道德，要学成圣人，因为君子之至极为圣人；而蘐园学塾则以文常教育为主，提倡学习"诗、书、礼、乐"，强调以"礼乐"为道。徂徕以为只要人为，便可得"道"，学者的最高理想是掌握文辞和研究事理。他的主要教育思想有二：一是尊重学生个性，宽容学生小节，实行人才培养方式的自由主义；二是在汉文的学习方面，他反对训读，主张直读，认为只有直读才能读懂汉文，才能真正了解汉文中的中国文化。他主张学习的过程要循序渐进，先用唐音（直读法）读汉文，再进入日本语的学习，这种先汉后和的学习方法，才是真正做学问之道。徂徕崇拜中国，极力推崇中国先王之道，对中国文化的模仿尽力而为，无半点舍弃。徂徕学说是人类教育文化的优秀遗产，今日仍大有研究之价值。

四、各类教育机构

江户前后日本的学校教育状况完全不一样。江户前，学校几乎无存，更谈不上系统的学校教育，除部分武士享受寺院和家庭教育外，社会底层平民完全没有受教育的机会。进入江户时代，社会稳定，生产发展，教育开始复兴，学校教育渐入正轨，教育机构也日趋增多，如幕府直属校、各地藩校、乡校和"寺子屋"以及地方私塾等。众多的教育机构不仅惠及武士，还惠及广大平民。虽然受教育的程度各异，但识字人数猛增，到江户末，日本男性脱盲人数近半成，女性中亦有近五分之一的人识字。这样高的教育普及率，为日本的明治维新诸多改革奠定了极好的民众基础。以上各类教育机构的教育内容有儒学、国学、洋学、军事学、医学、武艺等。教育类别分别为普通教育和专业教育两大类。

（一）幕府直属学校

幕府直属学校的建校目的和培养目标均有专门所指，建校目的是为解决其子弟的教育问题，培养目标是官吏和实用人才。因为生源的专一性，导致学校不多，总共才设立 21 所。学校的教育内容和职能亦各有差异，其中最著名的是汤岛学问所和昌平坂学问所①。1690 年，第五代将军德川纲吉把江户忍冈的林家私塾迁至汤岛，改名为汤岛圣堂，亦叫汤岛学问所，并在此祭典孔子，任命林信笃为大学头，掌管学问所，在学问所内从事儒学教育，讲解"朱子学"。从时间来看，创立最早的是昌平坂学问所，昌平坂学问所源于林罗山创办的私人书院，该私人书院创办于 1630 年，1686 年德川家纲（幕府第四代将军）赐号，

---

① 昌平坂学问所：现东京大学文理经济学部的前身。

将该书院正式命名为弘文院。1691 年再改名昌平黉，并将朝廷祭孔重任交与林家。100 年后，1790 年，幕府为其统治之需要，严格规定了该学校的教育内容，即独尊朱子学，废止其他学说，昌平坂学问所从而成为德川幕府时代朱子儒学教育的最高学府。

为了加强对幕府直属学校的管理和控制，幕府于 1973 年为汤岛学问所制定了一系列的规定，其中包括教学科目、招生对象、修业年限等。规定招生对象为幕府的家臣——"旗本"①、"御家人"② 的子弟，教学内容为：经书——《四书》《五经》《三礼》、历史——《左传》《史记》《两汉书》《通鉴纲要》和诗文等。弘化四年（1847）三月，学问所开讲科目就有如下九科之多：大学、中庸、论语、孟子、诗经、书经、孝经、国史、国学。

教学方式，首先是"素读"（光念不讲），此学习法极有渊源，可追溯至中国的春秋时期。素读所指定教科书主要是《四书》《五经》和《孝经》等，以经学方面的为主。按照学习计划先素读，然后讲释这些指定的素读教科书。再次，以"会读"和"轮讲"这些集体讨论的方式，采用质疑的方法提出问题，最后对问题进行个人思辨、独立研究，以此提高解决问题的能力。

幕府尤其重视昌平坂学问所的建设，助其扩大规模，设立分校，以方便各地幕臣子弟的教育。这些分校基本上都设在幕府领地，著名的有甲府徽典馆、长崎明伦堂、佐渡修教馆等。分校以儒学教育为主，儒学教育成为当时日本教育的主线。

在江户时代的后中期，由于欧美资本主义的影响，日本国内外形势均发生了巨大变化。习洋文、学西方的呼声不断高涨，受此冲击，幕府朝廷不得已设置洋学校，开始西洋教育，幕府直辖的西洋教育机构主要有两所：一是开成所，二是医学所。开成所授西洋文学，医学所授西医药。

这样一来，儒学受洋学冲击亦非常严重，生存都受到影响，为适应此种变化，对以摄取中国儒学教育而完善发展起来的日本教育，改革势在必行。首先是课程内容的改革，在已有的摄取内容中多了些改创的成分，把经科、刑政史科、中国史科和日本史科作为昌平坂学问所的主要学科。学生可以按自己的学习能力和志愿选科。学科改分为两类：一类为经科、中国史科、日本史科、刑

---

① 旗本：日本江户时代直属将军的家臣中，俸禄在 1 万石以下、有资格直接晋见将军的家臣。

② 御家人：不能直接晋见将军的家臣。

政史科；另一类为实用学科，如天文、地理、算术、物理等，但具体实行不到位。在组织形式和授课方式上，参考西式教育形式编班和共同授课，并且放宽和降低了招生对象的入学年龄（由十四五岁降到八岁）。故将学习阶段分为三个，分别为素读所、初学所和稽古所，素读所为启蒙阶段，以阅读为主，采取个别辅导的方式；初学所为学习中等阶段；稽古所为学习高级阶段。稽古所是昌平坂学问所的主体，是日本高等教育程度的专科教育。这些改变反映出昌平坂学问所从教育形式和内容都在发生变化，这是日本教育摄取下的教育机构演变成近代学校的一个过程。

（二）藩校

藩校是由各藩设立和经营管理的学校，尤以昌平坂学问所为盛。著名的昌平坂学问所先为幕府直属学校，后变为藩校，它是在弘文院基础上扩建而成，据孔子的出生地（鲁昌平乡）而命名。宽政五年，昌平坂学问所规定了五则学规：一谓入学。凡僧徒、商工、乐伎及姓名籍不确实者，不得入学。但虽为商工而舍其本业专心向学者仍准其入学。二谓行仪。笃实谦让，守信重礼，禁议国政，切忌惰、博弈、玩戏、美衣美食等。三谓修业。依据学生个性，分经史、作文等科，但开始时均须习四书及小学。败俗非圣之书、新奇怪异之说，均在严禁之列。每年施行考试，三年落第者，令其退学。四谓讲会。在讨论义理、讲究精微之际，必须有所典据，无稽臆说，在所切禁。又当作诗为文时，须向前辈颌教。五谓出入。校门的开闭从严，出入须向门监说明姓名，卯时（晨六时）开，酉时（暮六时）闭。寄宿学生除疾病外，不准外宿。[①] 总体来说，德川幕府之初，朝廷是不重视教育的，因为政权为武力所获，故而尚武，此时基本上没有设置新的学校，只有用儒学私塾和祭孔用圣堂改造而成的量少且规模亦小的学校，用以培养武士，满足幕府及大名统治之需要，并把儒学教育纳入原有的武士教育轨道。但时过 30 年左右情况有了变化。宽永九年（1632），尾张侯德川义直[②]在其地建庙寺，祀孔子配祀颜子、曾子、子思、孟子。幕府中期以后，各藩竞相设立学校形态的藩校，藩校大有兴旺发达之势。

德川幕府时代后期藩校的具体设立和演变情况，可从明治二年时所公布的数字资料得知。下表所示为当时藩校的设立情况（表 3 - 1）。

---

① ［日］高桥俊乘 . 日本教育史［M］. 秦企贤，译。香港：中日文化协会，1950：208.
② 德川义直（1600—1650），江户初期的大名，尾张家族之祖，家康的九子。喜好治学，提倡儒学。

表3-1　德川幕府时代藩校设立情况①

年代	年间	创立校数
宽文—贞享②（1661—1687）	27	4
元禄—正德（1688—1715）	28	6
享保—宽延（1716—1750）	35	18
宝历—天明（1751—1788）	38	50
宽政—文政（1789—1829）	41	87
天保—庆应（1830—1867）	38	50
明治元年—四年（1868—1871）	4	36
年代不明	—	4
1661—1871 年共计	211 年间	255

注：明治二年时，全国总藩数 276 个，此表调查的是 255 个藩设立藩校的情况

　　表内的数字注释说明，明治二年（1869），全国有 276 个藩。调查了其中 255 个藩，共设藩校 255 所，基本上每一个藩就有一所藩校。其中有近 86% 是在庆应三年（1867）以前设立的，主要设立的年代是 1751 年至 1867 年之间，这也足以说明德川幕府末期对教育的渴望。如此多的藩校设立，标志着此时的日本教育已经上了一个新的台阶，它为明治维新后的日本教育大发展打下了坚实的基础。藩校数量的急增带来教育的普及，庞大的教育体系培养了众多的人才，使明治维新在日本的发生成为一种必然（表3-2）。

表3-2　重要的藩学③

校名	藩名	所在地	创立年代	变迁
总稽古所	大和郡山	同前	享保年间（1716 年左右）	明治三年改敬明馆
有造馆	伊势津	同前	文政三年（1820）	无
崇广堂	同津	伊贺上野	文政四年（1821）	无

---

① 王桂．日本教育史［M］．长春：吉林人民出版社，1987：88.

② 以下为日本天皇年号。

③ ［日］高桥俊乘．日本教育史［M］．秦企贤，译．香港：中日文化交流协会，1950：216-223.

校名	藩名	所在地	创立年代	变迁
立教馆	同桑名	同前	不详	无
明伦堂	屋张名古屋	同前	宽永年间（1624 年左右）	初名学问所，宽延二年改名
弘道馆	常陆水户	同前	天保九年（1838）	无
弘道馆	近江彦根	同前	宽政十一年（1799）	初名稽古馆，天保元年改名
敬教馆	美浓大桓	同前	天保八年（1837）	初名致道馆，维新后兼习详学
文武馆	上野高崎	同前	宝历年中（1751 左右）	初名游艺馆
日新馆	奥会陆津	同前	宽文年中（1661 左右）	初名稽古堂，天明八年改日新馆

　　为什么在德川幕府末期，藩校发展如此之快呢？究其主要原因，有二：一是此时幕府和各藩入不敷出，财政困难，处于财政危机的境地；二是幕府末期资本主义的生产方式已在日本出现，由于商品经济迅速发展，整个日本社会商人的势力大增，直接挑战幕府统治。面对危机，日本各藩试图对幕政进行改革，一部分开明的大名①认为，只有选拔和培养有能力的干练之才，才能摆脱日本当时的困境，使日本国富兵强。也只有这些人才才能振兴幕府，维系其统治。此时大批出身下级武士的改革派参与藩政，这些人与具有经济实力的商人和新兴地主有着广泛的联系，他们提出了自己的改革主张，要求打破封建的世袭身份制，广求人才和通过教育培养幕府所需要的人才。希望学习外国，引进外国先进技术，大力发展资本主义商品经济。这些武士阶层受过良好的教育，但因幕府世袭俸禄减少，社会特权丧失，经济收入大不如前，因此他们希望通过接受更好的教育，以此作为进入社会新的职业领域的重要手段，借以提高自己的社会地位。这些在客观上不仅刺激了藩校的创办，而且因生源素质和社会需求还

---

① 大名：江户时代，将军的直属家臣中俸禄在 1 万石以上的武士，有 260～270 家，根据其经历分为亲藩、谱代、外样，亦根据领地规模分为国主、城主、城主格、无城等。

大大地促进了藩校发展。

同是藩校，但和从前设立的藩校相比，幕府末期的新建藩校更具特色，特别是在教育摄取的方向和内容方面发生了较大的变化。从前的藩校，是模仿昌平坂学问所的式样开办的，因而在组织形式、培养目标、教学方法与内容上都和幕府的昌平坂学问所大同小异。幕府末期新设的藩校，在学科设置、教学内容以及入学身份上也都顺应形势和适应社会，做了诸多的教育改革，如西南各藩开始重视实用科学，增加社会实用知识，减少经史等纯文学科内容，增开算、医、天文学等实用科学，以培养社会实用型人才。打破封建世袭身份制，在入学者的身份上许多藩明确规定，除藩内武士子弟外，也允许平民子弟到藩校学习。这些举措表明，日本教育摄取虽在近代初经历了其摄取方向的改变，但仍然保持了日本古代教育和近代教育的连贯性。

（三）乡校

这是幕府时期在乡村设立的初等教育机构。与寺子屋不同，它据其设立者在经费投入方面的差异导致了所办学校的层次差异，同时也决定了其招生对象、教育内容和教育方式与藩校存在差异。首先，就设立者这个主体而言，共有四类，分别是幕府和各藩大名、藩主的支族和家老、受藩主资助的民间有志教育者、自筹资金的民间知名人士。相同的是，这些主体所建立的学校均受幕府监督。其次是招生对象的差异。藩校主要招收贵族和武士子弟，乡校则只收平民子弟。教育内容有两个特点：一是传授实用知识和生活技能，即读、写、算的能力；二是强调道德教育，培养遵纪守法、服从幕府统治的顺民，以此来淳风尚、革陋习，完成社会教化。因此，乡校在日本教育史上是一种极具特色的教育形式。

四种主体创办的乡校类型，前三类可以说是公费筹办。办学过程中，由公费资助学校常感力不从心，甚至有时无以为继。第四类虽为民间资金，但筹集亦相当困难，故乡校的创办之初，成功之校甚少，远不及寺子屋，1830 年至1843 年 13 年间，寺子屋猛增近两千所，而乡校所增数量平均一年仅一所而已。但明治维新后，情况大有改观，乡校的发展异常迅速。这有两个方面的原因：一是明治政府要利用乡校教育达到其统治的目的；二是乡校这种教育形式比较符合近代社会的发展，具跨时代学校的特征，比寺子屋更具生命力。

（四）私塾

私塾的产生和发展有其独特的社会背景与自身特点。社会背景主要是学术的发展和民众对教育的需求。进入幕府末期，日本学界各种学派层出不穷，有百家争鸣之势。且各学派自立门户，宣扬自身学派的主张已成为学者们的责任。此时的日本社会也对学问提出了新的要求，特别是实用性知识深受广大民众的欢迎。自身特点有：一是设置者的差异性。设置者一部分是民间学者，他们在社会上还兼有其他职业；另一部分是从事教育的学者，他们本是藩校和其他学校的教师。二是学生招录的灵活性。不问年龄和家庭背景，全凭自愿，故学生层次不一，年龄差别亦很大。三是教育内容的多样性。有专授儒学的私塾，也有以国学为主的私塾，甚至部分私塾专门讲授洋学和医学等实用知识。四是教育方式的可选择性。教学无统一模式，尊重个性，适应学生个人需求，可以选择不同的教学方式。据文献记载，当时全国 1500 余所私塾中，最有名的是伊藤仁斋创立的京都古艺堂，维持时间长达 200 余年。私塾是日本对中国教育摄取较成功的一种教育形式，它对日本教育是有贡献的。其贡献是，明治维新后其在私塾基础上演变而成专门学校，并由此发展起日本近代高等专门教育，为社会培养了大批实用型人才。由于政府下令鼓励开办私塾，加之社会的需要，此后，私塾的数量不断增多，民间私塾也迅速发展起来。

第四章

日本教育摄取性的 B 面表象：利益选择、性质变异

19 世纪后半叶的明治维新是日本近代史上一次具有划时代意义的历史性改革。经过这次改革，日本顺利地摆脱了半殖民地的危机，仅用短短 50 年，就走完了西方国家差不多走了 200 多年才完成的近代化道路。按道理说，地处东北亚一隅的日本，地理条件并不优越，国土面积仅 37 万平方公里，不仅矿产资源贫乏，而且经常遭受地震、火山和台风等自然灾害的袭击。但就是这样一个典型的东方国家，却能在西方列强的冲击下，在很短的时间内脱颖而出，后来居上，发展成亚洲唯一一个独立自主的现代国家，具备足以同世界强国抗衡的实力，确实令世界为之震惊，究其原因，日本的近代教育功不可没。

第一节　教育摄取方向
由东向西、内容由汉变洋，近代教育确立

1853 年，美国东印度舰队司令佩里率舰队来到日本东京湾，强迫德川幕府打开国门，开港通商。为此两国进行了谈判，当时因为美国人不懂日语，又无日语翻译，而日本人也不懂英语，更谈不上有英语通事①，所以谈判使用的语言是汉语和荷兰语。甚至连佩里携带的美国总统外交书函都是用汉文写成，包括第二年 3 月签订的《日美和亲条约》（亦称《神奈川条约》），其正本也是汉文互认的。1858 年，又签署了《日美友好通商条约》。接着，日本又与荷兰、俄罗斯、英国、法国等国家签订了友好通商条约。被迫与诸多国家签约，导致德川幕府的闭关锁国政策宣告结束。由于幕府内乱和倒幕维新运动兴起，1867 年10 月 14 日，德川幕府的第 15 代将军德川庆喜被迫"大政奉还"（把权力交给

---

① 　通事：翻译，江户幕府设有"唐通事"（汉语翻译）和"兰通事"（荷兰语翻译）。

以天皇为首的朝廷）。1868 年（旧历戊辰年）又爆发了幕府残余势力与朝廷之间的一场战争（史称戊辰战争），结果以幕府势力败北而告终。1868 年 7 月，日本政府将江户改称为"东京"；9 月，定年号为"明治"。《易经》中有"圣人南面听天下，向明而治"的语言，"明治"便源于此。"向明而治"的意思是黎明即起，勤勉治国。睦仁天皇称"明治天皇"。1869 年，正式迁都东京。

一、面向西方，神学为体、儒学为辅、洋学为用

明治初期的日本几乎全盘引进欧美文化，明治政府建成鹿鸣馆，大力提倡改良风俗、国语、生活饮食习惯，改良宗教和文学。为了赶超西方发达的资本主义国家，明治政府提出了"富国强兵"的口号，为此进行了一系列国家层面的改革。例如，仿照西方国家的"民主、平等"口号提出了"四民平等"（四民即士、农、工、商），并在明治八年（1875）颁布命令，要求全日本人都必须有自己的姓名，并允许平民可以有姓；在行政上废藩设县；在政治上制定宪法，成立议会等。教育方面，明治政府的改革更加明显，通过改革建立起了一系列的近代教育制度。虽然当时学校教育也源袭了"修身"科目，但只是介绍儒教典籍《大学》中的"修身、齐家、治国、平天下"的由来而已，修身教育的主要内容以欧美人的行为礼仪为主。明治后，特别是大正时期的日本教育，其思想、方法、制度差不多完全由西洋摄入。

幕府末期的日本主要进行的是武士教育和平民教育，教育目的是培养适应封建社会的武士。如前所述，当时针对武士的有三种教育机构，幕府直属学校、藩校和乡校。幕府直属学校相当于高等教育机构，藩校和乡校则相当于地方高级中学与小学。这些学校纵向联系松散，各自为政，没有系统的教学体系，教学内容也互不相连，因而改革势在必行。但与同时期的中国相比，日本明治时期教育改革的起点要高出许多，其不仅有"洋内容"的摄入，还有大量"洋人才"的摄入。1868 年，日本全国有藩校 240 所，开设数学、"洋学"和医学等教学科目的藩校居多。其中 141 所有数学，77 所有"洋学"，68 所有医学。理科在所开设的学科中占的比例，1800 年仅为 15%，1853 年增加到 35%。1853年之后，由于日本被迫"开国"（即对外开放），到日本任教的西方学者接踵而至，在藩校中，"洋学"教师的增多导致"洋学"课程增加。幕府也随之对"洋学"更加重视。东京大学的前身"开成所"就是由"洋学所"不断扩充而来，1863 年设立的"开成所"就聚集了众多的"洋人才"。当时，除江户

（1868 年改称为东京）外，在日本各地也有一些洋学塾，其中以京都、大阪最为著名。藩校是实施初、中等教育的机构，明治维新前后，招生对象主要是武士子弟的藩校有 125 所，若把分校统计在内，则共有 152 所；供"庶民"（主要是商人、地主）子弟入学的乡校和"教谕所"共 418 所。但一般劳动人民的子弟只能到寺子屋学一点简单的读、写、算知识，明治初年这类学校全国有 15530 所。据统计，幕府末期大约有 20% 的平民粗通文字。① 东京、京都、大阪三大城市市民的文化水平和"洋学"知识都走在了全国前列。与同期东方（亚洲）其他国家相比，日本教育普及程度也高出许多，日本的中小学适龄儿童的入学比例在幕府末期已接近于百分之百，这也是明治政府成立后能实行一系列教育改革，迅速发展近代教育的前提条件。

此时的日本，教育已取得长足的发展，与东方相比，其教育程度高出许多，但与西方相比却还远远不够。明治维新提出了大力发展资本主义的战略，但教育无论是体制还是内容和数量都与此不相适应，如何解决这一矛盾，成为日本教育的当务之急。就在此时，日本教育的摄取性又一次展示了它特殊的功能，日本教育开始转向，目光向西。1871 年，明治后第三年，天皇委派岩仓具视率团访问欧美，对欧美十多个国家进行实地考察，历时一年有余。直到 1873 年才陆续回国。日本使节团成员目睹了欧美先进且实用的教育，反思日本，痛感培养人才是根本大计。当时担任使节团领导之一的木户孝允②曾说，国基在于人才，人才在于教育，因此教育改革势在必行。可是，就当时日本的现实而言，改革教育实在是一项复杂而又艰巨的工作。要进行教育改革，必须首先确立改革的方针。对此，日本曾有过激烈的争论。

原本明治天皇是在儒学氛围中长大的，从小就拜儒学者元田永孚③为师，系统地学习了儒教学说。为教育儿童之需要，天皇即位后命元田修编面向儿童的道德基本规范书籍。明治十六年（1883）又刊行《幼学纲要》，把儒教的伦理道德当作教育的中心。该书在日本的学校发行达四万册之多。1890 年，又向全国的学校颁布《教育敕语》，确立了"忠孝"为全体国民的道德规范。但此时其所表达的儒学却与中国传统儒学开始有了些微妙的差异。例如"忠"，《教育敕

---

① 藤大春. 外国教育通史（第四卷）[M]. 济南：山东教育出版社，1992：385.

② 木户孝允（1833—1877），日本明治时期的政治家，积极主张改革，被称为"维新三杰"之一。

③ 元田永孚（1818—1890），日本明治时期的汉学家。1877—1887 年任明治天皇的侍讲，积极提倡儒教，是后来《教育敕语》的起草者之一。

语》中强调的"忠"，是最高的道德标准，对天皇的"忠"是每个日本国民的基本准则。这是因为当时日本急于进入近代国家的需要，因此才把对天皇的"忠"和培养日本人统一的近代国家意识结合在一起。

出于提高天皇权威的政治需要，1868 年 3 月（明治元年），在京都复兴学习院进行了一系列改革，其中重要的改变之一是不祀孔子而建皇祖天神社。1869 年在东京九段创建招魂社，并以昌平学校为中心设立东京大学校。1869 年 7 月制定的《大学校》规定：根据神学和国典，明辨国体，兼讲究汉学，以达成实学实用为要。明治天皇曾颁布《誓文》，提出了要重点解决的三个问题，一是关于道的问题，认为道是天地自然之理，无处不在，无时不有，其核心内容为中国传统的"三纲五常"，它涉及国家政治、刑法、教育。二是关于学校问题。学校是授道传道的重要场所。学校教授知识，广推智育，养成道德，为国家培养人才。人才首先要遵从王道，辨识国体，服务皇室。三是教育内容，首推神学，尊天皇，崇神典，以为学务之先，次而习孝悌伦理、治国平天下之道。为掌握实用知识，满足社会需求，特别强调了学校教育应选择西方的格物、穷理和进化之学问，比如兵学和医学等，因为它关系到国家的兴亡、民众的生死，故所有能为我所用的外国之长都须学习，以此来改陈旧之陋习，聚世界之新知，维护天皇万世之基业。由上述可知，明治时期教育的基本精神是以神学为体，儒学为辅，洋学为用。

明治初年，由于历史的原因，教育界也曾出现了一股复古思潮，认为教化国民非国学和神道莫属。此思潮一出便引发了日本教育界极大的争议。革新派和复古派形成了对立的两派。主张日本近代化的革新派势力日渐强大，1869 年（明治维新刚开始的第二年）起，一大批幕府时期的洋学者和明治维新启蒙思想家进入明治政府。他们的西方理念和革新思想也被同时带进了新政府，这些新思想为教育改革提供了思想保证。次年 3 月，他们便着手改革学制和教学内容，主要模仿欧美，制定学校规则，使日本的大、中、小学校体系一改过去的封建之风，具有了与欧美相似的近代化的色彩。当时一千名学生中的比例是"五百人学洋学，三百人学汉学，学皇学或国学的最多二百人"。[①] 1870 年 8 月，政府将"洋学"、汉学、皇学三派混杂在一起，且将纠纷不断的大学本校（原昌平学校）关闭，加强了教授"洋学"的大学南校（原开成所）和教授西洋医学的大学东校（原医学校）的建设。学校体系的建立和教学内容的调整反映了当时革

---

① 吕万和. 简明日本近代史［M］. 天津：天津人民出版社，1984：374.

新势力与保守势力之间的斗争，革新势力占了上风。

为加强管理，在思想认识上尽快达到统一，明治政府加快了教育改革的步伐，其中最重要的举措是《学制》的颁布和文部省的设立。《学制》的基本特色为资产阶级个人主义，它所代表的教育则是近代教育的自由主义。而设立文部省标志着日本国家统一教育的开始。《学制》第一次提出"学问乃立身之资本"，这在日本教育史上是破天荒的。所有这些改革，一方面是受到启蒙学者影响的缘故，① 另一方面也代表着改革势力在教育领域已占主导地位。

二、推崇西方教育，研究西方教育学

1875 年福泽谕吉②撰写了《文明论之概略》。以福泽谕吉为代表的启蒙学者主张批判封建主义，宣传资产阶级的自由、平等、民权。他排斥汉学迂远的旧思想，而推弘英美功利主义的思想，提倡打破等级，鼓吹独立自尊，重视实学，并在此基础上抑中扬欧。他曾公开宣称："至于像中国人那样，觉得除本国以外似乎没有别国存在，一见到外国人就呼为夷狄，把他们看作四只脚的牲畜，贱视他们，厌恶他们，不计量自己的国力，而妄想驱逐他们，结果反为夷狄所窘。这实在是不懂得国家的本分之故。"③ 1875 年，田中不二麻吕④被提升为文部大辅（文部省次官），开始着手重点模仿美国式教育。当时日本对教育的研究主要限于美国的文献，如美国维加山姆（Wickersham）的《学校经济》（*The School Economy*）、由箕作麟祥于明治七年译成《学校通论》、美国哈脱的《教室内》（*In School Room*）；明治九年由卡斯泰尔译成的《教师必读》、由文部省命荷兰人卡斯泰尔译成的《学室要论》、美国那腾（Norlhend）的《教师的助手》（The Teacher's Assistant）和《教师与父母》（*Teachers and Parents*）、由卡斯泰乐译成的《彼装氏教授论》；明治十一年由小泉信吉等译成的《那腾小学教育论》、美国裴齐（Page）的《教授的理论与实际》（*Theory and Practice of Teaching*）。此

---

① 《日本教育的现代化》，原为日本国立研究所 1978 年刊，张谓诚，等译．北京：教育科学出版社 1981 年出版。

② 福泽谕吉（1835—1901），日本明治时期著名的启蒙思想家和教育家，曾与森有礼等人发起组织"明六社"，宣传资产阶级的自由、平等思想，被誉为"日本的伏尔泰"。同时，大力提倡教育，被誉为日本的"近代教育之父"。

③ ［日］福泽谕吉．福泽谕吉教育论著选［M］．王桂，译．北京：人民教育出版社，2005：12.

④ 田中不二麻吕（1845—1909），日本幕府时期的藩士，提倡"尊王攘夷"，并参加了倒幕运动。

间对教育学的研究也日渐深入，有关名著也相继出版，明治三十七年出版的教育学方面著作有《教育学精义》（森冈常藏著）和《教育学讲义》（大濑甚太郎著）；明治三十九年出版的有《新教育讲义》（谷本富著）和《关于教授阶段的研究》（槙山荣次著）；明治四十一年出版的有《学校教育》（小西重直著）；明治四十二年出版的有《系统的教育学》（吉田熊次著）和《实际的教育学》（泽柳政太郎著）；明治四十四年出版的有《教育的美学》（佐佐木吉三郎著）和《现代教育的研究》（小西重直著）；大正四年出版的有《教育学概论》（野田义夫著）；大正五年出版的有《宗教教育原论》（谷本富著）；大正十一年出版的有《批判的教育学问题》（篠原助市著）和《艺术教育》（阿部重孝著）；大正十二年出版的有《教育学大全》（谷本富著）和《教育学概论》（佐藤熊治郎著），以及《最新教授学精义》（小川正行著），还有《教育原理》（木下竹次著）；大正十三年出版的有《教育精神体验》（福岛政雄著）和《新教育学讲义》（大濑甚太郎著）；大正十五年出版的有《现代教育哲学的根本问题》（长田新著）。西洋教育史方面的著作有：《欧洲教育史》（大濑甚太郎著），明治三十九年出版；《近代教育思想史》（入泽宗寿著），大正三年出版；《西洋教育史概说》（吉田熊次著），大正九年出版；《欧美教育史》（大濑甚太郎著），大正十四年出版。日本教育史方面的著作有：《日本教育史》（佐藤诚实著），明治二十三年出版；《日本近代教育史》（横山达三著），明治三十七年出版；《明治教育史》（野田义夫著），明治四十年出版；《东洋教育史》（中岛半次郎著），明治四十三年出版；《本邦教育史概说》（吉田熊次著），大正十一年出版。

众多的西方教育名著的翻译和西方乃至日本教育研究专著的出版，表明日本推崇、研究、摄取西方教育已进入一个新的阶段。

三、推行国家主义教育政策，改革教育，学习西洋

在教育改革的过程中，革新派和保守派的斗争从未停止过，保守派时刻都想恢复儒学在教育中的地位，维持日本教育中的传统性，只是苦于没有机会。明治初年兴起的民权运动，触动了明治统治者甚至是天皇的权益，统治阶层在打压民权运动的同时，也对其西方个人主义和自由主义色彩的教育提出批评，借此机会，保守派便加快了"复古"的步伐。1878 年秋，明治天皇"巡幸"各地，视察教育。次年，向文部卿提出《教育圣旨》，强调"仁义忠孝为本"，于是导致了一场关于德育的价值取向的争论。但是，作为《教育圣旨》起草人的

元田永孚的观点，并未得到当时政府要人伊藤博文①的赞同。伊藤博文的思想基石是保守的，他是日本国家主义的代表人物，但博文的保守有其新的内容，即将天皇制与国家主义相结合。日本教育选择学习德国是在两个人手中实现的，一个是伊藤博文，另一个是森有礼。伊藤博文主张排英美、仿德国，用国家主义代替自由主义，在维护天皇制的前提下，建立日本政治和教育体系。森有礼更是积极的推行者，1885年任文部大臣期间，他强力推行"国体教育主义"的政策，把国家主义与天皇制国体的结合变成现实。日本在明治时期选择德国作为学习模仿对象，看似偶然，实则必然。明治初，学习西方的基本国策已定，但具体学习哪种国体，选择哪个国家作为模仿对象却众说纷纭。为解决这一问题，1871年11月至1873年9月，明治政府派遣以岩仓具视为首的政府使节团赴欧美考察，使节团精英集聚，队伍庞大，考察了欧美十多个发达国家，以选择自己要模仿的国家，学习其先进经验。鉴于当时日本国内的舆论和主体思潮以及文化走向，加之德国相对落后，且与日本国情相似，于是使节团得出结论：一切效仿德国，实行德国的军制，效法德意志宪法，模仿德意志国体，学习德国极具法西斯色彩的教育体系。在推行国家主义教育政策的过程中，伊藤博文是政策的决策者，而森有礼则为政策的执行者。森有礼认为忠君爱国是国家富强的精神基础，作为文部大臣，他的任务就是如何更好地培养和宣扬这种精神，作为伊藤博文的助手，他认为帮助伊藤建立日本天皇近代教育制度更是义不容辞的责任。

这样，经过激烈争论而达到统一的认识之后，明治政府加强了教育摄取，确定了推行教育改革的三点方针：一是为提高国民知识水平，普及初等教育。二是为培养科技指导人才，创办科技教育机构。三是通过教育迅速掌握摄取来的欧美先进科学技术。在这一方针指导下，政府采取了两项根本性的措施：一项是引进来和派出去。所谓引进来，就是聘用大量的外国专家、技师、技工，请他们做顾问；所谓派出去，就是向国外派遣留学生，用"拿来主义"的摄取方式直接获取西方科技、教育。据统计，此时期聘用外国专家、技师最多时达400—500人。其中工部省和文部省分别位列第一、第二名。这些外国专家和技师的月薪甚高，有些甚至是当时太政大臣的两倍半。仅1872年的经费就表明，

---

① 伊藤博文（1841—1909），日本明治时期著名的政治家，曾参加倒幕运动。明治政府成立后，历任兵库县知事、大藏（财政）少辅等职。1873年于欧美考察回国后，升为参议兼任工部卿。1878年任内务卿。1885年出任内阁总理大臣。1888年任枢密院议长。

工部省聘用外国技师的薪金占去了工部省全部经费的 1/3，高达 76 万日元。另一项是改革传统的封建教育，包括对教育制度、教育内容和教育方法的全方位改革。明治非常重视教育的发展，始终把教育放在第一位。当时尽管财政拮据，但政府眼光远大，紧缩各项开支，加大对教育的投入力度。政府对文部省的投资远远超过其他行业。1873 年（明治第五年）政府经费的投入就高达 143 万日元。另一方面就是留学生的派遣。赴欧美留学生每年成倍增加，如从 1870 年的 115 人到 1871 年的 281 人再到 1872 年的 356 人，这充分表明了政府派遣留学生的决心，政府希望通过留学教育，学习西方，培养近代化人才。为达此目的，明治政府还加强了对留学生的管理。为提高留学生的质量，政府采取了筛选制，边学习边考察边淘汰，及对留学生进行分流，合格者完成学业，不合格者则不能继续读书，只能放弃留学。经过一段时间的学习之后，从 1880 年起，这批留学生陆续回国，每年有 50 名左右。这些学生后来都成了明治维新的中坚力量。随着大批日本人学成归来，对外国教师的解聘工作也同时开始，到 1889 年全部解聘完毕。不到 20 年的时间，全日本基本上实现了教育工作由本国人员承担的目标。

明治政府在培养人才的同时非常重视本国的教育改革，加大力气发展国民教育事业。明治维新时期的日本社会精英和国家要人都是国民教育的积极推行者，这些人有一个共识，认为只有提高国民的整体文化水平，国家才会兴旺、富强，因此普及国民教育成了当时教育改革的重点，如时任政府首脑木户孝允就发出倡议，他指出："国家富强的基础在于人民的富强。当平民百姓尚未脱离无识贫弱之境地时，王政维新的美名终究也只能是徒有其名而已，对抗世界富强各国之目的也必然难以达到。因此，使平民百姓的知识进步，吸取文明各国之规则，逐步振兴全国学校，广泛普及教育，则是今日的一大紧急任务。"① 岩仓具视在他的《济时的策议》中也说道："为了选拔培养人才，就应该在国内设置研究和、汉、洋学各种学问的大学校……对国民进行教化。"② 伊藤博文曾几次建议明治天皇，强调："为了提高国民的知识水平，应在东、西两京设立大学校，在府县和郡村设立小学校。大学应有大学规则，改变旧学风。"③ 由于举国

---

① ［日］梅根悟监修．世界教育史大系：日本教育史［M］．东京：讲谈社，1975：189 - 190.
② ［日］梅根悟监修．世界教育史大系：日本教育史［M］．东京：讲谈社，1975：190.
③ ［日］梅根悟监修．世界教育史大系：日本教育史［M］．东京：讲谈社，1975：189 - 190.

重视教育，日本私学增多，但私学多以教授法学为主，其中最为著名的是明治十二年（1879）和佛法律学校成立（日本法政大学的前身），明治十四年（1881）明治法律学校成立（明治大学的前身），明治十五年（1882）东京专门学校成立（早稻田大学的前身）。这些学校现在均已成为世界级的著名大学。

1871 年 7 月 18 日，明治政府设立管理日本教育和文化的中央机构文部省，文部省管理全国的教育，包括府县的各类学校和社会教育机构。文部省的长官称为文部卿。第一任文部卿是大木乔任①。文部省的次官称为大辅，第一任文部大辅是江藤新平②。当时的教育行政大权实际上掌握在江藤新平手中。文部省设立后，做的第一件事是对原有学校进行接管、调整和改造，同时还新设了一些学校。其中最重要的，一是将东京大学的原昌平学校、开成学校、医学校分别改为"大学本校""大学南校"和"大学东校"，二是将 19 世纪 60 年代全国各地创办的学校都收归文部省统一管辖，如大阪府的大阪开成所和大阪医学校、长崎县的长崎医学校和长崎广运馆等。同时也加强了对外语学习的指导与管理，著名的外语学习机构有村上英俊于明治元年（1868）创建的达理堂，教授法语；尺振八于明治三年（1870）创建的共立学舍，教授英语等。三是在直辖东京都设立中、小学校。明治元年（1868）在沼津设立兵学校，并附带设立小学校，这是明治时代小学校设立之始。四是将全国各府县的学校都收归文部省管理，以便于学制与教材的统一。五是重新设置了一些由文部省直辖的小学校和洋学校，此外还设立了女子学校。

四、制定《学制》，政府干预教育

明治政府成立伊始，就曾想在全国实行统一的学校教育制度。但由于缺乏经验，加上当时国家还没有统一的教育管理机构，这一打算未能实现。文部省设立后，一些政府的领导人认识到，要改革教育制度，就必须借鉴和研究外国的经验，"取其成功，舍其错误"。1871 年 11 月至 1873 年 9 月，日本明治政府使节团访问欧美。使节团任务实为考察，但在考察学习的同时却进行了学习模仿对象的选择，整个考察过程中，使节团多次将欧美先进教育现状报回国内。国内同时亦在抓紧行动，文部省设立专门机构研究国外学制，开始了日本《学

① 大木乔任（1832—1899），日本明治前期教育行政官、政治家，后历任元老院长。
② 江藤新平（1839—1874），日本近代政治家、法学家、民权思想家，明治维新功臣。"佐贺七贤"之一。

制》的起草。该机构为日本学制代表委员会，囊括了日本学界国外学制的著名学者，他们是箕作详麟、瓜生寅、河津佑介和内田正雄等，这些人分别是研究法国、英国和荷兰等国学制的专家。12 名委员中的绝大部分是留学归国的洋学者。他们主要以法国的教育制度为蓝本，参照英国、荷兰、德国、美国等先进国家的教育制度，也兼顾国学和汉学专家的意见，以求在学制中体现日本传统的经验，贯彻"和洋结合"、兼容并蓄的精神。可是，《学制》的起草过程却遇到了很大阻力，日本许多省（部）对新《学制》草案均持否定或怀疑态度，尤其是大藏省以财政困难为由坚决反对。但文部省的文部卿大木乔任力排众议，在江藤新平（原任文部大辅，后任司法卿）和参议大隈重信①的支持下，于1872 年 9 月 5 日颁布了《学制》。《学制》是日本教育史上第一部关于近代教育制度的法令，它的基石部分借鉴了法国自由主义教育，并在具体条款编列中融入了众多西方国家优秀的教育制度，包括对日本本土教育制度合理部分的肯定。这是日本洋学派教育思想的胜利。该法令共 109 章，涉及日本全方位的教育问题，较好地规范了日本近代教育的现状。后根据教育的变化所引发的新问题，明治政府又以政府名义对《学制》进行修改补充，先后于 1873 年一年内发布了《学制二编》《学制追加》和《学制二编追加》等文本，将原有《学制》的 109章扩充至 213 章。在《学制》颁布前，皇室曾发布诏书，名为《关于奖励学事的被仰出书》，简称《被仰出书》。其实当时的《被仰出书》并不是由皇室发布，而是以政府名义由太政官于《学制》颁布前一年的 1871 年 8 月发布，其中有三个重点：一是确立了学问观要以实学为核心，强调教育的社会功利性，强调立身出世，这是典型的西方个人主义在教育中的表现；二是强调普及教育，要在日本实现"邑无不学之户，家无不学之人"的教育盛景；三是提出了教育经费由受教育者本人承担的理念。此诏书实际上是《学制》的前奏，其内容是："人欲立其身，治其产，昌其业，以遂其生，其法无他，唯有修身、开智、长其才艺而已也。然修身、开智、长才艺，舍求学不能，所以有学校的设立。以教授日常言语、书算，以及士、官、农、商、百工技艺、法律、政治、医疗等。人能适应其才，勉励向学，就可以治生、兴产、昌业。然则学问为立身之根本，世人岂可不学哉？夫如迷于道路，陷于饥渴，破家亡身之徒，盖因不学也。观学校的设立，虽历年久远，然因不得其道，致人误其方向，或以学问限于士人，

---

① 大隈重信（1838—1922），日本明治维新时期政治家。曾担任日本第八任和十七任首相。创办东京专科学校（今早稻田大学）。

至于农、工、商及妇人辈，皆置之度外，于是不识学问为何物。又因士人中少数学者，动辄高唱学问的责任在国家，而实不知为立身之基，或趋于词章记诵之末，或陷于空谈虚理之途，其论似高尚，但多数不能身体力行。凡此种种，皆系因袭之积弊，而文明之有欠普及，才艺之不长进，贫困破产败家之徒众多之所致也。故人不可不学，而为学又不可误其旨趣。当今文部省所规定之学制，改正教则，布告通达。此后一般人民，无论华族、士族、农、工、商及妇女，必使帝国境内邑无不学之户，家无不学之人。为人父兄者，宜普体此意，厚其爱育，必须使其子弟向学而后可。高深之学问，则任其人之才能。至于幼童，即无男女之别，均须令其入小学，非然者，若有，则其父兄之失责。"①

这一诏书和其后颁布的《学制》，开辟了日本近代教育的新纪元。

大木乔任颁布的《学制》，后经三次补充和完善，使其成为日本近代教育史上第一部教育法令。这是一个庞大而全面的国民教育计划，主要内容包括学区、小学、中学、大学及专科学校、教师资格、学生和考试、学校经费七个方面：②

（一）学区

《学制》将日本学区的划分作为教育制度的重点。全国划为 8 个大学区，256 个中学区，53760 个小学区，大、中、小学区分别设大、中、小学校一所。这样在全国范围内，学校布局更趋合理，为普及全民教育提供了有利的条件。

（二）小学校

《学制》规定，小学分为初、高两个层次，学制各为 4 年。并规定了初、高级小学的学生年龄，初等小学就学年龄为 6—9 岁，高等小学就学年龄为 10—13 岁。普通小学是初级教育的主体，同时还允许设立女子小学、村落小学，以及由政府牵头设立贫民小学、私塾小学以及幼儿小学（幼儿园）等。女子小学除普通小学的科目外，增加教授手工课等课程；村落小学教学科目比普通小学要少，也可招收年龄偏大者入学，并且夜间授课方便民众；贫困小学招收贫民儿童，其学费则由富人捐助；私塾小学由取得小学教学许可证者在私宅设立，是较灵活的教育机构。

（三）中学校

《学制》规定了中学的性质、招生对象、修业年限和具体分类。其性质是普通教育机构；招生对象是 14 岁以上的小学毕业生；修业年限为 6 年；种类分为

---

① ［日］堀松武一．日本近代教育史［M］．东京：理想社，1959.

② ［日］尾形裕康．日本教育通史研究［M］．东京：早稻田大学出版部，1980：173.

四部分：第一类是完全以教育摄取为主的教育形式，即以外国人为教师，以大学以下学科为教学内容的中学。这一类学校与大学相接，对生源及家庭出身没有要求。作为学制的补充条件，文部省于 1872 年 9 月 19 日颁布了《以外国教师教学的中学教则》和《以外国教师教学的医学教则》，这是针对这一类中学教学规则所做的具体化规定。当时日本政府计划在八个学区的本部各设一所这样的中学，但由于种种原因，实际只建立了三所。然而这三所学校确实为后来成立的东京大学提供了优秀的生源并为以后的学校树立了榜样。① 第二类是变革中学；第三类是中学私塾；第四类是中学家塾。另一方面，《学制》加强了社会的职业教育和师范教育，培养社会所需要专业技术人才和小学师资。规定可在法律范围内设立工业、农业、商业和翻译学校，还可针对社会人员设立诸民学校和残疾人学校，进行业余教育、职业准备教育和残疾人教育。

（四）大学、专科学校

《学制》规定，大学与专科学校为两类性质不同的教育机构，大学教高深学问，注重研究问题；而专科学校则教专科方面的知识，关注实用知识和技能训练。大学分五科，分别为数、理、化、法、医，而专科学校由学校层面分科，具体有工、农、法、医、理、艺术、矿山等学校，这些学校均为培养社会急需的实用型人才服务。《学制》对高校教师队伍的培养也是用心良苦。东京大学成立之初，能够教授西方新型科技文化的日本教师并不多见，为了能够保证教学质量，政府不惜重金聘请外国教师。当时日本所聘请的教师质量很高。如近代工学创始人之一兰金（Ranking），他的学生亨利·戴尔（Herry Dyer）被邀到日本教学，像那样的人才在当时的欧洲也是少有的。还有将达尔文进化论首次传入日本的动物学家美国人莫斯（ES. Morse，1838—1925）、发明地震仪的机械工学教授英国人尤因（J. A. Ewing，1855—1935）等。

（五）教师资格

《学制》对大、中、小学教师的资格分别做出了规定。对大学教师要求最高，其必须是大学毕业，具有学士学位的优秀研究人才。中学教师也要有大学毕业证，不要求学位，但要求年龄不得小于 25 岁。小学教师必须师范学校毕业并获毕业证书，小学教师允许有女性，但要求年龄不得小于 20 岁。

（六）毕业考试

《学制》规定，所有在校学生都须通过考试，考试是检查教师教学和衡量学

---

① 贺国庆，王保星. 外国高等教育史 ［M］. 2 版. 北京：人民教育出版社，2006：275.

生学习的重要手段。平常的升级为小考，大考在毕业时举行。只有达到考试要求，合格者才允许毕业，并为其颁发证书。

（七）学校的经费

《被仰出书》中明文规定了个人负担教育费用，因此《学制》也明确规定了教育经费的来源，它包括三部分，即个人交学费、民间赞助和国家财政补助，个人交学费和民间赞助是经费的主要部分，国家补助为辅助部分，因此要求学校尽可能提高民间赞助的比例。此外还提出了资助贫困优秀生的规定。

《学制》还对学校管理做了规定：在文部省设立督学局，各大学区设有专职的督学。各中学区设学区监督。另外，将学位分为1—5等，在学生毕业时，由文部大臣授予不同的学位。

根据《学制》的规定，明治政府还设立了师范学校，加大对教师的培养力度。其实，在《学制》颁布之前的1872年4月，文部省已向政院提出了《建立小学教师培训场所的呈文》，并着手建立东京师范学校，专门聘请美国人任教师，招收了54名学生。1875年8月，在东京师范学校附设中学师范学科。同年9月附设中学，后来又将其扩立为高等师范学校。为落实普及教育的国策，满足初等教育师资之需要，日本大力开展师范教育，广设师范学校，包括设立女子师范学校。明治维新第六年（1874），日本就有专为小学培养师资的学校47所，由文部省设立的师范学校遍布日本各地，如大阪、爱知、宫城、广岛、新潟、长崎等地，均设有师范学校。

日本最著名的大学（东京大学）也是这个时期诞生的。东京大学是日本教育史上第一所真正意义上的大学，从1877年设立至今已有近140多年的历史，它是由三所学校合并而成，即同在东京的昌平学校、开成所和医学校。东京大学的特点：一是培养目标为高级官吏和顶尖技术人才，为此学校几乎集中了全日本最优秀的生源，每年还选送大量学生出国留学；二是学科设置齐全，设立时分设有法、理、文、医学部，而后不断补充，使其成为一所综合性大学；三是用高薪大量聘请外籍教师，以满足学习洋学、学习模仿西方之需要；四是国家财政重点支持，东京大学每年所获教育经费占全国教育经费的40%以上，这在世界教育史上都是罕见的。如此一来，东京大学就自然成为整个日本的教育中心，在日本近现代教育中充当领头羊。

为了发展小学教育，文部省曾提出以初等教育为主体的思想。各府县也都发出告示，奖励小学，鼓励儿童入学，这使小学教育发展迅速。明治初年五年间小学教育发展情况见表4-1。①

表4-1

年度	学校数	教师数	学生数
明治六年（1873）	12558	25531	1145802
明治七年（1874）	20017	36866	1714768
明治八年（1875）	24225	44500	1925206
明治九年（1876）	24947	52262	2066565
明治十年（1877）	25459	59825	2162962
明治十一年（1878）	26584	65612	2273224

从学龄儿童入学率来看，明治六年（1873）为 28.13%，其中男生为 39.90%，女生为 15.14%；明治十一年（1878）增加到 41.26%，其中男生为 57.59%，女生为 23.51%。可见，学龄儿童入学率增加很快，只是女生入学率不及男生入学率的一半。

五、颁布《教育令》，日本教育中融入自由主义色彩

在学校经费方面，尽管《学制》规定由学生、民间和国家三方面负担，但文部省所拨经费很少，拨款最多的明治六年（1873）所拨经费也只占学校经费的 12.6%，而明治七年（1874）不增反减，只占 6.2%，明治十一年（1878）更倒退到 6.1%。作为民间经费的"学区内募集金"和"捐赠款"，实际上也是按户或按人口分摊的。因此，学生家庭负担太重。加上按《学制》制定的教育制度和教学计划，脱离各地区、各学校的实际，只顾强令统一，缺少灵活性，从而导致不少儿童中途退学，使得小学越往高年级学生就越减少。所有这些情况，都引起了民众的强烈不满，纷纷要求政府加以改变。

为了顺应社会的要求，解决《学制》的不足，明治政府于1879年9月颁布了《教育令》。《教育令》是由文部省大辅田中不二麻吕主持制定的。田中曾赴欧美各国考察，1873年任文部大辅。他认为日本的教育应该参照欧美国家教育成功的经验，制定日本的《教育令》应该以西方自由主义的教育制度为基准。

---

① ［日］堀松武一. 日本近代教育史［M］. 东京：理想社，1959：50.

他的意见得到当时文部省顾问美国人 D. Murray（1830—1905）和当时日本政府要人伊藤博文等的支持，所以《教育令》得以颁布并顺利实行。

《教育令》是在克服《学制》的弊端基础上，依据日本教育的实际，参照欧美经验所制定的教育法令。它由47个条款组成，虽然也规定学校的种类为小学校、中学校、大学校、师范学校和专科学校，但在教育对象、学校定位、学科设置、教学计划、教育经费等诸方面都做了较大的改革。

《教育令》重申了小学校的性质和教育内容。规定其教育对象为儿童，实施普通基础教育。教育内容原则上是以实用知识为重点的读书习字、历史、地理和算术以及修身方面，规定有条件的小学还可开设音、体、美方面的课程，甚至是开设自然选修和女子缝纫课。这表明小学的教育内容既有西学内涵，又有日本自身教育的特点。《教育令》规定每个村或几个村联合设立公立小学校。但是，若已有了私立学校的，不必再设。并在学校设立常务委员会，负责学校日常事务。

《教育令》参照欧美的教育，明确规定了各学校的基本职能：大学与中学属于两种不同层次的教育，大学为高等专门学科教育，而中学为高等普通教育。师范学校以培养教员为目的；专科学校是传授某一专门学科知识的教育机构。公立学校的经费，经府县确定的，由地方税金支付；经镇、村民众协议确定的，由镇、村经费支付。文部省拨给各府县的教育经费，由文部大臣决定。

《学制》规定13岁为义务教育的结束时间，而《教育令》则认为，一年零四个月的时间就可以结束义务教育期间的学习，即使不入正规的学校，也可以通过其他的途径接受普通义务教育。

相比之下，虽然《教育令》的规定看似比《学制》简单，但在学校的设置、设备、管理、教学内容等诸多方面都远比《学制》更自由、放任。因此，人们常把《教育令》称作"自由《教育令》"。不言而喻，自由主义是《教育令》的基调。《教育令》的制定，增加了日本教育的西方教育色彩，这是日本近代教育选择摄取的直接结果，它消除了《学制》的某些弊端，使日本教育更具灵活性，在一定程度上也尊重了地方人民自治和自由的要求。

六、重修《教育令》，国家干预教育加强

本来《教育令》制定的初衷是为了日本教育的发展，出人意料的是，实施《教育令》，却因其自由度太大造成了学龄儿童入学率的普遍下降。小学校数量

的增加率也逐年减少：1880 年增加 441 所，到 1881 年却减少到 381 所。儿童的入学率下降，1879 年为 41.26%，1880 年为 41.16%，1881 年为 41.0%。① 这种现象引起了整个日本社会的不满，包括民众和政府官员。民众要求权力下放，要求拥有办教育的权利。官员则反对文部省对教育的放任，反对《教育令》中自由主义的条款，要求修改《教育令》。当时的文部卿何野敏镰②亲自考察了地方的教育实情，于 1880 年和 1881 年两次向国会提出报告，详细叙述了这种"全盘西化"、放任自由所造成的混乱状况，认为应在教育摄取的前提下有选择地吸收西方教育。在他的要求下，政府于 1881 年 4 月 5 日开会，决定对《教育令》进行修改，由文部卿何野敏镰负责。1881 年 12 月 28 日，政府正式颁布了对《教育令》的修改内容，其要点是进一步强化国家对教育的监督管理权力，将原《教育令》中已下放的权力收归中央。明确规定，国立、公立、私立学校的创设或停办、就学资格、修业年限，甚至教学大纲和计划等，一律由文部省决定或必须得到文部省的认可才行。修改后的《教育令》规定：小学的修业年限为 8 年，每年授课 32 周以上，每天授课 3—6 小时。与原《教育令》不同的是，教学科目又改以修身为主。各小学的教学则由各府县知事根据文部卿颁布的纲领进行编制，经文部省认可后才能实施。同时，取消政府的补助金，强制设置小学校和师范学校。

不难看出，修改后的《教育令》的基本思想是国家强制办教育，否定人民参与教育行政的管理权，因此被称为"强制《教育令》"。这里也体现出明治政府是压制自由民权运动的。

为配合《教育令》的实施，1881 年文部省还制定并颁布了《小学校教育纲领》，借以加强小学教育。开始实行"3 - 3 - 2 制"，即将小学分为初等科三年、中等科三年、高等科二年共三个阶段。入学年龄没有变化。在这三个阶段中，以初等科为国民教育的普及目标。与此同时，为规范中学教育，文部省还制定颁布了《中学教则大纲》，大纲中规定了学生必须由小学的中等科毕业才能进入中学学习。《师范学校教则大纲》也在同一年颁布，它停办了各大学区的国立师范学校，扩建府立和县立师范学校。在学校内设三类科，即培养小学教员的初等师范科，学制年限为一年；培养中学教员的中等师范科，学制年限为两年；

---

① ［日］尾形裕康. 日本教育通史［M］. 东京：早稻田大学出版社，1981：178.
② 何野敏镰（1844—1895），明治初藩国政府的政治家，历任文部大臣、内务大臣、农商务大臣等。

培养大学教员的高等师范科，学制年限为三年。

为了更好地实行国家对教育的强制管理，文部省又建立了一套系统的教科书检查审定制度，并将此计划分步进行。1873年，政府将东京师范学校编辑局和文部省的编辑寮合并，共同编辑教科书。1880年，文部大臣何野敏镰亲自在文部省内设立编辑局，任命西村茂树①为局长。后来，文部省下设的地方学务局又成立了一个调查研究机构，全面调查和研究教科书的使用情况。按照国家的要求，将教科书分成三种类型分别对待：第一类是明治初年以来多数学校一直使用，但现已不合时宜的；第二类多半是有关政治方面的著作，其中因有些言论不适合用作小学教科书的；第三类是内容或体裁有不当之处，使用时应加注意的。这些措施进一步强化了国家对教育的控制和管理。

在颁布和修改的各种学校法令中，变化最多的是有关小学校的法令。因为小学教育是教育之基础，且涉及阶段较多。1881年5月，文部省颁布《小学教则》，把小学分为初、中、高三个阶段，每阶段为三年，修身为主要课程。修身课初级阶段和中级阶段每周六课时，高级阶段每周三课时，以《小学修身训》为统一教材。

由上可见，为维护明治天皇的绝对权威，政府加强教育教化国民，以培养"尊王爱国"的国民，主要表现为两方面：一是国家干预教育，用行政手段控制教育的走向；二是增加修身课程的比重，从精神层面控制学生的思想，日本的教育摄取在新的历史时期又一次表现出在"国家利益"和统治者意志框架内选择"创新"的基本特征。

第二节　摄取西方教育之"精华"，国家主义教育制度的建立

近代日本社会的转折点是明治维新。经过明治维新以及其后的一系列资产阶级改革，日本社会从封建社会过渡到资本主义社会。这些改革，在一定程度上促进了日本近代教育的发展。到明治时代的中后期，日本的教育进入国家主义教育制度创立时期。随着日本的政治制度转向德国式的君主立宪制，日本的

----

①　西村茂树（1828—1902），日本近代启蒙思想家、文部官僚、东京学士会院会员、文学博士，日本国粹主义的先驱。

教育思想也转为以德国为模式的国家主义教育思想。① 这是由日本近代社会的政治、经济和文化的现状所决定的。

日本社会经过明治维新，虽然实现了从封建社会向资本主义社会的过渡，但是，从其社会结构和政治体制上看，并没有彻底改变天皇的专制统治，反而使这种统治得到了加强。天皇实际上是当时日本社会最大的地主和财阀，对内与国内的资产阶级和地主沆瀣一气，残酷地剥削和压迫工人、农民；对外，日本一方面屈媚于欧美列强，寄希望于与西方为伍，参与瓜分世界，另一方面向朝鲜和中国侵略扩张，企图独霸亚洲。

一、颁布明治《宪法》，神化皇权

为了在国内树立天皇的绝对权威，加强其统治地位，明治政府着手制定宪法。经过一系列的准备工作，明治天皇于 1889 年 2 月 11 日举行大典，正式颁布《宪法》。这是一部对日本历史产生深远影响的国家大法，史称明治宪法。②

《宪法》共 7 章，76 条。它的主体思想是："以君权为机轴，务求对此无所损毁。"③《宪法》规定："大日本帝国由万世一系之天皇统治之"（第 1 条），"天皇神圣不可侵犯"（第 3 条），"天皇总揽统治权"（第 4 条）。并明文指出，国务大臣的职责是"辅弼天皇"，枢密院的职责是"应天皇之咨询，审议重要国务"。显然，《宪法》实际上是日本封建藩阀专制的延续和发展，宪法将皇权神化，其本质是以"天皇大权"之名，维护特权财阀利益，由极少数军阀、官僚、贵族实行寡头专制统治。马克思在论及普鲁士军事专制政体时说，那是一个特色鲜明的国家，虽受资本主义影响，但仍有诸多的封建残余。这个国家用议会装饰门面，按官僚制度组织，以警察保卫专制制度。这个国家奉行国家主义，提倡军事统治，这就是德国。对照当时日本的情况，马克思的话也是十分贴切的。日本选学德国，当时《宪法》框架内的明治天皇统治实质是普鲁士军事专制政体的翻版。

《宪法》的核心是皇权神化，它的颁布标志着日本社会资产阶级改革运动就此完结。《宪法》对教育的规定也为日本教育的性质定下了基调。《宪法》的颁

---

① 张德伟. 日本教育特质的文化学研究 [M]. 长春：东北师范大学出版社，1999：116.
② 明治宪法：颁布于 1889 年 2 月 11 日，1890 年 11 月 29 日施行，是日本基于近代立宪主义而制定的首部宪法。
③ [日] 伊藤博文在制宪会议上的演说（1888 年 6 月）.

布给国内开放、自由的形势带来了极大的隐患。依据《宪法》的规定，明治政府限制了当时在日本兴起的自由民权运动，并采取了残酷镇压的政策，甚至动用了大量的警察和军队，企图将民权运动压制下去，虽最终未能实现，但在当时日本国内这种特殊情况下，明治政府并没有放松对人民的"教化"，而是企图通过教育落实宪法的政体，达到精神上的统治。

二、广颁教育法令，奠定国家主义教育制度基础

明治维新以来，日本政府重视教育，在教育方面颁布了一系列法令。1872年《学制》的颁布，使日本近代学校制度初具规模。1879年《教育令》的制定与实施，调整、修改了《学制》的某些条文。后来，又根据日本教育的实际情况、日本国情以及民众反映，对其进行了修改。特别是在1886年颁布《学校令》之后，1890年又发布《教育敕语》，进一步强化国家对学校的统治。这些改革为日本全面实施国家主义教育制度提供了极佳的社会条件。

1885年，为加快教育的发展，时任首相伊藤博文任命森有礼为文部大臣。当时正值日本起草宪法之时，而德国国家主义正盛，国运大昌，日本国情与此相类似。于是教育方面日本也开始脱离美英而全面学习德国，介绍德人海尔巴脱派的学说，仅克伦（Kern）的《教育学纲要》在日本就有三种译本，即泽柳政太郎①、立花铣三郎②合译的《普通教育学》（明治二十五年）、同年山口小太郎译的《教育精义》和明治二十六年国府新作译的《克伦教育学》；还有伦瑯（Lindner）的《教育学教科书》于明治二十六年被汤原元一译成《伦氏教育学》；弗劳立（Frohlig）的《科学教育学》于明治二十五年被冈田五兔译成同名书；莱因（Rein）的《教育学纲要》于明治二十八年被能势荣译成《莱因氏教育学》；海尔巴脱的《教育学主义纲要》于明治二十八年被藤代祯辅译成《赫尔巴两特教育学》，等等。在此种教育环境下，森有礼上任伊始即开始改革，首先从学制开刀。包括森有礼在内一大批日本社会精英认为，君主立宪、富国强兵是明治政府的国策，而实现该目标必须依赖教育，只有通过教育才能培养符合要求的国民。因此改革教育，从实际出发，建立国家主义的日本教育体制已成日本社会的共识。于是以森有礼为首的文部省牵头，于1886年制定了《学校

---

①　泽柳政太郎（1865—1972），日本明治、大正时期教育家，"实际教育家"倡导者。历任高等师范学校校长、文部省副部长、京都帝国大学总长、帝国教育会会长等职。

②　立花铣三郎，日本明治、大正时期教育家，曾著有《教育家》等著作。

令》，从法律的角度规范了公民教育。《学校令》分别有大、中、小学校和师范学校的内容，以下分述《学校令》的内容。①

《帝国大学令》是日本学校法令中的顶层法令，它直接决定了日本社会国力的强盛。1886 年 3 月 2 日正式颁布。它规范了帝国大学的办学目的及组成，其目的是为适应国家需要，加强教授学术、研究学术、攻克技术，其组成是大学院（研究生院）及分科学部两部分。帝国大学要适应国家需要，以教授学术、技术理论及研究学术、攻克技术为目的。帝国大学的校长受文部大臣委托统管帝国大学校务，由文部大臣任命，并定期向文部大臣汇报工作。其中法学部长由帝国大学总长兼任。大学院是专门研究学术、攻克技术奥秘的场所，设有法科、医科、文科、理科四大学部。

《师范学校令》亦是日本学校法令中的关键部分，被称为教育"母法令"。它于 1886 年 4 月 10 日正式颁布。《师范学校令》规定：师范学校的目的在于培养教员应有的品德和学识，以及培养顺良、信爱、威重的气质。并且认为，军事训练是培养上述三种气质的方法。师范生一律寄宿，接受军营式训练与管理。这种环境下培养出的教师，有利于整个日本国民教育的军事化，是日本强国之根本。该教育为日本教育中的母教育，它强调教育的军事化，为而后的军国主义教育之基础。森有礼认为国运的发展有赖于普通教育的振兴，普通教育的振兴又有赖于师范教育的进步。师范学校亦有差异，一是体系的不同，二是招收对象的不同，三是区域的设置不同，四是经费来源不同。在体系上师范学校分为普通和高等两级；在招收对象方面，普通系列招收小学毕业生，高等系列招收普通师范毕业生；在区域设置方面，普通系列全国每府县分别设一所，而高等系列只在东京设一所；在经费来源方面，普通系列由地方筹集，高等系列经费由国库统一拨给，师范生一律公费，享受助学金。师范学校的学生须服从国家的安排选择学科，毕业后必须到指定的教学岗位工作。

《小学校令》颁布于 1886 年 4 月 10 日。它规定：小学仍然恢复 1872 年 8 月 3 日颁布的《学制》所规定的普通小学和高级小学设置，学制均为四年制，普通小学是日本实施义务教育的阶段，实行免费制。此条对日本教育的迅速发展，对提高整个日本国民的受教育程度甚为关键。1890 年 10 月，又对《小学校令》进行了修改，内容扩大为 8 章 96 条（原来只有 16 条）。其中规定了小学教育的目的及其办学方式，其目的是使学生的德、智、体都得到发展，即对学生进行

---

① ［日］尾形裕康. 日本教育通史研究［M］. 东京：早稻田大学出版部，1975：194.`

道德教育、传授知识和技能、关注身体发育。同时，它将市、镇、村立学校和私立学校区分开，把徒弟学校和实业补习学校划在小学之外。允许在高级小学里设立专修科和补习科。普通小学的修业年限为三年或四年；高级小学的修业年限可以是两年、三年或四年。因此，从形式上看，它比原先的《小学校令》更灵活、周全一些。

《中学校令》与《小学校令》同时颁布。它规定了中学的层次分级、基本任务、管理权限和学业年限等。中学的层次分两级，一是普通层次，二是高级层次。基本任务也有二，一是实业教育，二是预备教育。它还有普通教育和分科教育的差别，高级中学设法、工、文、理、农、商、医等学科。管理权限不同，普通层次由地方管理，高级层次由文部省直接管理。学业年限普通层次为5年，而高级层次为2年。后来根据此令，又在大阪、山口、仙台、金泽、熊本、鹿儿岛等地相继建立了高级中学校。

《高等学校令》颁布于1894年6月。它规定了两个方面的内容，一是改名，二是规范了其教学性质。高等学校原为高级中学，它本是中学的一个层次，为便于区别管理，《高等学校令》将高级中学更名，统一叫作高等学校。教学性质是教授专业知识和升入大学的预科。为达此目的，同年7月出台了《大学预备课程》，将预科规范为三大类，即文、法科和理、工农科以及医科。这种预备课程的规范，使高等学校和大学有了更好的衔接。

日本的教育改革经过多次反复，各个社会阶层之间相互斗争，各种教育思想相互较量，最后以伊藤博文和森有礼为首的国家主义教育思想占了上风。以文部省为主导，日本建立了两条学校教育体系，这就是明治教育的双轨制，即由高级小学到普通中学再到高级中学，直至帝国大学一轨和由普通小学到普通师范学校再到高等师范学校的另一轨，双轨各有特色，互不相干。至此，充满着浓厚的国家主义色彩的日本国民教育制度正式确立起来。

三、《教育敕语》的颁布，标志着日本国家主义教育制度的建立

明治之初，曾为确立教育改革方针发生过激烈争论，这种争论此后一直持续，并未结束。以政府要人元田永孚为首的保守派，极力反对政府的欧化政策，想方设法利用天皇的权威限制、批判其政策。1829年，以天皇名义颁布的《教育圣旨》，目的在于批判文明开化思想，指责自由民权运动。它指出，近代日本人品行恶化、社会伤风败俗，究其根由，乃在于维新之初，过分地强调了"欧

化主义"，是实行"文明开化"政策的结果。应据祖训，着眼道德之学，并以孔子儒学教育为主，规范"仁、义、忠、孝"等教育内容。元田永孚认为社会风俗和道德的败坏源于"文明开化"，他主张恢复儒教，提倡以孔子学说为基础的国教。他的这种思想遭到一大批启蒙学者的强烈反对，彼此展开了激烈的争论。在思想陷于混乱的情况下，天皇亲自到东京大学视察，认为学校教学内容中道德内容太缺，亟待加强。后来责成文部省起草《教育敕语》，于 1890 年 10 月 30 日正式颁布，以加强道德教育。日本明治时期政治家、时任日本法制局局长的井上毅①在协助伊藤博文制定了《大日本帝国宪法》后，起草制定了《教育敕语》。井上毅在起草《教育敕语》时，特意将日本的国体改为"包含了万世一系的天皇制的"。于是在《教育敕语》开头便有了朕这个第一人称，也就有了这个万世一系的天皇如何以深厚的功德来治理国家的话语。天皇之"德"所带来的"恩"是无限大而又不可视的，要让这种"皇恩"可视，除了殖民主义的对外侵略扩张所带来的日本版图扩大之外，别无他物。《教育敕语》的结尾有"四海皆然"的表述，由此仿佛见到了此后"大日本帝国"行将发动的殖民扩张。

《教育敕语》规定的教育宗旨指出了日本教育的渊源和教育目的。其渊源来自国体精华，那就是忠孝二维，是国民团结。其目的是通过教育使全体国民都尽孝父母，友善兄弟，养成道德，谨遵宪法，成为服从天皇统治的顺民。《教育敕语》把天皇的德化和日本臣民对天皇的忠诚归结于日本国体之精华，并由此来解释日本教育的渊源。主张把儒、神与日本的伦理相结合，三位一体。认为只有用符合日本伦理道德的忠、孝、仁、爱、礼、义、信，加以日本的神道灵魂来教化人民，才能使日本强大，使教育兴盛。还规定：国家"一旦急需，则义勇奉公，以扶翼天壤无穷之皇运"。②《教育敕语》颁布后的翌年，即 1891 年（明治二十四年）6 月 17 日，公布了日本小学节日仪式规程，其中特别规定了纪元节③、天长节④等节日期间教师及学生所奉行的仪式内容，即全国小学一律须向天皇、皇后的"御像"礼拜，并祝万岁。同时还须捧读《教育敕语》，聆听校长训示，合唱歌颂天皇的国歌《君之代》。1889 年将明治天皇肖像照片挂

① 井上毅（1843—1895），日本明治时代政治家，参与大日本帝国宪法、皇室典范、教育敕语等的起草工作，历任枢密顾问官、文部大臣。

② 宫内省临时帝时编修局编《明治天皇纪》第 7 卷，由吉川弘文馆 1698 年出版。

③ 纪元节：1872 年明治政府将传说中的首代天皇——神武天皇的生日 2 月 11 日定为国庆节。二战后被废除，但 1966 年又以"建国纪念日"的名予以恢复。

④ 天长节，即明治天皇生日，二战后改为"天皇诞辰日"。

至府、县立高中学校内，供学生参拜。1888 年 2 月，文部省明令学校必须举行庆祝天皇生日的仪式。1889 年纪元节，东京帝国大学（现东京大学）全体教职工被迫在皇宫正门前三呼"天皇万岁"。

这样一来，天皇无论是在政治上，还是在道德上，都是绝对的权威，成为神圣不可侵犯的君主。但是，《教育敕语》的实施并不顺利。民众的反应特别强烈，焦点在于"基督教是否与日本国体相容"。对此，有人认为《教育敕语》同耶稣精神不相容，是有害于宗教本身及其发展的。因此，他们批判《教育敕语》违背了教义。但是，井上哲次郎①认为，"敕语的主导思想是国家主义"，而"耶稣违反了国家精神"。在他看来，日本固有的道德伦理是"世间"道德，而耶稣却主张"无国别的未来主义"。他的这个观点虽遭到众多人的反对，但是，井上哲次郎并未罢休，他根据在德国留学的所见所闻，并利用德国哲学家、神学家及伦理学家们的各种学说，把封建伦理观与近代资本主义国家观结合起来，终以《敕语衍文》一文与之辩论并取得了成功。

总之，《教育敕语》在日本近代教育史上占有十分重要的地位，它对日本教育的发展方向和教育法的制定起到了规范作用。

四、国家主义教育迅速普及了六年制义务教育，极大地提高了日本的国力

（一）制定和多次修改《小学校令》

一是首次制定《小学校令》，并于明治十九年（1886）予以颁布。《小学校令》从七个方面对小学校进行了规范，它们分别是：学制阶段划分、普及四年义务教育、经费来源、班级人数规定、课程内容、设置简易科以及对贫困生的教育。学制阶段划分规定，小学分为普通和高级两个阶段，学制共 8 年。要求普及四年义务制教育，即念完普通小学阶段的四年，并将此项规定为父母或监护人的义务。经费来源为三部分：学费、捐款和区或镇或村公费补助。每班人数亦有规定，普通和高级分别不能超过 80 人和 60 人。课程设置两个阶段大同小异，只是其内容深浅不同，除修身、读书、作文、习字、算术、体操之外，高级小学增设史、地及理科和农、商、英语等具有现代化实用性的课程。《小学校令》还规定设置简易科，学制缩短一年，每天有 2—3 节课。对于贫困学生，包括患有疾病和其他特殊原因的学生，规定其可在地方政府规定的时间，采取

---

① 井上哲次郎（1855—1944），日本明治时期著名哲学家。早年留学德国，曾任东京帝国大学、东洋大学教授。

灵活的方式完成学业。

二是明治二十三年（1890）修改《小学校令》。修改后的《小学校令》补充和强调了以下几个方面的问题，分别是关于教学目标问题、关于简易科废止问题、关于两个阶段学制调整问题、关于小学的设立原则问题、关于公私小学替代问题、关于设置专修科与补习科问题。此次修改重新强调了小学教育的目标为道德教育和基本知识以及实用技能的学习，以为国家培养合格的公民。决定废止简易科，将其纳入义务教育普通阶段。两个阶段的学制亦有调整，增强了灵活性，普通阶段3—4年，高级阶段2—3—4年。补充了小学的设立原则，总的原则是要满足当地少年儿童受教育的需求，由镇、村或数镇、村组成的协会设立小学。各地方可用私立小学代替公立小学，以弥补公立小学的不足。修改的《小学校令》还特别规定设立专修科和补习科，从而把原本在社会上存在的学徒学校和补习学校都纳入小学范畴，这样既规范了原有的社会办学，又使实业教育渐入正轨。

三是明治三十三年（1900）重修《小学校令》。经过十来年的具体实施，明治二十三年修改后的《小学校令》中有些内容已跟不上教育形势的发展，甚至出现了阻碍义务教育普及的现象，因此明治政府再次修改《小学校令》，对一些内容进行了调整。内容主要有七个方面，分别是重新统一学制、调整教育内容、减少课时、取消毕业考、严格监护人制度、免学费、严格区分免学和缓学。普通阶段学制重新改回原本的四年，标志着日本已经把小学六年义务教育提上了议事日程。调整教育内容是此次重修的重点，除原有课程外，普通小学增加的课程有手工、美术、音乐和裁缝等。高级小学减少了课程总量，减少的课程多为实用方面的课程，普通和高级两个阶段的小学都分别减少了课时，普通小学每周减二课时，高级小学减得要多，每周减六课时。这些细节的修改，体现了教育的人性化。人性化还表现在取消毕业考试，以平时成绩评定学生。小学实施免费教育，用法律的形式废除缴费规定，这是日本教育史上的一件大事，表现了日本政府普及小学义务制教育的决心。严格监护人制度和严格区分免学与缓学，其目的都是为扩大教育人群，提高社会的受教育程度。特别是区分免学和缓学，就是为了防止缓学者逃避就学采取的措施。另外对于雇用学龄儿童的业主，也用法律规定其不能影响儿童受教育，若有此事发生将追究法律责任。

四是在重修《小学校令》七年后，明治四十年（1907），文部省第三次对《小学校令》进行修改。《小学校令》经过前两次修改已逐渐完善，为日本的小学教育普及提供了法律保证。此次修改主要是因为义务教育年限的需要对小学学制进行调整。普通小学教育被明治政府法定为义务教育阶段，学制在原有基础上延长两年，这也意味着此时日本义务教育年限已达六年。高级小学的学制也略有调整，一般定为两年，此次修改标志着日本全面实施六年免费义务教育的开始，它全面提高了日本国民的整体素质，极大地加快了日本近代化的进程。

（二）《小学校令》实施，日本义务教育阶段各年度学龄儿童入学率大升

义务教育年限一般是衡量一个国家教育能力的标志，尽管各国实施义务教育的情况有所不同，但都普遍重视其实施。日本将义务教育由四年延长到六年，1908年正式实施，它的实施亦取决于当时日本强烈的国家主义的教育意识。延长义务教育年限是日本教育近代化的显著标志，在此之前，当时一些著名的教育家就认为，社会应该对义务教育负起责任。他们主张修改《小学校令》，延长义务教育年限，并且尽量减少或取消学生的学费，而改由社会支付，国家要从财政上支持义务教育。为此，日本政府于1896年和1899年连续两次颁布教育费国库补贴法，并于20世纪初（1907年3月）对原来的《小学校令》进行修改，把国家从财政上支持义务教育用法律的形式确定下来。

义务教育的实施要依靠国家经济的发展，只有国家生产力发展，国民收入不断增加，人民生活水平逐年提高，才能为义务教育的发展提供良好的经济条件。同时，国家的行政干预和国民的自觉也是相当重要的因素。20世纪初，日本学龄儿童入学接受义务教育的比例大幅度上升，特别是从明治四十二年（1909）起，全国小学的男、女学生平均就学率就一直高达98%以上，男生甚至接近99%。20世纪初各年度日本学龄儿童入学率见表4－2①。极高的入学率也预示着日本明治维新的短短三四十年时间国力的增强和国民素质的提高。

---

① ［日］堀松武一. 日本近代教育史［M］. 东京：理想社，1959：2680.

表 4 – 2

年度	男	女	平均
1900 年	90.6%	71.7%	81.5%
1901 年	93.8%	81.8%	88.1%
1902 年	95.8%	87.0%	91.6%
1903 年	96.6%	89.6%	93.2%
1904 年	97.2%	91.5%	94.4%
1905 年	97.7%	93.3%	95.6%
1906 年	98.2%	94.8%	96.5%
1907 年	98.5%	96.1%	97.4%
1908 年	98.7%	96.9%	97.8%
1909 年	98.9%	97.3%	98.1%
1910 年	98.8%	97.4%	98.1%
1911 年	98.8%	97.5%	98.2%
1912 年	98.8%	97.6%	98.2%

据表可知，早在 1900 年，日本学龄儿童入学率就超过 80%；到 1910 年，入学率达到 98% 之高；到第一次世界大战前，日本已基本普及了六年制义务教育，在世界范围内都走在资本主义国家的前列。义务教育的普及，为提高全体国民的文化素质、实现日本近代化打下了牢固的人才基础。

第三节　对西方教育摄取之要旨，
殖产兴业发展国力、职业教育培养人才

明治维新以后，日本各派政治势力，尽管政道有分歧，但都主张建立强大的中央集权统治机构，发展雄厚的财政基础。日本新政府一方面继续维持封建生产关系，另一方面又谋求自上而下地实现资本主义的生产方式，以此来对抗列强，平息内乱，确保国家的统一、富强。因此日本的教育也顺应形势，大力摄取支撑西方产业革命的欧美职业教育，各种层次的职业教育在日本蓬勃开展。

一、殖产兴业引发产业革命

明治维新中的核心人物大久保利通①于明治四年十月（1871）至明治六年五月（1873）先后考察了英国和德国，最后得出结论：英国资本主义是"富国"的典型，德国军国主义是"强兵"的典型。1873 年，日本政府设内务省，大久保利通任内务卿，他与大藏卿大隈重信和工部卿伊藤博文合力，积极推行殖产兴业政策。

明治维新之初日本打开了国门，也了解了世界。欧美发达国家的工业使日本人震惊，学习西方殖产兴业，成为明治政府领导层的共识，也是明治初期的基本国策之一。以下就从目的、内容和措施三个方面来探讨日本该时期的殖产兴业。关于殖产兴业，目的有二：一是抗衡西方，特别是与列强争霸世界之需要。二是发展资本主义，促进产业兴旺、进步，推动国家近代化，用最短的时间赶超西方。殖产兴业的主要内容有三点，但都是国家层面的运作：一是用国家政权和国家政策来推动；二是用国库资金进行原始积累；三是以国营军工企业为主导发展工业化。殖产兴业的主要措施有七点：①明治初的关卡多属封建制残留，不利市场统一，因此废关卡、建铁路邮政、发展航运等通讯交通是殖产兴业的首要措施。②将幕府及各藩所属的原有企业国有化，创办西方式的企业，形成体系规模是殖产兴业的重点。③引进西方技术、设备，引进与改造相结合，创办民品，是殖产兴业的当务之急。④奖励发明创新，推广先进技术，办博览、交流会是殖产兴业的主要任务。⑤劝农重农，动员大批武士务农，并大力引进农业技术和品种，是殖产兴业的主要政策。⑥保护私人资本，扶植私企加快其发展，这是与第三条企业国有化相对应的措施，它标志着前期殖产兴业过程中政府的变化。此时的日本国企和私企有着明显的分工，1880 年之后的国企主要为军工以及钱币、铁道、通信等国家特殊行业的企业；私企则多为民生为主的企业，当时日本大型私企有三井、三菱、川崎、古河等。保护和扶植私企，成为殖产兴业中后期的重要内容。⑦奖励出口，鼓励国产。殖产兴业开展十年之后，明治政府开始反思，认识到引进必须符合日本国情，不能完全照搬，于是一改过去全盘引进，包括高薪广聘外国专家的理念，转而注重本国人才的培养，逐年减少甚至停止引进。国家出台政策，通过各种渠道支持国货出

---

① 大久保利通（1830—1878），日本明治维新第一政治家，号称东洋的俾斯麦。

口，以扶持国内企业，保障本国资本主义的发展。

殖产兴业政策的推行使日本迅速从欧美工业发达国家引进近代化的生产技术，兴建了大型机械制造厂，同时使原有产业的技术迅速近代化。1869 年，东京与横滨之间的电信开通；1870 年又开通了东京至大阪的电信通讯，并于 1872 年制定电信条例。明治三年（1870）九月成立了工部省，由"一司四挂"组成，次年又将其扩大为"一司十寮"。1873 年，经过整顿，工部省由工学、矿山、铁道、灯台、电讯、制作六寮组成。1877 年将寮改为局，计有五个局，即工作局（将工学、制作两寮合并而成）、铁道局、矿山局、电讯局、灯台局。由工部省统管一切工业事务，而其主要任务是"发展工业"和"奖励众工"。在 1873—1876 年的四年中，用于"奖励众工"的经费占全部振兴事业经费 2962 万日元的一半以上。1876 年，日本修改国立银行条例；1882 年日本银行正式开业。

日本从 19 世纪 80 年代后期开始出现产业革命，最早在投资较少而盈利较快的棉纺织部门开展。1880 年，东京第一国立银行行长涉泽荣一[①]集资 25 万日元，创建大阪纺织公司，公司于 1883 年建成。这是日本产业革命的开始，也是日本民族金融资本向产业资本转化的标志。创建之初，大阪公司已经敏锐地感觉到，要抓设备更新，首先要抓人才。因此，在办厂之前，公司先资助正在伦敦大学学习经济的山边丈夫，令其改学工程，企图使技术和设备成龙配套。1881 年，又录用徒工到广岛和爱知两个模范工厂学习机械装配和纺线技术。涉泽和山边的合作，体现了当时资本与技术的结合、新兴资产阶级与技术专家的结合。可以说没有这种结合，就不可能有日本的产业革命。

二、大办职业教育，培养产业急需人才

甲午战争以后，日本的产业革命进入后期，产业革命的兴起，有力地促进了日本近代资本主义的发展。日本利用战争中获得的巨大赔款，开始扩大产业体系，大办钢铁厂，扩建铁路。产业的兴盛对教育，特别是职业技术教育提出了迫切的要求。当时日本政府采纳贵、众两院将中国赔款的一半供普通教育之用的建议，于明治三十二年拨出赔款中 1000 万日元作为教育基金，此举极大地促进了教育的发展。应该说这也是日本对中国教育摄取的一种特殊形式。

---

① 涉泽荣一（1840—1931），日本明治、大正时期大企业家，被称为"日本企业之父"。

　　日本的职业技术教育起初发展缓慢，与产业革命的发展极不协调，仅在小学和师范学校中设置农业科、工业科、商业科，少数中学设立实业科。明治维新初期，日本政府在学习西方的过程中，注意到了日本和西方的教育差距，这些差距在职业技术教育方面尤其突出，于是开始下决心解决此问题。当务之急是设立职业技术教育机构。1871 年和 1872 年两年，日本分别设立一所工业学校和农业学校，工业学校为东京工学寮，农业学校为札幌农校，并以此为基地开始实施职业教育。这些职校建校虽早，但是总的来说，发展的规模不大，速度迟缓。当时政府只是把发展高等教育和普及初等教育作为"殖产兴业""富国强兵"的应急措施，因此，无论是在投资还是在管理上，职业技术教育都受到忽视。其至 1886 年改革学制，颁布《学校令》，都没有把职业技术教育放到应有的地位。但日益发展的产业革命却需要大量的职业技术人员，在此情况下，要求改革和加强职业技术教育的呼声越来越高。一些早年留学国外的社会精英，都把西方国家的强大以及西方国家的文明成果，归结为职业教育，他们认为职业教育的实施培养了大批实用型的产业人才，人才带动了工业技术的发达，才有欧美今日的辉煌。到了 19 世纪 80 年代中后期，西方发达资本主义国家普遍重视职业技术教育，这对日本产生了很大的影响。在教育摄取的过程中，日本政府首脑们越来越清醒地认识到：日本今日的进步只停留在社会表层，广大的平民阶层仍无使用知识和技能的概念，更谈不上对其进行掌握和运用，传统的教育从不涉及劳动技能，所学知识亦无针对性。社会的工农业生产活动也从未因教育而进步。因此要强大国家、发展国力，首先要改变教育，要在日本实行一种与科学技术和生产劳动相结合的教育。此种认识成为推动日本职业教育的动力。到 19 世纪末期，特别是甲午战争之后，国库每年给职业技术教育的补助金由 1894 年的 15 万日元增加到 25 万日元，为职业技术教育提供了强有力的资金保证。徒弟学校和实业补习学校这类实业学校的数量增加尤其之多，1894—1898 年仅五年间，徒弟学校就增长近八倍，由原来的 3 所增到 23 所，实业补习学校也增长四倍以上，由原来的 19 所增到 83 所。为使职业教育发展体系化，明治三十年十月，文部省设置实业学务局，主管职业教育。而日本近代职业教育制度的真正确立源于 1899 年（明治三十二年）2 月，此时明治政府颁布了《实业学校令》，将职业教育制度法令化。在此特别值得一提的是井上毅（1839—1895），他曾为日本职业技术教育制度的建立立下了汗马功劳。1893 年他出任文部大臣，强调要使国家富强，职业技术教育必不可少。他提出了一个观点，认为民众实业上的知识是无形的资本，实业乃是富国的基本条件。他建议充分利用产业革命这个有利条件，借鉴德国的经验来发展职业教育。19 世纪末，德国的职业技术教育已经相对成熟，基本实现了全民义务职业教育，并且规定一般国民学校的毕业生就业前，须按规定在职业学校学习一段时间。这种制度对于增强德国的国力起到了巨大作用。井上毅提出了《实业教育基因库补助法案》，该法案得到国会批准，使日本的职业教育每年能得国家财政不少于 15 万日元的补助。为适应日本国内在明治维新后飞速发展的产业革命，这种国库补助职业教育的费用逐年递增，从明治二十七年到明治三十一年仅四年时间就增加到 25 万日元。日本的造船学校就是因为社会和企业的需要而成立的。1870 年大隈和伊藤提出创建造船学校的建议，1872 年建立正规造船学校和非正规造船学校各一所。当时因为学校的发展成效不佳，1876 年 7 月，由造船企业横须贺造船厂牵头改进了造船学校的规则，规定正规学校本科学习期限为 3 年，主要学习高等数学、实用科学和制造技术，培养目标为中、高级技术员，预科的教学委托给东京开成学校。1880 年，又将本科制缩短为两年。1882 年 7 月后，培养造船人才的任务转由工部大学承担。同时，在 1876 年，非正规学校也有了明确的办学目标和教育管理原则，以培养初等技术员或熟练工为目标。于此一来，造船学校为社会企业培养了大批的实用型科技人才。

三、制定各类职业教育法规，推动并规范职业教育

在井上毅的推动下，明治政府于 1893 年和 1894 年先后制定并颁布了《实业补习学校规程》和《实业教育国库补助法》。

明治二十六年（1893）底，明治政府公布《实业补习学校规程》，对日本的各类补习学校进行了规范，并具体规定了补习学校的性质、学制、招生对象和教学内容。规定其性质为高等小学教育的机构，学制三年，招生对象为普通小学的毕业生，教学内容主要为社会各种职业所需的实用性的知识和技术，教学科目为修身、读法、习字及有关实业科目。实业补习学校教育在大正时期发展较快。实业补习学校是为小学毕业后就业的少年开办的，除为他们补习文化知识外，还传授其生产知识和技能，目的是培训熟练工人。据统计，1915 年时日本实业补习学校 8908 所，学生 498178 人；1925 年时增加到 15361 所，学生 1051437 人，基本满足了军国主义工业制造各部门对中低级技术工人的需求。[①]

---

① 藤大春. 日本教育通史（第五卷）[M]. 济南：山东教育出版社，1993：478.

《实业教育国库补助法》公布于 1894 年 6 月。它规定：国库每年支出 15 万日元，用于奖励职业教育。一是奖励用于兴办徒弟学校、实业补习学校以及中等职业学校教师的养成所等教育机构，二是奖励与军事工业有关的科学技术教育。1894 年 6 月，在东京工业学校的组织下，设立了培养工业补习学校和徒弟学校教员的养成所。

此后为了加快工业的发展，适应工业革命的需要，文部省颁布了《实验学校法》，并陆续颁布了与该法令相关的一系列学校规程，其中涉及工业、商业、商船、水产等学校，甚至还包括农业学校。还对过去的一些学校规程做了修改，以满足实业教育发展的需求，涉及实业补习学校、徒弟学校等。这些法令和规程大大提高了职业教育的地位，增强了职业教育的内涵。其基本内容为：

《实业学校令》规定了学校的目的与种类：实业学校的目的在于向从事工业、农业、商业等实业的人员施以必要的知识教育。其种类分为工业学校、农业学校、商业学校、商船学校和实业补习学校五类。其中，蚕业学校、山村学校、兽医学校和水产学校属于农业学校，徒弟学校属于工业学校。并将施以高等实业教育的机关叫作高等专科学校。①

《工业学校规程》规定：入学资格为 14 岁以上、修业年限满八年的高级小学毕业生，或具有同等学力者。修业年限为三年，也可以延长一年。工业学校设二年以内的预科，也可以通过其他方法教授工业必需知识。设置的学科为一般学科和与实业相关的科目两大类，一般学科为修身、读书、数学、物理、化学、体操等；与实业相关的科目为金工、造船、电气、矿业、图案等。也可以根据情况加设地理、历史、博物、外国语、经济、法规、簿记等科目。同时还规定，徒弟学校以传授技术知识为主，入学资格为 12 岁以上的普通小学毕业生，修业年限为六个月至四年。

《农业学校规程》规定：农业学校分为甲、乙两类。开设的学科也有两类，一类是一般学科，另一类是与实业相关的科目。一般学科设置有修身、读书、博物、经济、数学、物理、化学及体操等；与实业相关的科目有土壤、肥料、园艺、农产品加工、畜牧、林业学、兽医学、水产学、养蚕、病虫害、气候等，还有专业实习。此外，也可以加设地理、历史、外国语、法规、簿记、图画等科目。入学资格为 14 岁以上、修业年限满 8 年的高等小学毕业生，或具有同等学力者。甲类学校修业年限为二年，有的也可以延长一年，同时开设二年的预

---

① ［日］尾形裕康. 日本教育通史研究［M］. 东京：早稻田大学出版部，1980：137.

科，通过简易方法授以必需的农业知识。乙类农业学校的入学资格为普通小学毕业生或具有同等学力者，年龄 12 岁以上，课程开设与甲类农业学校基本相同。

《商业学校规程》规定：商业学校分为甲、乙两类。学科设置亦分两类，为一般学科和专业学科。一般学科开设修身、读书、数学、地理、历史、体操等课程；专业学科则开设外语、经济、法规、簿记、商品、商事要领、商业实践等课程。也可以根据情况加设其他科目。入学资格为 14 岁以上、修业年限满八年的高级小学毕业生，或具有同等学力者。甲类学校修业年限为三年，必要时可以延长一年，也开设二年的预科，讲授一些专门学科知识。乙类商业学校的入学资格为普通小学毕业生或具有同等学力者，年龄 12 岁以上，修业年限为三年以内。开设修身、读书、习字、作文、数学、地理、簿记、商事要领、体操等课程，也可以根据情况开设其他科目。

《商船学校规程》规定：商业学校分为甲、乙两类。学科设置分一般学科和专业学科，一般学科开设修身、读书、数学、物理、体操等课程；专业学科则开设与实业相关的科目，如航海科可设造船原理、机械基础、船舶驾驶、航海术、海洋气象学等科目；机械科可加设机械制图、力学、电气学等科目。还有专业实习。除此之外，也特别开设法规等科目。入学资格为修业年限满八年的高级小学毕业生或具有同等学力者、年龄 14 岁以上的社会青年。甲类学校修业年限为三年，也可以适当延长。还可开设二年以内的预科。乙类商船学校的入学资格为普通小学毕业生或具有同等学力者，年龄 12 岁以上的社会青少年，修业年限为二年以内，开设修身、读书、数学、习字、作文、体操等课程，另外还有专业实习。

《水产学校规程》规定：水产学校的修业年限一般为三年，可根据情况调整为 2—5 年。入学资格与甲类实业学校相同。水产学校可以设置预科、特别科和选修科。

修改后的《实业补习学校规程》规定：实业补习学校招收具有普通小学毕业文凭或同等学力者。修业年限和授课时数根据当时情况而定。可以附设小学校、实业学校。授课选在对学生来说为最佳时间的季节里。学科设为修身、国语、算术以及与实业相关的科目（如工业、农业、水产、商业等）。

由上可知，实业学校的种类多种多样，有工业、农业、商业、商船、水产、实业补习学校等，而且按照程度不同分为甲、乙两类。从性质上看，其有国立、公立之分，也有私立的。

上述这些法律、经济措施及各种实业学校规程的颁布，推动了日本职业教育的发展，标志着日本的职业技术教育通过对西方的教育摄取，早在 19 世纪末就走上了规范发展的道路。20 世纪初，日本的职业技术教育日益实用和体系化。

四、高等职业教育迅速发展

随着日本近代资本主义的发展，初等职业技术教育已不能满足国家层面的需要，国家迫切需要具有更高水平的职业技术人才。于是，高等职业专科学校应运而生，并得到迅速发展。这也是日本近代教育摄取的一个关键点。最早出现的高等职业专科学校有工业专科学校、商业专科学校和农业专科学校。这些学校都是在《实业学校令》的指导下成立的，有些是新创立的，有些则是由原来的初等职业学校升格而成的，且基本上为官立学校。

例如：1902 年，原来的东京工业学校、大阪工业学校分别升格为东京高等工业学校和大阪高等工业学校，修业年限为三年。新设的学校有：1901 年设立的东京高等工艺学校，1904 年设立的名古屋高等工业学校，1905 年设立的仙台高等工业学校，同一年又有第五高等学校的工学部独立出来成为熊本高等工业，1911 年设立的米泽高等工业学校和秋田矿业专科学校。以上学校都是官立的。当时私立的高等工业学校有明治专科学校，后来也由文部省管理，成为官立高专。

当时，农林方面的高等学校有：盛冈高等林业学校（1903）、鹿儿岛高等林业学校（1909）、千叶县立园艺专科学校（1910）、上田蚕业专科学校（1911），以上为官立。私立高等农业专科学校只有一所，即东京高等农业学校（1904）。高等农业专科学校的修业年限为三年。商业专科学校有：东京高等商业学校（1903）、神户高等商业学校（1903）、山口高等商业学校（1904）。此外，还有长崎高等商业学校、小桥高等商业学校（1911）。商业专科学校的修业年限为三年。

随着实业学校的剧增，对教师的需求量不断增加。为此，文部省于 1900 年制定了《实业学校教师培养规程》，规定在东京帝国大学农学部附设农业教员培养所。为了扩大教员培养的途径，1903 年又修订了《实业学校教师培养规程》，规定对东京帝国大学、东北帝国大学、国立实业专科学校、东京艺术专科学校、水产讲习所等学校的本科生给予学费补助，鼓励他们从事教学工作，以弥补高等职业教育师资的不足。

第四节 对西方教育摄取之变异，军国主义教育的形成

军国主义原本是一种尚武精神，认为军事力量是国家安全的基础，并将保证军事力量视为社会最重要的目标①。日本军国主义是指日本政府崇尚武力和军事扩张，将穷兵黩武和侵略扩张作为立国之本，把国家完全置于军事控制之下，使政治、经济、文化教育等国家生活的各个方面均服务于扩军备战和对外战争的思想和政治制度。

一战和二战期间，在对外侵略扩张政策的指导下，日本的教育被纳入了为侵略战争服务的轨道。为了增强国力和侵略战争的需要，大正时期日本的教育在强化国家意识的背景下进行了一系列改革，逐步确立起了军国主义教育体制。到 20 世纪 30 年代后，随着日本军国主义势力的猖獗以及对外侵略战争的升级，推行法西斯军国主义教育成了昭和前期日本教育的主线，是日本特殊时期教育摄取的主要任务。

一、军国主义教育的源起及军国主义教育制度的确立

日本武士道精神、学习西方教育中的弱肉强食的理念，还包括其文化的小品和国民性的小气，构成日本军国主义的思想基础，而日本教育的摄取性则是军国主义得以发展、横行的主要条件。

镰仓时代，日本的武士教育就相当盛行，且成为一种社会教育习惯。武士教育要求日本的少年除了家庭里为人看不见的亲密之外，务必保持着冷酷的态度，教儿童们看惯流血之事，带他们去看杀人；叫他们不要动什么情感；回来之后，为了要驱逐他们秘密的恐怖，又给他们吃许多酸梅汁和着血色的米饭。因为在一个武士看来，对于死人的恐怖和对于活人的恐怖是一样可鄙的，武士的儿童必须无所畏惧。在这些教育中，所要求的行为是完全的不动情；认为任何骄傲行为和任何卑怯表示，都十分可鄙②。日本侵华期间在东北的日军随意地砍下中国平民的头和日本空军神风特工队的自杀式攻击，他们的残忍与暴烈与他们少年时所受的残酷的武士教育和训练是分不开的。

① 戴季陶. 日本论 [M]. 香港：香港中和出版有限公司，2013：53 – 55.
② [日] 小泉八云. 日本与日本人 [M]. 胡山源，译. 北京：九州出版社，2005：11.

日本军国主义教育体制的建立也并非一日之事，它源于明治初年教育摄取中的摄取对象方向上的偏移，即对德国的教育摄取，其是吸收了大量德国教育中国家主义教育成分之后逐渐养成的。其形成的具体过程是 1890 年天皇颁布《教育敕语》，由《教育敕语》奠定根基后，经过明治末期的政府引导、全民运作，在大正时期的教育改革过程中逐步确立起来，并在昭和（1926—1989）前期发动侵略战争期间得到了进一步的强化。

1912 年 7 月，明治天皇睦仁去世，皇太子嘉仁继位，年号大正。大正时期只有 15 年（1912—1926）。日本大正时期是日本军国主义确立的关键时期，是日本教育摄取军国主义的重要时期。它一方面继承了明治后期垄断资本主义的发展，另一方面继承了历史上浓厚的封建军事专制传统。继中日甲午战争（1894）和日俄战争（1904—1905）之后，日本又加入了第一次世界大战。由于战争的刺激，日本的经济逐渐向军国主义经济转变。为适应对外侵略扩张政策的需要，同时也是为了平抑日本民众日益高涨的民主自由思想，日本对明治以来的教育制度进行了一系列改革。1916 年陆军强势派军人寺内正毅[1]上台组阁后，废除了教育调查会，于 1917 年设立了一个直属于内阁的临时教育委员会，负责对日本教育进行审议和研究，并被授权提出改革建议。

大正时期的日本教育，已经发生了质的改变。国家主义的加强，军国主义意识的灌输，迅速地把日本教育演变成军国主义教育，整个日本教育充满了军国主义的氛围，包括义务教育、职业教育，甚至高等教育中的文理工科。他们的教育目标均为满足军国主义对军事人才、熟练军工技术人才的需求，为天皇的统治培养顺民，这也是 1937 年日本军人政府成立"教育审议会"的教育基础思想，"教育审议会"其实质是法西斯的教育组织，为首相直接管控。当时日本首相为近卫文麿，是典型的法西斯军国主义狂热分子。因此，该审议会通过的所有教育文件以及对义务教育、师范教育、中高等教育和社会教育等的规定，都带有军国主义的色彩，是日本战时教育的重要组成部分。

大正时期沿袭明治后期的初等教育体制，将小学分为两段：普通小学六年，高级小学 2—3 年。普通小学六年为义务教育阶段。大办初等教育的结果，使日本在日俄战争后小学就学率达到 99%。多数普通小学毕业生继续升入高级小学或实业补习学校。为了向学生灌输封建传统道德意识和国家主义精神，同时也

---

① 寺内正毅（1852—1919），日本军事家、政治家、陆军之帅，第一次世界大战期间的日本首相。

为了提高初等教育的质量，1919 年 2 月颁布了《修改小学校令》和《小学校令施行规则》，除继续强调《教育敕语》的精神外，还要求培养学生独立自主的学习精神。1926 年 4 月，又一次修订了《小学校令》和《小学校令施行规则》，加强了实用科目的教育，将高级小学的图画、手工、珠算等定为必修课；将裁缝、家政定为女生必修课。1941 年 3 月 1 日，日本公布了《国民学校令》，《国民学校令》将小学改名，全部改称为"国民学校"，并把信守皇国之道作为国民学校的教育目的，还特别强调对学生进行军事训练。

同年 3 月 14 日，又公布了《国民学校令实行规则》，共 137 条，强调学校的一切工作都要围绕灌输军国主义思想而展开，加强体育课，培养学生法西斯军人应具备的身体素质。

在加强军国主义教育的进程中，初等教育事业有了一定的发展。据 1926 年的统计，小学校总数 25000 余所，学生 900 余万人，教师 20 余万人。早在 1920 年，初等教育六年制学校入学率就已达 99.3%，基本上实现了普及义务教育的目标。可怕的是这 99.3% 的教育人才，均是受过军国主义教育的日本青少年，这也成为之后日本对外战争广泛的社会基础。

在大正时期，日本普通中等学校教育大体上仍沿用明治时期的体制，初级中等教育修业年限为五年。但这一时期政府的一系列教育法令颁布，加快了日本军国主义式的中等学校教育体制形成的步伐。

二、军国主义教育在各层次教育中的渗透

1919 年 2 月 7 日，政府公布的《修订中学校令》对初级中等教育内容做了一些调整。其基本精神是：重新编制学科课程，在物理和化学的教学中重视实验和实习；加强小学校和中学校的联系，取消中学入学年龄为 12 岁以上的规定，可灵活采取早期入学制，普通小学五年级结业生中学习优异者可以升入中学，允许中学设二年制预备科；强调学校教育要适应学生的个性和能力。日本此时之所以对中学教育进行这些修整，原因之一是受到美国实用主义教育思潮的影响，同时，更主要的原因是要强化对中学生进行国家主义教育，使他们效忠天皇，效忠法西斯军国主义政体。到了 1943 年，颁布教育审议会参与制定的《中学学校令》，简化了学校类型，统一部署，加快推行军国主义教育。

高级中等教育也受到重视。1918 年 12 月，政府颁布了修订的《高级中学令》，高级中学除国立外，还允许地方和私人开办。学习年限为七年，分为四年

普通部和三年高级部，高级部可实行文、理分科教育。普通部和高级部相互衔接，学生可以由普通部升入高级部。高级中学的最终目标是培养军国主义急需的各类人才，并向大学输送合格毕业生。

中等职业教育在这一时期的发展也较快。1920年12月16日颁布了《修订实业学校令》，对各种实业学校规程分别进行了修改。具体的改进措施有：实业学校的教学应着重相关职业科目；实业学校属正规的中等学校类型，毕业生具有与中等学校和高等女子学校毕业生同等的升入高等专科学校的资格。日本政府的这一系列措施极大地刺激了中等职业教育的发展，对军国主义经济有很大的促进作用，使毕业生既具有军国主义思想，又具有实业技能，同时还具有法西斯军人的基本素质，他们成为战争时期高素质兵源的补充，也满足了军国主义工业各部门对技术工人的需求。

专科学校教育也是日本高等教育的一部分，各类专科学校在20世纪初就已达到139所。根据《大学令》修改后的规定，日本将一些专科学校改办成单科大学。这类学校实行高层次实用性教学，培养了大批军国主义战争所需要的军事和经济方面的实用性技术人才，因此经济效益和社会效益都比较显著。1941年10月16日，太平洋战争爆发前夕，文部省下令专科学校和大学、高中的修业年限都缩减六个月，以适应战时之需要。

1918年12月，日本政府在颁布《高级中学令》的同时，公布了修订的《大学令》。其主要内容是：大学可由几个学部组成，如法学部、医学部、文学部、理学部、农学部、工学部、经济学部、商学部等，也可设独立的单科大学。修业年限为3—4年。除国立大学外，允许地方和私人团体设置大学。大学内可以办2—3年的预备科以保证教育质量。大学的招生对象是大学预科和高级中学毕业生，经过考试合格者可以入学。毕业后授予学士学位。《大学令》特别强调，学生学习国家所需要的专业知识和技术只是一个方面，更重要的是对其进行人格陶冶，灌输他们忠于天皇的精神，使其拥护日本军国主义政权。1940年9月，日本教育审议会对大学教育提出了20项建议，其中包括：使学生彻底理解日本特有国策即国家主义、军国主义的含义；使学生在维护帝国利益和谋求帝国发展上有所作为；使学生熟悉有关东部亚洲以及世界其他地区的知识；充分利用日本国防大学的功能，完成国际大学培养军国主义头目的任务；同时也注重其他大学各类高级人才的培养，以保证军国主义政府统治能延续下去。

根据《大学令》的规定，当时的东京帝国大学、京都帝国大学、东北帝国大学、九州帝国大学、北海道帝国大学等都是由若干学部组成的综合性大学。

其中东京帝大和京都帝大几乎全部使用中国战争赔款筹建。1941 年，又新增了大阪帝国大学和名古屋帝国大学，著名的单科大学有东京商科大学、新潟医科大学、冈山医科大学、千叶医科大学等。后又增加了神户商业大学、熊本医科大学、东京工业大学、东京文理科大学、广岛文理科大学等。由于《大学令》允许地方和私人团体开办大学，于是出现了一批私立大学，其中比较著名的有早稻田大学、庆应义塾大学、明治大学、政法大学、中央大学、日本大学、国学院大学、东洋大学和上智大学等。据统计，1918 年日本只有五所大学，而到1929 年就急增到了 46 所，其中大部分大学成了亚洲乃至世界上都举足轻重的大学。日本的大学在增强其经济、军事实力，推行军国主义政策方面发挥了极其重要的作用。

1926 年裕仁天皇①继位（年号昭和），日本社会进入了一个疯狂的时代。军国主义教育体制在大正时期已经完全确立，此时得到进一步的加强。昭和年代的前 20 年（1926—1945）是日本历史上最黑暗的法西斯统治时期，也是日本军国主义势力猖獗至极，与德国、意大利法西斯一起发动第二次世界大战，对外疯狂侵略，最后走向彻底灭亡的时期。这期间日本的教育完全被捆在法西斯军国主义战车上，教育摄取完全异化成教育侵略，成了为侵略战争服务的工具。

三、军国主义思想对学校教育的控制

大正时期末年，由于西方资产阶级自由民主思想和马克思列宁主义陆续传入日本，日本思想文化领域出现了一些民主进步的思潮。但随着昭和初期日本军国主义法西斯势力的猖獗，一切民主进步的思想言行均遭厄运。整个日本在意识形态领域充斥着对"忠尽天皇""做皇国臣民"等狭隘民族主义和军国主义思想的宣传，学校教育也完全被置于军国主义政府的严密控制之下。教育已完全变质，把对西方教育的摄取演变成具有日本特色的军国主义教育。1928 年，文部省增设了学生科，后来改称学生部，这是专为加强控制学生思想、镇压学生运动采取的一项措施。② 如 1931 年 7 月，日本文部大臣亲自挂帅，组成由 39人参加的学生思想问题调查委员会，就"学生'左倾'的原因"和"学生'左倾'的对策"等问题进行调查审议。1932 年 5 月，该委员会提交了咨询报告，

---

① 裕仁天皇（1901—1989），即昭和天皇，日本第 124 代天皇，日本帝国第一代天皇，法西斯主义者，日本帝国主义总代表。

② 藤大春. 日本教育通史（第五卷）[M]. 济南：山东教育出版社，1993：492.

要求社会各阶层人士都要加强对民族主义和法西斯主义的宣传，用日本传统文化抑制外来思潮的影响；学校教育要以培养军国主义精神及法西斯主义意识为重点，把法西斯主义确定为学校教育的法则，加强对学生思想的严密控制。

此后，日本军国主义政府对学校的干涉更加肆无忌惮，对教师的进步言行进行打击，制造了长野"赤化教师"事件和东京帝大"泷川事件"。1933 年初，在长野县的"赤化教师"事件中，全县有 65 所小学的 138 名教师被检举为"赤化教师"，遭到打击迫害，受牵连的教师达 761 人之多。东京帝国大学当时发生了"泷川事件"，泷川幸辰教授讲授的刑法理论课被说成是进行"赤化思想宣传"。这些事件给日本的学校教育造成了恐怖气氛，使日本教师惶惶不安，人人自危。不仅压抑言论自由，正常教学活动也受到了严重干扰。

1934 年 4 月 3 日，文部省召开了"全国小学教师精神动员大会"，裕仁天皇亲自登场为到会教师敕赐诏书，其用意就是抵制教师队伍中的民主自由倾向。一个多月后的 5 月 30 日，文部省又设立思想局，专门对教师和学生的思想进行控制，师生稍有思想异动就动用警视厅的力量进行镇压，甚至建立了一套警察对教师的监督制度，密切注视一切不符合军国主义政权的动向。1937 年日本侵华战争全面展开之际，文部省又设立了教学局，该机构的目的是力图把学校的教学工作严格控制起来，使教学内容完全符合培养天皇臣民的宗旨，并在教学过程中处处体现所谓的国体观念、大日本精神以及军国主义思想等。

实施军国主义教育的核心步骤是向学生灌输军国主义思想。在灌输《教育敕语》精神的同时，还增加了许多蛊惑人心和富有煽动性的军国主义内容。例如，校园内到处可见"皇道乐土""大和魂"①"八纮一宇"②"大东亚共荣圈""武备第一""天皇万岁"等口号。在学校的修身课上还连篇累牍地宣扬所谓的为国捐躯者的事迹，让青少年模仿，以此效忠天皇。本来是赤裸裸的侵略扩张主义的"大和魂""八纮一宇"思想，在向学生灌输时却完全变成合理的了。日本所宣扬的"大和魂"，是说日本原本是由太阳神创造的，而天皇是太阳神的后裔，是太阳神在人间的"活神"，因此大和民族也成为太阳神的传人，成为世界上最优秀的民族，理应统治世界，这实是在为日本的对外扩张制造借口。"八纮一宇"被解释为：天皇不仅是日本的神，并且还是全世界的神，应该把全世

---

① 大和魂：战时日本帝国主义提出的日本精神，即所谓日本民族固有的勇气、坚定和对天皇的忠义精神。

② 八纮一宇：是二战时日本法西斯宣扬大东亚战争正当性的用语，意为"天下一家"。

界都置于天皇统领之下。为了对日本青少年学生进行洗脑，在学校的道德教材中大量增加了军国主义国家意识的内容，特别是在昭和前期，军国主义国家意识的内容占总内容的比例从 1933 年的 19% 增加到 1941 年的 38%。日本各类学校的教材中处处可见军国主义思想的幽灵。

四、军国主义教育的具体实施

从 1925 年 4 月起，日本中等以上学校普遍开设军事训练课程，这是日本军国主义教育具体实施的一个重要步骤。教官都是日本军队退役军官，他们还以军方代表身份干预学校行政工作，强制按军队的生活方式限制师生的思想和行动，把学校变成了军营。军训内容分两部分：一是军事武术训练；二是思想教育，向学生灌输法西斯军人的"武运长久"和所谓的"武士道"精神。军训时间每周必须保证两小时以上，师范学校每周三小时。这些规定后来随着对外侵略战争的升级又有所加强。教官还经常向学生宣传为军国主义侵略事业"灭身切腹"的所谓"英雄事迹"和前方战场的所谓"胜利消息"，鼓动学生做好出征准备。更有甚者，就连日本广岛组织的学校文艺汇演，几乎都是对战争的模仿，参加演出的都只是十岁左右的孩子。特别是珍珠港海战之后，日本学校上体育课时老师要孩子用自制的竹刀敲击美国总统罗斯福和英国首相丘吉尔的画像，从小给学生灌输战争意识和对敌的仇恨。学校的学生每年都要定期去参观神社，祭拜日本在战争中阵亡的所谓"英雄"。二战时靖国神社成为日本军国主义教育的基础，经常出现上万人参拜靖国神社的场景。日本人为了侵略中国之需要，在学校强行推行军国主义教育，一是增加体能训练，二是进行洗脑教育，以此来培养既能服从又能实行侵略政策的国民。体能训练的主要内容是练习武士道，在练武士道技能的同时学习武士道精神。为了配合日本政府的国民优生法，为帝国长久的侵略事业服务，日本学校教育还在对学生的教育内容中加强了对女生的身体素质训练，专门对女生进行了弓道、千米速跑和投掷标枪等达标测试，以培养适应军国主义战争需要的"军国女性"和"军国母子"。日本帝国主义的学校教育甚至到了近乎疯狂的程度，1941 年日本对外侵略战争进入高潮之时，新潟的学校当局为磨炼学生的军国主义精神和为国捐躯的决心，竟然规定全部男生和女生都要上身裸体上课。神圣的教育在军国主义的高压下竟堕落到如此地步，简直不可思议。

日本军界头目对学生参加军训非常赞赏，东条英机经常接见日本军训少年学生。他们认为，日本军国教育"从娃娃抓起"，这样的制度可以使日本军部兵源充足，除有20余万现役军人和300余万复员军人外，还有50—60余万中学以上学生，以及1000余万青少年可供调遣。① 由此可见，日本军国主义政府在教育中引进军国主义意识，对学生进行军国主义培养，是因为他们早已把学生看成是侵略大军的一个组成部分了，只要一声令下，学生就可以开赴战场。

---

① ［日］井上清. 昭和50年［M］. 天津：天津人民出版社，1979：87.

第五章

日本教育的逆"摄取"，教育扩张

对于日本而言，明治维新的富国强兵国策，从一开始就不单纯是为了修改日本与西方的不平等条约，而是要"开拓万里波涛，布国威于四方"。早在德川幕府末期，吉田松阴①就曾声称："现在要加紧进行军备，一旦军舰大炮稍微充实，便可开拓虾夷，封立诸侯；垂隙夺取堪察加、鄂霍次克海；晓谕琉球，使之会同朝鲜，使之纳币进贡；割南满之地，收台湾、吕宋之岛，占领整个中国，君临印度。"② 吉田的这一思想，深刻地影响了他的弟子，即后来成为日本内阁总理大臣的伊藤博文和参议院议长山县有朋③等人，他们以此而制定的大陆策略成了当时日本政治家的主流思想。明治维新后，日本实行全面改革，急需寻求大量的原始资本，而国内资源有限，于是他们便把目光投向了与它一海相隔的大清帝国。当时清朝国土广袤、物产富饶，但却积贫积弱，日本当政者便将目标锁定为中国。明治六年（1873）日本出兵侵略台湾，逼清政府赔偿白银50万两，日本政府把通过战争从中国获取大量银子称之为"极好的买卖"。为了这些"买卖"，他们进一步扩军备战，加大军费开支，到甲午战争前几年，其年度军费开支竟高达国民总收入的31%，并且效法普鲁士设立陆军参谋本部。与此同时，他们派出大量的日本间谍收集中国情报，使日本政府对中国政治、军事、经济情报了如指掌，比如哪一个省可以抽调多少人参战这样非常专业的问题，中国人对此都还不甚明了，而日本人却能得出精准的答案。此外，还专门设立监军本部，后改为教育总监，专司军队教育，为战争做准备。

---

① 吉田松阴（1830—1859），日本江户幕府末期政治家、教育家、改革家，对外扩张思想的先驱者。

② 王春水，等. 你可能不知道的日本［M］. 北京：中国发展出版社，2008：241.

③ 山县有朋（1838—1922），日本江户末明治初军事家、政治家，大力推行军国主义路线，主张出兵侵略中国和朝鲜，是日本近现代史上侵略扩张的大陆政策实施者，是日本军国主义的奠基人。

经过明治维新，日本选择学习德国，迅速成为一个带有浓厚封建性质的新兴帝国主义国家，与德国日益趋同的国体和政体改变了日本国家的走向。对外扩张的侵略政策，成为日本国家政策的首选。为统一皇权思想和封建忠孝道德观念，1890年，明治天皇颁布了《教育敕语》，它彰显天皇意志，统领日本教育，把日本教育纳入了军国主义的轨道。以《教育敕语》作为日本国家教育的基本理念，一边觊觎中国领土和资源，一边通过各种不同方式对中国进行教育渗透，为而后的武力进攻中国做前期的思想和人才准备。另一方面，清政府在"教育近代化不应影响国家的社会性质，留学日本不应带来西方的民主政治学说"① 的心态下，把目光投向了日益崛起的日本，学习日本的教育成为国内众多政治家的共识，成为清政府的一项基本国策。这样，中、日两国教育交流的特殊关系就在两国不同目的的驱使下建立起来了。教育受制于政治，受制于军事，中日两国国力的不平衡导致了教育在交流的过程中摄取性发生异化，变成日本的逆"摄取"，而这种逆"摄取"也伴随着日本对中国的军事、政治、经济等的侵略而开始演变成教育扩张。日本帝国主义对中国教育的扩张，其目的有三：一是通过教育扩张，大量培养为其掠夺中国资源服务的劳动力，培养服从日本殖民统治的顺民。二是要泯灭中国人民特别是青少年一代的国家观念和民族意识，致使中国人对国家、对民族浑然不知、麻木不仁。三是将中华文化用日本军国主义文化取而代之，在文化教育中灌输效忠至高无上的日本天皇的价值观念，把中国变成日本永久的殖民地。

随着日本对中国侵略战争的不断升级，伴随战争而来的殖民地教育也迅速扩大且日渐完备起来。日本对中国的教育扩张（逆"摄取"）经历了长达半个多世纪的漫长过程，在这整个过程中，尽管日本的教育扩张（逆"摄取"）在为其巩固殖民统治、扩大殖民地这一点上是前后一贯、始终如一的，但是日本侵略者在不同区域、不同时期所采取的具体教育政策、策略、方法以及形式也有些许差异。研究这些差异，有助于更好地认识其教育的本质。

---

① 王桂. 中日教育关系史［M］. 济南：山东教育出版社，1993：326.

第一节　教育扩张的前奏，明治时期日本人眼中之中国

一、"人类馆"事件中的日本人思维

1903 年，日本大阪举行博览会。此次博览会展品丰富，参观人数众多，153 天展出期间，观众多达 530 万。在正常的博览会展馆之外，由大阪实业家西田正俊等人发起设置了所谓"人类馆"，以此来展示"异人类"，但其真正的策划者为以坪井正五郎为首的东京人类学会。在"人类馆"里，中国人将被展出。

在大阪举办博览会前一年，日本政府通过驻清国公使馆和各地的领事馆，向中国各地发送了共计4130 封邀请函。① 此时正值清末中日两国文化教育交往最为频繁时期，在日华侨、留学生、视察者以及国内各地官绅和贸易商纷纷预订前往。但当留学生了解到"人类馆"展出的真相后，群情激愤，一方面希望通过政府与举办方交涉，一方面呼吁国内预订前来参观者取消参会以示抗议。驻日本中国公使馆通过正式外交途径向日本外务省提出照会。"人类馆"因中国人的强烈抗议取消了展出中国人的计划，但"人类馆"事件反映出当时日本人对中国的认识，弱肉强食已成为整个日本的国民意识。明治之初，日本就逐渐确立了对朝鲜和中国实施侵略为目标的东亚外交政策，从武力攻台、吞并琉球、侵略朝鲜，到发动甲午战争、参与八国联军借镇压义和团事件侵略中国，日本不仅从中获得了巨大利益，而且也给其国民带来了极大的优越感，日本人认为自己已经加入了西方列强之伍。对于已经"脱亚入欧"的日本人来说，中国人已经"变质"，已经从日本人心目中所尊敬的恩人变成了连街头巷尾的小孩见了都要驱逐嬉骂的对象，屡战屡败的中国乃"亚洲东方之恶友"。因此，对待中国不必因其为邻邦而稍有顾虑，只能按西洋人对待此类国家之办法对待之。这便是"人类馆"事件中反映出的日本人思维，此种思维主导下的日本出现有辱中国国格和中国人人格的事情，实不足以为奇。

---

① ［日］农商务省. 第五回国内劝业博览会事务报告（下卷）［R］. 农商务省，1904：144 – 145.

二、高田早苗对中国教育的认识

高田早苗（1860—1938），东京大学文学部毕业，受大隈重信①器重，先后任早稻田大学校长和总长，长期执掌早稻田大学，被人公认为如果大隈重信是早稻田大学的"生父"，而高田早苗则为早稻田大学的"养父"。

1905年早稻田大学开设清国留学生部，当时正是中国人留学日本的一个高潮期，时任留学生部学监的高田早苗认为："现在，已有数以千计的中国学生涌向日本留学，并且从大局上考虑，只要多少有些余力，就必须开展中国留学生教育，这是从事教育者的一个义务。"② 高田嘴里的"从大局上考虑"，实际上是通过教育中国学生以扩张日本在中国政治和经济上的权益。在此之前，高田早苗和早稻田大学的中文专任讲师青柳笃恒对中国进行了为期三个月的教育考察，先后考察了上海、福州、苏州、杭州、南京、武昌、汉口、长沙、保定、北京、天津、旅顺、大连等城市。考察期间，高田、青柳二人除拜访张之洞、袁世凯等政府高官外，还与中央和地方教育行政官员如学务大臣张百熙、直隶学务处督办严修等就教育问题进行了交流，并且重点考察了各地的著名学堂。如在上海参观了南洋公学，访问了东亚同文书院并对该院发表演讲；在福州参观了全闽师范学院和福建学务处武备学堂；在南京参观了三江师范学堂、私立东文学堂等各类学校；在武昌参观了湖北幼儿园、方言学堂、两湖总师范学院；在长沙参观了师范学堂、私立明德学堂；在保定参观了初、高级师范学堂，农务学堂；在北京参观了京师大学堂、警务学堂；在天津参观了初级师范学堂、半日学堂、小学堂等。

通过对中国的实地教育调查，高田得出结论：日本人必须考虑，"不能局限于在日本国内谋生，而是必须努力进入世界舞台，并从国外带回大量的'土特产'。不能只在家中享受'太平乐'"。③ 对于日本来说，最好的出处、实现目的最理想的舞台便是近邻中国，因此在中国办教育、接受中国留学生和中国官员考察、派遣日本教习去中国等已逐渐成为日本教育界的共识，不难看出其背后所隐藏的日本政府希望通过参与中国教育以培植亲日势力的野心。高田把中国

---

① 大隈重信．曾于1898年和1914年两度任日本国首相，1915年任首相期间强迫袁世凯北洋政府签订二十一条。著者注

② ［日］高田早苗．游清所感［J］．早稻田大学学报，1905（122号）．

③ ［日］高田早苗．支那语学研究之必要［J］．教育界，1903，3（3）．

留学生留日的利益分成两部分：一部分是有形的，另一部分是无形的。有形的只是留学生在日的消费，这些消费带给日方的收入有数可据；但无形的利益更大，不能用金钱数量来衡量。世界留学史的事实证明，若留学哪个国家，其留学生必对该国具有热爱和感激之情，留学日本的中国留学生自然对日本持有好感，这些无形利益将会给今后日本在中国的行动提供极大的帮助。甲午战争后，西方三国干涉日本归还辽东半岛，欧美列强加快了瓜分中国的步伐。日本为适应形势的发展，对抗列强各国，认识到只有在中国扶植强大的亲日势力，才能在瓜分中国过程中处于有利地位。贵族院议员、东亚同文会首任会长近卫笃麿和外交官小村寿太郎以及早稻田大学创立者大隈重信等都是此种思想的代表人物。大隈重信强调："我认为，在直接以政治外交的方式与中国交涉之前，应该先使中国照耀文明的曙光（此处指教育。著者注），然后再推行我国的商业政策和政治手段。在目前，前者应是急务。"[①]

高田早苗在论及中国人教育与日本人之利益时，直言不讳地认为教育中国人就是为了扩张日本在政治和经济上的利益。他说："若我国以清国的诱导开发为己任，以我文章语言对之实施教化，清国人必视我国如第二祖国，敬仰吾国人如师表。如此，彼我之感情会在不知不觉间融合，这对我国扩张政治上和经济上之权益将带来无可估量的便益。"[②] 由此可见，大隈、高田以及日本当时从事中国留学生教育的主要人物，他们的思想是一脉相通的，其最终目的是为日本军国主义考虑，扩张日本在中国政治和经济上的利益。

三、矢野文雄"树立我势力之良策"的教育目的

矢野文雄，又名矢野龙溪（1851—1931），日本大分县人，大隈重信任首相时的清国特命全权公使。

甲午战争，中国惨败，失去了大量的利益和主权，清政府的腐败无能和清国军力的羸弱暴露在世界列强的面前。列强们三国干涉还辽开启了世界列强瓜分中国的高潮，各列强根据自身的利益，在中国划分势力范围，掠夺中国资源。干涉还辽的三国列强更是其急先锋，主要的国家中还有英国。东北为俄国势力范围，山东为德国势力范围，法国的势力范围在两广和云南，英国的势力范围在长江流域地区，中国大部分区域被蚕食、瓜分。目睹此种状况，日本也加快

① ［日］大隈重信. 大隈对清教育谈［J］. 教育时论，1903（总658）.
② ［日］高田早苗. 清国开发之根本问题［J］. 中央公论，1905，20（9）.

了对中国进行侵占的步伐，除台湾之外，日本还把福建省划归为自己的势力范围。当时就日本在闽的建设铁路特权一事，矢野文雄（时任驻华公使）就曾向西德二部（时任外务大臣）提出过密报：

"关于福建省内铁路事项中所陈，设若向彼提出要求，为表示超于口头友谊之实际友谊，提出我接受留学生教育之要求，据观察所得，势必为清政府所欢迎。此举不仅有助于此次要求之成功，而受我感化之人才播布于其古老帝国之中，实为将来在东亚大陆树立我势力之良策。兹将其缘由详陈如下。如斯，则彼之从于武事者，不仅限于模仿日本之兵制，军用器械等也必仰给于我；聘用军官等人员也将求于日本。毋庸置疑，清军事之大部行将日本化。理科学生亦必求其器械、工人等于日本。清之商工业自身，则将与日本发生密切关系，而为我商工业向清扩展打开门路。另，法律、文科等科学生，为谋清之进展，必将遵袭日本之制度。若能至此，我势力将及于大陆，正未可量也。斯时清之官民对我信赖之情，亦必胜于今日十倍。由于此辈学生与日本之关系，将来清政府必陆续不断自派学生来我国，如是则我国之势力将悄然骎骎于东亚大陆。"①

矢野文雄认为，日本接受中国留学生的目的，是将受日本教育感化之人才广布中国，以扩大日本在东亚大陆的势力，不论是从武者，还是从商者，甚至是法律、文科学生，都须仰于日本，求于日本，这是一举数得之事。日本教育中国留学生归结为日本本身的利益之需，是为了日本在中国长远的政治、经济、教育和军事诸多方面的利益。

四、昔日"学生"对"老师"的评价

江户时代，日本把儒学作为官学，平民百姓对中国也抱有强烈的尊敬和崇拜之情，将中国视作"圣人君子之国"。明治维新后，这一状况逐渐开始转变，特别是甲午战争后，日本人对中国人的认识发生了较大的变化。他们对中国的关注度虽然变化不大，但其内容却今非昔比，日本人久子在"《幼儿对支那人的看法》"的描写。真实地反映了甲午战争后，蔑视中国的意识不仅在成年人中盛行，而且渗透到了日本的儿童心中。下面列举的几位有代表性的日本人对中国的评价，更能说明当时日本人的心理。

---

① ［日］矢野文雄．矢野文雄呈西德二郎机密等41号信［J］．近代史资料，1989（总74）：95-96．转引自吕顺长．清末中日教育文化交流之研究［M］．北京：商务印书馆，2012：337-338．

　　高濑敏德，日本教习。明治三十五年（1902）八月，作为北京东文社的日本教习来中国，从事教学，并将旅行时了解到的中国风土人情记录撰写成以"《支那》"为题的文章。明治三十七年（1904）出版了《北清见闻录》①，此书在当时日本曾被广泛阅读。高濑敏德分析了中国的现状，认为："支那"无国家，清帝国只能算是一个类似于国家的团体，并且该团体无异于"被抛弃于野外的用腐烂草绳缚扎着的一把稻草"，当时的日本民众普遍觉得中国人既无团结力，也无统一之精神，中国人利欲熏心、思想卑鄙吝啬、小偷秉性、无怜悯之情，自私自利之心在世界上无人能比。商人如此，体力劳动者如此，达官贵人还是如此，即全体国民性格如此，社会风气如此。

　　宇野哲人，中国哲学研究者。作为东京帝国大学副教授，其于明治三十六年（1903）来北京留学两年，其间游览了山东、长安、长沙、武汉、南京、镇江、苏州、杭州等中国华北、黄河以及长江中下游各地，出版了《支那文明记》②。该书最后一章为"支那国民性论"，文中他写道："中国官吏收受贿赂，名利思想甚盛。"提出中国人性格保守，并举史实说明之，中国人的平和实为文弱，如中国字"武"为"戈""止"组成，中国人认为"武"是停止争斗的手段。中国人崇尚家庭主义、利己主义、迷信、表现夸张、附和雷同。

　　德富苏峰，日本作家。明治三十九年（1906）游历中国，先后漫游了中国东北的安东、奉天、辽阳、大连、营口，华北的天津、北京，华东的苏州、镇江、南京、上海、杭州，华中的长沙、汉口、武昌等地，时间长达78天，同年底出版《七十八日游记》③。德富苏峰在此书中指出："支那有家无国，支那人有孝无忠。"他认为，中国人一旦认为无望，立即会弃之不顾，放弃是中国人的哲学。他还认为中国人没有公众正邪之标准，只有个人利益之得失。"支那无论是古今，最明显的一点是文弱"，④ 面对外敌入侵只知一味防御，男人如女人，很难看到真正的男人。所以他认定中国社会是一个病态的利己主义、虚伪的礼仪、讲究形式的社会。

　　奥田竹松，历任日本驻北京大使书记官。明治四十年（1907）前后在华从事外交工作，他在《我观清国人》中强调，中国人只有个人本位主义而没有国家观念，他给中国人下定义："（支那人）乃利之念炽盛之人种，对利益计算极

　①　高濑敏德. 北清见闻录［M］. 东京：金港堂书籍株式会社，1904：118.
　②　宇野哲人. 支那文明记［M］. 东京：大同馆，1912：399 – 400.
　③　德富苏峰. 中国漫游记·七十八日游记［M］. 刘红，译. 北京：中华书局，2008：118.
　④　德富苏峰. 中国漫游记·七十八日游记［M］. 刘红，译. 北京：中华书局，2008：119.

敏锐之人种。……他们本是胆怯懦弱之人种，是利益驱使他们成为勇敢的斗士，利益每每成为他们最大的驱动力。"① 他认为中国人从官僚到佣人，人人都利用手中的权力谋取相应的贿赂或回扣，毫无罪恶感。认为中国固陋保守，难以改易。中国人缺乏组织能力、缺乏科学知识。中国社会缺乏健全的中等社会阶层。

近代日本人对中国人的认识，是随着日本民族优越意识的高涨而逐步形成的。日本人在论述中国的国民性，特别是像高濑敏德、德富苏峰、宇野哲人、奥田竹松等在议论中国是"支那无国家""文弱的国民"时，一般都是与日本人具有的爱国精神和尚武精神相比较的，暴露了当时日本在蔑视中国的同时又对中国的殖民化抱有极大的关注。"老师"失去了光环，"学生"便可肆无忌惮了，随之而来的便是日本史无前例的武力侵略，是教育摄取和对教育的控制。

第二节　典型的日本对华教育扩张实体——东亚同文书院

提及日本近代史上对中国的教育扩张（逆"摄取"），首当其冲的是东亚同文书院这一典型的日本教育扩张（逆"摄取"）实体。东亚同文书院在其 40 多年的办学过程中，充当了中日教育交往史上极不光彩的角色。

一、东亚同文会的成立及所办学校

日本对中国看法的改变始于明治初年，其研究中国问题的学术团体也基本上源于此时，最早的团体是 1880 年成立的兴业会。兴业会还曾创办过一所中国语学校，以期为日本培养汉语人才，提高对中国问题研究的质量。1897 年 4 月，日本在东京成立东亚会，次年 6 月又成立同文会，后来东亚会与同文会合并为东亚同文会。东亚同文会的主要成员为日本知识阶层和政治家，他们刊行杂志，并在上海设会馆、办学校，目的是研究中国问题，为明治政府提供对中国的政策参考。

日本人当时成立东亚同文会的目的主要有三点：一是培养人才，二是从事宣传工作，三是为政府提供咨询。在培养人才方面，东亚同文会在中国和日本分别建立学校，既招收中国学生，"开发中国人风气"，又招收日本学生，培养

---

① 奥田竹松. 我观清国人 [J]. 太阳，1907，13（14）.

他们到中国"工作"的能力。特别是在中国设立的学校，无论是数量还是规模，都远远超过了日本国内。这样一来，就能使日本的教育无障碍地输入中国，直接达到日本教育侵入中国的目的。到 20 世纪初，日本先后在中国各地设立学校多所，例如在福州创办了东文学社（1898），在杭州创办了日文学堂（1898），在泉州创办了彰化学堂（1899），在天津创办了东文学堂（1899），在漳州创办了中正学堂（1899），在厦门创办了东亚书院（1900），在南京创办了同文书院（1900）（后迁到上海，改名为东亚同文书院，为高等教育性质，在本章后节将单独简述），在南京的本愿寺创办了东文学堂（1901），在北京创办了东文学社（1901），在天津创办了中日学校（1901），在汉口创办了江汉中学（1902），在上海创办了留学高等预备学堂（1905）等。其中北京的东文学社由中岛裁之①创立，得吴汝纶和李鸿章支持并获慈善机构资金援助，入学者不问年龄、学历、家庭背景，学费全免，学校的日本教习达 50 人之多，主要为在北京学习中文的日本青年。从 1901 年到 1906 年，该校的就读学生共达 1700 多人。特别是 20 世纪初，东亚同文会所办学校更正规，更能有针对性地培养学生。其中特色鲜明的学校有：（1）东京同文书院（1901—1922）。东京同文书院为对中国人教习日语的学校，主要课目是日语、英语、算术、地理、历史、地理、化学等，修业年限为二年，先后共培养了 864 名毕业生。（2）中日学院（1921—1945）。中日学院设在天津，招收中日两国学生，主要课目是中文、英语、日语、数学、博物、地理、历史等，修业年限为四年，毕业的学生共有 537 名。（3）汇汉中学校。汇汉中学校 1922 年在汉口建立，毕业生有 300 名左右。这些学校除大量招收中国学生外，每年还都有不少来自日本的学生。日本人在上海设立东亚同文馆有近十年时间。其历届毕业生，多习华语，易华服，潜入我国内地，或考察军政，或调查实业，并将此活动纳入正常教学计划中，每期必做。这些学校的日本教师都各怀目的，有些甚至受日本政府或军方派遣从事非法活动，如北京东文学社的日本人教师冲祯介、松崎保一和胁光三三人就是日俄战争时六名"特别任务团"的成员，因破坏雅鲁河铁桥而被杀。② 在宣传方面，东亚同文会出版"《支那经济全书》《支那省别志》《新修支那省别志》"，一方面通过出版

---

① 中岛裁之：日本近现代教育狂热分子，极力主张日本在中国办教育，极重身教。学生如有纪律问题，于学生面前体罚自己，皮鞭竟至三断四裂，他称此为"天鞭"，学生无不失色自省，不再犯过。为使学生学体操，中岛每朝五时便到日军驻屯军营学习。

② ［日］实藤惠秀. 中国人留学日本史［M］. 谭汝谦，林辞彦，译. 北京：北京大学出版社，2012：55.

刊物，宣讲中国现状，致使当时日本政界和军界对中国政治和经济包括军事情况都有相当程度的了解，另一方面是通过演讲会的形式，让日本的普通老百姓了解中国状况，熟悉中国国情。演讲人员基本上是东亚同文会中研究中国的专家，他们对中国问题的看法也能左右日本民众。在咨询方面，作为研究中国问题的专门机构，东亚同文会为日本政府制定对华政策提供咨询，并就自己的研究对日本政府施加影响。东亚同文会利用办教育的机会，收集大量资料，多次拟定对华政策设想。在日本政府对华教育政策的制定和实施方面，东亚同文会都起了很大的作用，如吸引中国留学生和派遣日本教习到中国等教育政策。

东亚同文会打着兴业的旗号，实行教育摄取、教育侵华，其活动贯穿于日本对华教育扩张的全过程，直到第二次世界大战结束，于 1946 年 3 月宣布解散。

二、东亚同文书院的由来

东亚同文书院，是 1900 年 5 月由所谓的"兴亚"团体之一的东亚同文会在中国江苏省南京市设立的学校，当时称南京同文学院。同年 8 月义和团起义所提出的"扶清排夷"主张，对学校形成冲击，学校被迁至上海，1901 年 8 月被改为上海东亚同文书院。此后 40 多年间（至二战结束日本战败），共有 4900 多名学生在此学习。

涉及东亚同文书院的建立，就不得不提及东亚同文会及会长近卫笃麿①。1894 年中日甲午战争后，由于战争的胜利，日本对中国的野心开始膨胀，日本全国兴起了中国问题研究热，组织了许多所谓"兴亚"的组织、团体、机构。1897 年东亚会在东京成立，1898 年又组成同文会，东亚会是一个政治色彩很浓的团体，而同文会则是非常务实的日清经济交流团体，同年（1898）东亚会与同文会联合组成东亚同文会，近卫笃麿任第一任会长，并以此获得了大量的政府资助。近卫笃麿出生于京都，是摄关家②笔头近卫忠房的长男，号霞山（东亚同文会以后的霞山会就是以他的号来命名的），二战时三次就任日本首相的近卫文麿之父。1884 年近卫笃麿留学奥地利，后在波恩大学学习政治和法律。

---

① 近卫笃麿（1863—1904）：日本近代政治家，曾任日本贵族院议长、东亚同文会第一任会长，日本侵华祸首之一，法西斯主义的首要推行者，三次出任战时首相的近卫文麿之父。

② 摄关家：是藤原北家嫡系的五族：近卫、九条、一条、二条和鹰司，五家形成于镰仓时代，垄断了公家社会的最高官职——摄政与关白。

1890 年 9 月回国后担任贵族院议长，1899 年遵天皇旨意，访问了美、英、德、法、俄、土耳其等诸多国家，在回日本途中经上海、南京、武汉，并与当时清朝实力派人物刘坤一、张之洞会谈，就有关设立南京同文书院问题达成协议。

东亚同文书院是一座性质十分特殊的学校。在近代中国，曾有许多国家在中国建立学校，如 1815 年，由英国传教士罗伯特·马礼逊（1782—1834）提议创办英华书院（The Anglo‐Chinese College）（先设立于马六甲，1843 年迁至香港）；1835 年由马礼逊教育协会在澳门筹办马礼逊学校（1842 年迁至香港，成为香港开埠后的第一所学校）；1865 年，长老会狄考文在山东登州创办蒙养馆（后改为登州文会馆，即齐鲁大学前身）等。但这些学校都是以招收中国学生为目的，同文书院则不同，它是日本办在中国境内的一所日本学校，它招收的对象是日本学生，培养的是忠于日本天皇、服务于日本军国利益且研究和了解中国情况的日本人才。虽然后来也曾陆续招收了一些中国学生，但仅是附带为之。试问一个国家把自己的大学办到另一个主权国家去，这是什么行径？这在历史上都是闻所未闻之事，但在中日教育史上却成了事实。甲午战争日本大胜，威逼中国签订中日《马关条约》，此时日本一些人士认为侵华的最好时机已至，这也是把大学办到中国来的最好时机。他们认为，要更彻底地了解中国，就必须实地来中国学习。中国只能由日本独占，要排除欧美分割中国的可能。为实现此目的，人才是关键。要大量培养"中国通"式的人才，特别是全面了解中国的政治、外交、地理、矿产等方面的日本青年才俊。要做到这一点，把大学办到中国才是最佳选择。东亚同文书院在中国一共存在了近半个世纪，前后培养了数千名学生，这批学生不仅能讲地道的中国话，还非常熟悉中国事务，毕业时每个学生都要到中国各地做一次修学旅行并写出旅行报告。这些报告所涉及的内容无所不包，覆盖中国全境，在当时特别是中日战争时期是极其宝贵的资料，至今也依然是研究当时历史的重要文献。一个国家把自己的大学办到外国去，且培养学生的目的是为了透彻了解这个国家，其了解范围甚至从政府的上层结构到普通农民的生活状况，并在学校安排的修学旅行中从国家的经济贸易到交通物产都进行了详细的调查，甚至还将调查细化到棉花生产，大米、大豆资源等，这就不免要令人生疑，日本人办这样的学校，到底抱着什么目的？司马昭之心，路人皆知。

三、同文书院的重要教学内容——实地修学旅行（调查旅行）

修学旅行是同文书院的传统活动，是教学的重要环节之一，从第一期到二战战争终结（1945）时在中国大陆一共持续了 45 年。名为修学旅行，实为调查旅行，旅行为虚，调查为实。书院的学生用最后一年暑假的两个月到三个月，有时候甚至是六个月，在中国大陆以及东南亚各地进行大调查。

当时调查旅行条件极其艰苦，28 期学生藏居良造说："在船上跟猪或其他什么在同一个屋子里住，也有时候三天三夜没有饭吃。修学旅行是冒着生命危险的，如果没有一定的使命感，是不可能去的。"①

同文书院院长根津一②也曾说："或者徘徊在革命战场，或者坐船遭难几乎淹死，或者被土匪包围。也有些同学走到少数民族居住区，那里有很多地方病。那么偏僻的地方都去了，他们饱尝的辛酸危险是任何人也想象不到的。"

书院提出的调查目的表面上是了解中国的民情风俗、商业习惯，振兴日中贸易。根岸结教授在他写的《山洲根津老师》一书中说："当时日本人对支那知识极少，尤其对商业、经济方面缺乏了解，在中国做买卖的日本人，却要通过所谓'买办'即经纪人，书院要培养不通过买办也能跟中国人直接做交易的人才，培养这些人才是书院最重要的使命之一。"③

调查旅行主要是以对中国各个企业、学校及中国商人等进行直接调查为中心，是真正的中国调查旅行。并遵循写实的调查原则，参加人数达 5000 余人，旅行线路有 700 条之多。

（一）同文书院学生调查的区域和内容

日本爱知大学现在仍保留有学生修学旅行回来后向学校提交的"调查报告书"。当时调查的主要情况如下：

主要区域：（调查的区域除西藏和新疆外，几乎覆盖了中国全境和东南亚的大部）中国的吉林、内蒙古、青海、陕西、山西、山东、河南、上海、湖北、四川、贵州、江西、浙江、福建、江苏、湖南、安徽、京汉铁道沿线、云南、广东、广西、汕头、香港、甘肃、绥远、长江沿岸各地、津浦京汉沿线、浙江、九江、长沙、南京、南昌、萍乡、天津、汉口、北京、张家口、台湾、湘桂流域、厦门、福州、汉水嘉陵江流域、松花江、热河特别管区、淮河流域、粤汉铁路、青岛、大连、黄河沿岸、温州、苏州、杭州、信阳、开封、郑州、陇秦

---

① ［日］薄井由．东亚同文书院修学旅行研究［M］．上海：上海书店出版社，2001：47.
② 根津一（1860—1927）：日本教育家，陆军少佐，甲午战争时日本间谍，同文书院第一代、第五代院长。
③ ［日］薄井由．东亚同文书院修学旅行研究［M］．上海：上海书店出版社，2001：48.

北路、黑龙江、大同、海南岛、闽南地方、重庆、营口、安东、吉敦沿线、辽河流域、哈尔滨、成都、广州、济南、沈阳、西安、永吉县、延吉县、珠河县、呼兰县、拜泉县、明水县、青冈县、克山县、通化县、克东县、泰来县、大宝县、木兰县、讷河县、赤峰、朝阳、洮安县、缓中县、海拉尔以及法属印度支那（东南亚地区）、马来西亚、爪哇、越南、菲律宾、太平洋南部诸岛。

主要内容：（重要的国计民生都囊括其中）地理、交通、金融、汇兑、物产、海关制度、铁路及水运、汉字报纸、农工矿业、手工业、电气事业、矿业、矿产物、木材、照明、茶叶、烟草、樟脑、生丝及磷寸（火柴）、鸡蛋及蛋粉、地毯、木耳、猪毛、会馆、商务会、商事公断处、都会、商业机关、货币、度量衡进口品、经济调查、教育事业、汽车交通、畜产、纺织业、电话、油脂类、林业、染料、香料、米、鸦片、麻及洋毛、砂糖、花生、海产物、大豆、同业组合（同行工会）、公所、商业团体、纤维类及豆素面、棉丝、桐油、药材。

调查对象除经济、金融、交通、矿藏及日常生活所需品外，还特别加强了政治方面的内容，如中国政党史（清朝时代的政党、第一次革命和民国初期的政党、第一国会里的政党）、民国五年行政情况、中央行政组织机构及地方行政等。[1]

调查还特别重视中国近期状况，要求学生尽可能地了解当时的中国社会，如详细调查了1917年至1918年9月（张勋复辟到冯、段的争执时代）中国的情况，如：中国对于贸易的各种设备、中国币制及外债、外国人在中国的经济设施、英美人在中国活动政策概况、中国棉花（关于棉花的法令、棉花生产状况及其性质、副产品或废弃物、各地棉花商铺详细情况、中国棉花之改良、交易状况、棉花运输状况、贸易情况）、大运河（山东大运河沿岸治水、山东大运河航运状况、山东大运河沿岸的城市、山东大运河沿岸地方的物产及商业状况）、长江沿岸经济情况、中国贷款及企业（有关贷款的铁道，以长沙为中心的企业贷款、过程及贷款企业的现状）、在中国的移民（到台湾打工的劳动者、有关移民的各种机关、中国海外移民及其金融关系）、在香港、广东的外国银行及中国新式银行、开港以前的广东通商史、矿山用语、桃中和大冶两铁矿及抚顺煤矿、在中国国内排日及抵制日货、中国最近盐务行政、四川省纤维原料的调查、华侨及其机关和政治法律（生活情况、华侨贸易、华侨和经济）、中国宗教

---

① ［日］薄井由．东亚同文书院修学旅行研究［M］．上海：上海书店出版社，2001：50－51．

（伊斯兰教徒）、中国专卖制度、中国住宅建筑、粤西和海南岛经济调查、在闽南鸦片取缔制度、满洲固有通货、北京游民及其救济、满洲朝鲜人问题调查、从云南到八莫（缅甸）陆路调查、英国和美国金融及投资机关、法属印度中国（东南亚地区）和云南省之间的政治关系、在满洲的"支那移民"、日本在长江流域的经济地位。

调查还特别针对中国的重点地区。以上海为例，重点调查了：上海的起源、仓库业、钱庄、上海的日本人事业、棉丝、陶瓷器、肥料、沪杭苏湖航线、以上海为中心的蚕茧业、制粉业、肥皂、中国苦力（尤其是在上海）、皮革、上海金融和投机交易、上海对中等以下日本工商业者的金融机关、上海史、有关集散在上海的铁路、上海市场的煤炭、上海的日本工业、上海经营工场（中国劳动者、劳动效率及工场经营）、制造工业、海上保险法、保险公司和代理店、证券、个人保险、酱油和黄酱企业、教育、救济事业、出口贸易、进口品、东洋贸易和上海、在上海最近外国汇兑概况、煤炭交易所、上海公共租界的政治、上海法国和日本租界行政、工人、在上海的朝鲜人、中国演剧、在上海的招牌名胜古迹、米、樟脑、上海居留地的行政、上海临时法院、同业团体和同乡团体、以上海为中心的船业、上海附近食品市场、国民政府司法制度和运用、国民政府教育设施及方针、居住在上海的日本人人口调查、以上海为中心的学生运动公共市场、以上海为中心的金银问题、研究以上海为中心的中国财阀。

（二）协助同文书院学生调查的机关

当时有不少在中国当地的日本机关、公司企业等对他们的旅行调查提供了诸多的帮助。特别是日本驻华领事馆，帮助他们接收从学校打来的电报，又帮他们回电报，给他们提供中国国内情况，并帮助他们联络各日方机构以及中国地方政府。中国各地的侵华日军更是为他们保驾护航，提供各种方便。还有日本俱乐部、书院同窗会和同文书院的前辈们经常为他们举行欢迎宴会及送别会。特别是书院的前辈们，为参与调查的同文书院学生提供食宿并协助其开展调查。为调查创造条件，形成了同文书院的传统，这一传统保证了学院学生的调查旅行每年都能顺利进行。

在中国国内免费为调查者提供住房和饮食的还有日方驻华医院、银行、公司、领事馆、税关、教堂、汉口同文书院、天津同文书院等。

各地协助同文书院学生调查的日本公司和机关（在日志中出现的）有：领事馆（张家口、天津、芜湖、厦门、汕头、广州、福州、大连、齐齐哈尔、香港、长沙、越南河内、昆明）、商业会所（汉口、天津、大连、新民府、营口）。

公司、商行、学校方面，汉口有汉阳铁厂、东亚兴业会社、铃木洋行、日华制油会社、览玉洋行、制水会社、日信洋行、吉阳洋行、日本棉花、若林洋行；重庆有新利公司、瑞和洋行、大和洋行、师范学堂、蚕乐所、东华公司、日清办事处、森村洋行；郑州有田村洋行、总务商会、棉花行、转运公司、绵业公司、日清洋行、吉田洋行、日本棉花、日本实业协会、三井洋行、实业教会、鹤屋饭店、田村洋行、铃木商店；天津有居留团、租界图书馆、住友洋行、增幸洋行、吉田洋行、商工协会、日清汽船；大连有汽船会社、南满州铁路本公司、山口运输会社；北京有铁道公馆、中日实业、三井；包头有商务总会、电话公司；哈尔滨有日露协会学校、商品陈列馆；青岛有日本邮船；抚顺有煤矿；信阳有电灯会社；厦门有铃木商店；北陵有南满制糖会社；香港有三井物产、台湾银行香港分店、伊藤商行、日本棉花、江南洋行；台湾有台湾银行、南洋协会台湾支部、东洋制糖、专卖局、台湾制糖会社。①

甚至有些中国地方政府和公司、学校出于"好客"、政治压力和经济利益等诸多因素，也不同程度地帮助和接待了同文书院调查的学生。例如，昆明有农业学堂、图书馆、军医处、陆军测绘学堂、陆军小学堂、云南府中学、法政学堂、释教公立初等小学堂；南京有贡院、金陵大学；北京有协和医学院；朝阳有国民学校、京奉铁路总局、北京农事试验所、厘金局（樊城、唐县）；兰州有总商会实业厅；陕西有西安图书馆、督军署、县衙门、财政厅、县警察分所、县商会、工程局；河南有洛阳照临电灯公司、洛阳公兴存转运公司、洛阳晋临电灯公司；山东有山东杂志社、青岛埠头仓库、青岛屠牛处、胶济时事新报；江西有景德镇瓷器制造工业；湖北有汉口转运公司、汉口大同转运公司、宜昌楼台洋行；还有河北大学、山西大学、沈阳医科大学等。②

（三）同文书院学生调查的成果

旅行调查结束的成果用两种方法来汇集：一是调查报告，二是旅行日记。调查报告是在对象地区依调查目的来撰写的，主要内容有商品生产、商品流通、商品交易方法，后来又扩展到工业、交通、都市组织、地方风俗等，调查报告后来甚至代替了学生的毕业论文，其重要性不言而喻。调查旅行开始以后，在

---

① ［日］薄井由. 东亚同文书院修学旅行研究［M］. 上海：上海书店出版社，2001：225－226.

② ［日］薄井由. 东亚同文书院修学旅行研究［M］. 上海：上海书店出版社，2001：226－227.

根津院长、根岸教授的指导下，因明确地确定调查纲领和调查项目，使调查报告的目的性增强。调查报告须印制五份，分别提交给军方、政府部门和同文会，军方为参谋本部，政府部门为外务省和农商务省，另外东亚同文会和书院也各存一份，这些调查报告作为当时日本掌握中国资料、获取中国情报的价值，是难以估量的。

第一期学生神津、大原两班提交的调查报告书，以《清国商业习惯及金融事情》为题，直接出版，政府对其评价不错，后来依据第一期至第四期学生的调查报告书，又出版了"《支那经济全书》"，1920 年出版的"《支那省别全志》"共有 18 卷，就是把从第五期学生开始的内陆修学旅行调查报告进行整理、编纂出版的，这套书可以说是日本人最早撰写的包括实地调查的正式的中国地志书。①

旅行日记则是学生每日旅行所记，每年调查结束后把它汇集为一本旅行志，内有地名、里程、旅馆、风俗、习惯、语言、通货、运费、食物等详细记录，资料价值也相当高。

同文书院第 26 期学生西里龙夫说："我 18 岁第一次来中国时，在日本有一首歌很流行：'日本太小，住腻了，过了大海就到支那，千亿民众等你呀！'②我憧憬大陆，我觉得在大陆会有很光荣的未来。"第 29 期学生中西功也说："我在日本的时候，对资本主义、军国主义没有任何的反感。我想得很简单，是要日本在海外发展。"③

1937 年 9 月 3 日大内院长对学生的讲话更加露骨，他要求同文书院的学生利用所学的知识，去帮助语言不通、地理不熟的军队，当军队在中国作战时，学生可做军事翻译或后勤服务，甚至直接参加军队作战，为日本的侵华战争做贡献。由此可见，同文书院学生的所谓中国调查旅行，就是日本侵华战争的前奏。

四、同文书院与西方教会学校之比较

同文书院与其他西方教会学校，同为外国势力在中国开办的教育机构，其

---

① ［日］薄井由. 东亚同文书院修学旅行研究 ［M］. 上海：上海书店出版社，2001：63.
② 此歌为《马贼之歌》，是日本侵略中国东北地区时在日本很流行的歌曲。这是一首将日本年轻人的大陆雄飞梦与侵略亚洲精神糅合在一起的歌。
③ ［日］薄井由. 东亚同文书院修学旅行研究 ［M］. 上海：上海书店出版社，2001：151.

目的与性质是基本相似的,但在生源培养和课程规划与教学内容方面亦存在差异,同文书院教育扩张的性质更显张扬。

(一)课程设置的比较

1900 年同文书院建立初期的功课内容见表 5 – 1。①

表5 –1 1900 年同文书院建立初期的功课内容

政治科（预科）	商务科（预科）	政治科（本科）	商务科（本科）
伦理	伦理	国际公法	财政学
清语（汉语）	清语（汉语）	国际私法	清国近代通商史
英语	英语	经济学	清国制度律令
清国政治地理	清国政治地理	财政学	商品学
清国商业地理	清国商业地理	清国制度律令	清国商品学
法学通论	法学通论	清国近代外交史	商业算术
宪法	宪法	近代政治史	商业学
民法	民法	汉文	簿记
刑法	国际法	汉字新闻	汉字新闻
商法	经济政策	汉字尺牍	汉字尺牍
行政法	经济学	实地修学旅行	实地修学旅行

1930 年同文书院的功课内容见表 5 – 2。②

表5 –2③

第一年级	第二年级	第三年级	第四年级
伦理及哲学概论	伦理及哲学概论	伦理及哲学概论	伦理及哲学概论
宪法及法学通论	民法	民法	商法
经济原论第一部	交通论	货币论	国际法

---

① ［日］薄井由 . 东亚同文书院修学旅行研究［M］. 上海：上海书店出版社,2001：25.
② ［日］薄井由 . 东亚同文书院修学旅行研究［M］. 上海：上海书店出版社,2001：25 – 26.
③ 表 5 – 2 中的"支那"是二战前日本对中国表示蔑视的称呼,二战后被禁止使用。此处为尊重原文,作保留处理。

续表

第一年级	第二年级	第三年级	第四年级
商业通论	保险论	统计学	经济原论第二部
簿记	簿记	银行及金融	商业政策
商业算术	商业算术	外汇兑换	贸易实务
珠算	商品学	商工经营	会计学
商业地理	支那史	簿记	支那经济事情
中国制度律令	汉文	支那经济事情	支那时事问题研究
中国史	支那时文及尺牍	支那时事问题研究	汉文
汉文	支那语	心理及伦理学	支那时文及尺牍
中国语	英语	汉文	支那语
英语	体育	中国时文及尺牍	英语
体育	（34 学分）	中国语	体育
（34 学分）		英语	（34 学分）
		体育	
		（34 学分）	

1930 年同文书院功课选修课目见表 5 - 3。①

表 5 - 3

第三年级	第四年级
工业政策	经济学史
交易所论	殖民政策
仓库论	财政学
中国经济史	工业概论
商工心理	中国思想史
社会学	商事关系法

---

① ［日］薄井由．东亚同文书院修学旅行研究［M］．上海：上海书店出版社，2001：26.

上海中西书院课程规划（1881 年）见表 5 - 4。①

表 5 - 4

第一年	认字写字、浅解词句、讲解浅书、习学琴韵。年年如此
第二年	讲解各种浅书、练习文法、翻译字句、习学琴韵、习学西语。年年如此
第三年	数学启蒙、各国地理、翻译选编、查考文法、习学琴韵、习学西语
第四年	代数学、讲求格致、翻译书信、习学琴韵、习学西语
第五年	考察天文、勾股法则、平三角、弧三角、习学琴韵、习学西语
第六年	化学、重学、微分、积分、讲解性理、翻译诸书、习学琴韵、习学西语
第七年	航海测量、万国公法、全体功用、翻译作文、习学琴韵、习学西语
第八年	定国策、天文测量、地学、金石类考、翻译作文、习学琴韵、习学西语

登州文会馆课程规划表（1891 年）见表 5 - 5。②

表 5 - 5

备斋③	第一年	官话问答全（指教义问答）；马太六章（即《圣经·新约》若干章）；孟子（上）；诗经选读（一、二）；分字心算；笔算数学（上）
	第二年	以弗所哥罗西书（即《圣经·新约》若干章）；圣经指略（下）；诗经选读（三、四）；孟子（下）；唐诗选读；笔算数学（中）；地理志略；乐法启蒙
	第三年	诗篇选读（即《圣经·旧约》的一部分）；圣经指略（上）；书经（一、二）；大学中庸；读作文章韵诗；笔算数学（下）；重学；地理志略

---

① 朱有瓛，高时良. 中国近代学制史料 [M]. 北京：人民出版社，1983：286 - 287.
② 陈学恂. 中国近代教育史教学参考资料（下册）[M]. 北京：人民教育出版社，1987：224 - 225.
③ 1864 年狄考文在登州创办蒙养学堂（相当于小学），1873 年设立正斋（相当于中学），备斋相当于小学，1876 年正式改名为登州文会馆。

正斋	第一年	天道溯源；书经（三、四）；诗经（全）；论语；读作诗文（后改作策论经文）；代数备旨
	第二年	天路历程；礼记（一、二）；书经（全）；孟子；读作诗文；形学备旨；圆锥曲线；万国通鉴
正斋	第三年	求世之妙；礼记（三、四）；诗经；大学中庸；读作诗文；八线备旨；测绘学；格物（力、水气、热、磁）；省身指掌
	第四年	天道溯源；左传（一、二、三、四）；礼记（一、二、三）；书经；读作诗赋文；量地法；航海法；格物（声、光、电）；地石学
	第五年	罗马书（《圣经·新约》的一部分）；礼记（四）；左传（五、六）；读作诗赋文；代形合参；物理测算；化学；二十一史约编；动植物学
	第六年	心灵学；是非学；易经（全）；系辞；读文；作文（七日二课）；微积分；化学辨质；天文揭要；富国策

因东亚同文书院与教会学校的学生国别相异，其课程设置自然有各自侧重点。东亚同文书院开设时为专科学校体制，有政治科和商务科，修业年限为三年。1940 年同文书院升格为大学，其功课课目虽与 1930 年大致相同，但增加的课目有：东洋经济事情、东洋经济史、东洋思想史、中国文化概论、东洋法制史、战时国际法、东洋外交史、国际私法、德语、法语等，并且受当时日本政府提倡的"建设大东亚共荣圈"影响，将过去的"支那"都改为"东洋"。此外，还增加了"战时国际法"和"殖民政策"等课程，以备日本侵华战争之需。同时也证明东亚同文书院所开设的课程与日本的武力侵略和教育扩张（逆"摄取"）是同步的。

教会学校要使培养的学生能对中国一般民众产生影响或居领袖地位，就必须适应中国的文化教育背景甚至通过科举考试取得功名，美国传教士潘慎文在1890 年基督教传教士大会上建议教会学校要以三分之二或二分之一的时间学习经书。"每个学生要熟记'四书'、《诗经》和《史记》。"但强调通过基督教和自然科学的教学来抵消儒经中的"异端学说和伪科学"。①

① 朱有瓛，高时良. 中国近代学制史料［M］. 北京：人民出版社，1983：130.

（二）生源培养及教学内容比较

招收和培养学生的差异：同文书院招收的主要对象为日本学生，主要培养熟悉中国事务，了解中国内政外交、历史地理、矿产资源，忠于日本天皇，服务于日本军国利益的人才，以利于日后直接参与侵略和统治中国。例如，二战后期日本神风特攻队用装有炸弹的飞机冲撞敌舰，驾驶员100%丧生，这些特攻队员中就有不少是同文书院毕业生。而西方教会学校招收对象为中国学生，用基督思想和自然科学的教学来消弭中国传统文化，培养代表西方的中国领袖。

教学内容的不同：一是同文书院所开课程多涉及中国内容，如：清国政治地理、清国商业地理、清国制度法令、清国近代外交史、清国近代通商史、清国商品学、汉学新闻、汉学尺牍等。特别是20世纪30年代以后开设"支那"史、"支那"经济事情、"支那"时事问题研究、"支那"时事及尺牍、"支那"思想史等。二是同文书院所开课程主要涉及经济、法律两大块。经济方面有经济学、财政学、经济政策、商品学、商业算术、货币论、统计学、银行与金融、外汇兑换、贸易实务、会计学、商工管理、商业地理、经济学史、交易所论等。法律方面有法学通论、宪法、民法、刑法、商法、国际法、行政法、商事关系法等。三是同文书院在政治科和商务科的本科阶段均开设了修学旅行课，为学生提供实地了解中国的机会。在四年级还加开了殖民政策的选修课，培养日本学生的殖民意识，以期培养对中国殖民统治的人才。西方教会学校在课程设置方面侧重基督教义和自然科学，如马太六章、《圣经·旧约》、圣经指略、罗马书（《圣经·新约》的一部分）、数学启蒙、化学、重学、微积分、航海测量、地学、物理测算、动植物学等。

相同之处是：无论是同文书院还是西方教会学校，办学校都是为了培养代表他们的利益以及统治中国的"人才"，通过他们培养的"人才"，掠夺中国的资源，奴役中国人民，把中国变成他们的殖民地。

五、西方人对同文书院的评价

埃德加·斯诺（Edge Snow）详细调查和研究了同文书院，他认为，同文书院在教学过程中，教给学生许多的间谍之术，然后把这些日本学生分配到政府机关以及各个经济公司，从事间谍活动。其中有些人甚至扎根于中国老百姓的生活中，搜集中国情报，终身做奸细。

原来日本人的眼睛和头发跟中国人没有区别。在人种上除了身材之外，两国国民都一样。就这样学生把所谓"日本和服"脱下来，再穿上中国衣服，拿着笔记本，到中国内地可以详尽无遗地观察对本国有利的事物。①

从外表看他们是中国人，其实是狡猾的调查人员。日本与俄罗斯之间发生战争时，他们派遣了几十个军事探子，为国家做出了不少的贡献，这就是同文书院。他们知道，中国现在又孤独又弱小，但是土地广大，是最后被日本人支配的世界性的大市场。日本政府通过同文书院而得到有关中国政治、经济各方面的情报。书院学生成为跟中国人外貌一模一样的调查人员，背着行李去各地旅行，忍受艰难困苦，深入到政府职员或商人中间，去中国政府机关或商店侦探中国重要的情报，为日本的军事行动打前站。学校教育特别是调查旅行培养了众多的训练有素的军国主义分子，是日本近代侵华战争的一个重要组成部分。

同文书院在中国的调查旅行能坚持近半个世纪，其有着深厚的历史渊源，也就是日本所谓的浪人背景。部分欧洲人认为，从明治初年经过日中战争到日本战败的时期，曾有大批中国浪人，以中国为中心，居住在大陆各地或流浪在大陆各地策划种种阴谋。这些日本人滞留在中国大陆，无论是侵略还是出示友好，都抱着一定的政治理想。当时对他们的认识是认为他们是在亚洲把日本的强国化放在首位，为了形成强硬的对外政策而主动活动的人。他们把通商口岸、日本人商店等作为据点，探究中国各地的风俗习惯和政治、经济情况，并在军部支持下，对中国进行驻兵要地的地志调查，很多人跟玄洋社、黑龙会、东亚同文会等国家主义、亚洲主义团体有关系。当时"满铁"还有许多大陆浪人。大陆浪人是在近代不平等的中日关系和日本对中国支配政策下产生的特殊人群，他们的言行往往刺激出青少年的浪漫主义和异国情调，他们鼓吹大陆雄飞或蔑视中国的观念，明治时代的岸田吟香②、荒尾精③、石光真清④等均是有代表性的大陆浪人。

中日两国交流已有近两千年的历史，进入近代后两国关系更加"密切"，"交流"更加频繁，但交流形式、内容以及流动的方向都已发生巨大的变化。两

---

① ［日］薄井由. 东亚同文书院修学旅行研究［M］. 上海：上海书店出版社，2001：232－233.

② 岸田吟香（1833—1905），日本第一代企业家，日本在中国谍报机关乐善堂的老板，晚年编写《清国地志》，为日本侵华提供重要资料。

③ 荒尾精（1859—1896），日本近代史上最著名的对华间谍之一。

④ 石光真清（1807—?），毕业于日本陆军学校，日俄战争前接受日本军参谋本部派遣，以哈尔滨为中心建立情报网，从事谍报活动。

国人民对彼此的看法也都有很大的改变，中国人对日本人从轻视变成赏识和愤怒，日本人对中国人则由憧憬变成轻蔑和"同情"。

第三节　吸引中国学生留日——培植亲日势力

19 世纪末，中国开启了留学日本的大门，由于中日双方之需要，留学生人数激增，近十年时间达万名之多，为世界教育交流史上之罕见。

一、中国留学生留日背景及首批留日学生

1863 年 3 月，李鸿章致书曾国藩，倡导洋务，以由弱变强的日本为榜样。中日甲午战争爆发，中国惨败，清政府开始重视日本，学习日本。日本方面更是目的明确，吸收中国留学生，通过教育的逆"摄取"（"有所作为"）来培植亲日势力，以为日后将中国变成殖民地之需要，已成为日本社会的共识。

为动员和吸引中国留学生去日本留学，日本政界人士，特别是众多的军界人士游说鼓动中国清廷大臣，建议中国派遣留学生，并提出日本愿意为中国培养人才，以此来增进日中两国"友谊"。其中比较典型的事例有：陆军少佐宇都宫太郎① 1897 年在汉口游说张之洞；陆军大臣福岛安正② 1899 年在南京游说刘坤一；曾任陆军大臣的儿玉源太郎③ 1905 年在沈阳游说赵尔巽。日本驻华公使矢野文雄于 1898 年也向清政府总理衙门发出日本政府愿意接受中国学生的信件，他建议："我国（日本）政府拟与中国倍敦友谊，知悉中国需才孔急，倘选派学生出洋习业，我国应自支其经费……人数约一二百人为限。"④ 1898 年 8 月 20 日，文部省专门学务局长上田万年⑤在《太阳》杂志上刊登《关于中国留学生》的文章，称："吾人须视中国留学生教育问题为我国教育界之一大问题……

---

① 宇都宫太郎（1861—1922），日本情报巨头，侵华先锋，明治陆军三太郎之一。

② 福岛安正（1852—1919），日本陆军大将，曾任"满洲"军参谋次长，日本侵华代表人物之一。

③ 儿玉源太郎（1852—1906），曾任陆军大臣、内务大臣、台湾总督，侵华罪魁之一。

④《约章成案汇览·游学门》所收《光绪二十四年总理衙门复议遴生徒游学日本事宜折》，转引自《近代中国留学史》第 23 页。

⑤ 上田万年（1867—1937），国语学者，语言学家，东京帝国大学教授，文部省学务局长，日本帝国学士院会员。

不论是在中国独立事业上或中日提携合作上，这一群留学生都是一大力量，与我国派往欧美为学术研究之留学生有所不同。故吾人必须予以特殊保护及奖掖。彼等留学吾国，窘乏颇多，故不论外务省或文部省，宜具列理由谋于国会，务以我帝国全国之力，谋求协助彼等获得成功之门径。"① 可以说，在中日近代留学交流史上，对于吸收中国留学生，日本方面也可能有些人从两国的友好出发，做出了一些努力，但应该看到，在当时特殊的历史背景下，绝大多数日本人则是从日本的国家利益出发，为日本而后在中国的战争提前做好教育准备，并以此为目的来接纳中国留学生的。由于日本方面的积极诱导和中国废科举、兴学堂发展近代化教育的需要，中国学生留日高潮迅速形成。此后几年间，留日人数迅猛增加，到1906年，达12000人。另据实藤惠秀统计，自1896年至1938年的42年间，留日学生人数达9万余人。②

中国第一批国派日本留学生为13人，他们分别是唐宝锷、朱忠光、胡宗瀛、戢翼翚、吕烈辉、吕烈煌、冯阅模、金维新、刘麟、韩筹南、李清澄、王某和赵某。这批留学生经由清廷总理各国事务衙门的专门考试挑选而出，于1896年（明治三十九年）旧历三月底抵达日本，其中韩筹南、李清澄、王某和赵某四人因多种原因，不出三周便回国。第一批留学生的管理由身兼外务大臣和文部大臣的西园寺公望③转托给嘉纳治五郎④。留学生所剩九人，除金维新和刘麟二人退学，其余七人毕业获毕业文凭。

第一批留日学生之后，中国留学日本的人数逐年递增，且增加的幅度越来越大。第一批后的第三年，留学生增至200人，四年后的1903年，就达1000人左右，到1906年，前后十年时间，中国留日学生人数竟有两万人之多。这个数字有些夸张，值得质疑，现代日本学者的研究表明，此人数应为8000人左右，但即便8000也是一个惊人之数。1907年8月，青柳笃恒发表《清国留学生之减少》一文，文中专门谈及这个具体人数问题："据本年年初统计，留居我邦之清国留学生竟达一万三千之多，然而，彼等中有为得多种毕业证书而一身拥有几

① ［日］《太阳》第4卷第17号（1898年8月），转引自［日］实藤惠秀.中国人留学日本史［M］.谭汝谦，林启宏，译.北京：北京大学出版社，2012：19.
② ［日］实藤惠秀.中国人留学日本史［M］.谭汝谦，林启宏，译.北京：北京大学出版社，2012：20.
③ 西园寺公望（1849—1940），日本近代著名政治家，曾于1906年、1911年两次出任日本首相。
④ 嘉纳治五郎（1860—1938），日本近代教育家、柔道家、鲁迅所就读弘文学院校长。

种学籍者,实际人数应为八千左右耳······"① 可以想象,在 20 世纪初,一个国家在很短的时间内选送出八千学生出国留学,而另一国家也能完全接纳这八千留学生,如果不是当事国双方目的明确,恐怕是很难办到的。此种情况,在世界教育史上也不多见。

二、中国留学生留日原因

回顾中日教育交往的历史,明治维新前,就留学方面来看,其流动方向一直是日本向中国流动,最早可追溯至中国东晋时期。此后,日本留学生就源源不断地从海路冒着生命危险负笈来华,留学生和留学僧们来中国学习政治制度、哲学、教育、文字、文学乃至民间习俗,从未间断,只是有时受诸多因素影响规模有所差异而已。因此在古代留学中,中日两国进出的方向是日本出中国进。发达的中国成了成熟接纳留学生的国家。

在 1894—1895 年的甲午之战中,日本打败了中国,学生战胜了老师,中国举国震惊。中国的有识之士皆以为日本的胜利,乃因普及教育和实行法治而有成所致。因此战后第二年,中国立刻派遣 13 名留学生到日本留学。

1898 年,两湖总督张之洞在《劝学篇》中提出,要强盛中国,不仅要光大中学,还要学习西学。并且进一步阐述:"······至游学之国,西洋不如东洋。一、路近省费,可多遣。一、奉华近,易考察。一、东文与中文,易通晓。一、西书甚繁,凡西学不切要者,东人已删节而酌改之。中东情势风俗相近,易仿行,事半功倍,无过于此。"②

近代不论是普通的日本人还是普通的中国人,就中国留学生来日本求学之事,可能都会产生一些疑问,这些疑问的关键点是中国学生留学之目的,认为其目的本为学习西方,接受西式教育。那么谈及留学的目的地,认为最好应为西洋而不是日本,且况日本所有新教育、新文化与新思想,亦均是从西洋摄取得来,为何中国人会选择日本而不去西洋本家?除以上张之洞文中所列原因之外,还有以下因素。

大町桂月③曾在"时事评论"栏中发表过自己的观点:从费用观之,留学

① [日]实藤惠秀. 中国人留学日本史 [M]. 谭汝谦,林启宏,译. 北京:北京大学出版社,2012:30.
② (清)张之洞《劝学篇·外篇》第 5−6 页,转引自 [日]实藤惠秀. 中国人留学日本史 [M]. 谭汝谦,林启宏,译. 北京:北京大学出版社,2012:17.
③ 大町桂月 (1869—1925),日本近代诗人、随笔家,评论家。

日本比较便宜；但直接从本家（欧美）所得者，当然远比经过重译得来之学问更为正确。也就是说，学费高低自然有颇大的关系。比起西洋，日本的生活费用不高也是原因之一，甚至当时在日本留学所花生活费与在国内读书的费用差不多，这也是留学家庭和留学者本人必须考虑的经济问题。因为这个原因，所以当日中两国汇兑率发生变化，汇兑率对中国有利之时，国人自当选择留学。留学生就会变得特别多。

不过，中国当时对经费的思虑只为其一，更为重要的是中国在近代化方面大为落后，必须急起直追。向去芜存菁的日本学习，比直接向本家学习，实在简便而有利得多。其次尚有语言文字问题。中日两国都使用汉字，所谓"同文"之国。梁启超《论译书》举出学习日文较易的五个理由：一是日文音少；二是日语发音在汉语中都有，三是日文文法比较简单，四是名称、事物等基本上与中国相同，五是日文中有六至七成为中文汉字。

还有就是中日两国文化相似，风俗方面相同点甚多，中国学生在日本留学生活上没有陌生感。也有以两国距离较近为理由者①。当时的《日本游学指南》就有这样的介绍——中国和日本的航路，"距离长需十日，短则只需五日，旅费多则需二百日元，少则一百元足矣，学校开设政治、农业、工业、商业、军事、技艺等所有课程，因此去国外留学，求中国未设置之学问，就其便利和实用而言日本是最佳的选择"②。留学生是国家未来的栋梁。在中国留学生中，也有当时身负重任的人。家事国事均担当，一旦国内有事，回来也极为方便。如此一来，一衣带水的邻邦日本，就成为留学最理想的场所。

另外重要的一条是日本政府采取了吸引中国留日学生的政策，为日本教育逆"摄取"的需要，把吸收中国留学生作为国策之一。这个国策有更深层次的含义，它隐含着三个目的：一是用其所谓留学之优惠来笼络清廷，借以排挤西方其他列强；二是利用留学培养亲日的中国人，借此化解甲午战争以来中国人仇日的情绪；三是通过吸引中国人留学的方式，为日后对中国进行武力侵略和教育扩张做准备。日本著名学者实藤惠秀在研究中也有如此之意："因为日本人大体上没有真心诚意地教导中国学生。……日本人希望以留日学生的教育事业作为促进中日友好的手段，这本来并非坏事。不过所谓友好纯为日本本身的利

---

① 《劝学篇·外篇·游学》中谓："至游学之国，西洋不如东洋：一、路近省费，可多遣；二、云华近，易考察……"

② 王建民.中日文化交流史［M］.北京：外语教学与研究出版社，2004：141.

益，变成了以日本为中心的'友好'，故此虽然指望友好，友好毕竟不会出现。"① 时任驻华大使矢野文雄给外务大臣西德二郎也写过如此内容的信件，只是说法更露骨，他认为，为中国培养留学生，把受过日本教育、亲日的这批留学人才送回中国，让他们在中国各地发挥作用，将大大有利于日本势力在东亚大陆特别是中国的扩张。如此一来，中国人不仅亲日，甚至完全信赖、依附日本的情感也会迅速增加，会增加数十倍，于是日本便可在中国无限度地扩张势力。矢野文雄还从三个方面对此进行了具体说明：一是从自然科学以及经济的角度，他认为在日本学习自然科学和经济的留学生，回中国后必将加强中日科技和经济的交往，此举对日本科技与工商化在中国的扩张极为有利；二是从军事学的角度，他认为在日本学习军事的人，回国后一定会效仿日本的军队，学习日本的兵制，依赖日本的军备，中国因此将会变成日本化的军事国家；三是从政治学的角度，他认为学习政治的中国人，将以日本的政治制度和法律体系为标准来改革中国现有的政法体制。日本早稻田大学清国留学部负责人青柳笃恒在培养中国留学生的重要性方面更是直言不讳："多培养一名中国青年就等于日本势力多向中国大陆迈出一步。"② 从日本人自己的话语中可看出，日本接纳中国留学生的目的表里不一，表为中国教育，为中国培养人才，里则是教育文化的渗透和扩张，是教育摄取的表现形式，是日本自身利益在教育领域中的呈现，是对将来在华扩张和对中国进行军事行动的教育预备。另外其也是对国际形势的一种应对。当时日本的国际地位，特别是在华的势力受到俄国以及欧美列强的挑战。为在此挑战中取胜，战胜沙俄和欧美列强，独占中国为殖民地，日本在"中日提携"的口号下采取了吸引中国人留学的政策，但事与愿违，日本此举非但没有使所谓的"日中提携"深入人心，反而引起了广大中国留学生的不满，造成了中日教育关系的紧张。中国留日学生在日本既受到欧美自由、民主、平等的资产阶级思想影响，也深深地感受到了日本人对中国人的态度以及教育中国留学生的真正意图。留学生们在厌恶日本军国主义的同时，掀起了推翻清廷的学潮，导致了日本政府和清政府对留学生的反抗思想和行为的限制。1905 年，日本文部省也颁布了《清国留学生取缔规则》，严厉镇压学生的反清行为。这更激起了中国留学生的愤怒，留学生们集体罢课，数千名留学生集体

---

① ［日］实藤惠秀．中国人留学日本史［M］．谭汝谦，林启宏，译．北京：北京大学出版社，2012．

② 吕顺长．清末中日教育文化交流之研究［M］．北京：商务印书馆，2012：330．

回国。留学生陈天华以自杀身亡表示抗议。日本通过吸引留学生借此达到扩大势力、培植亲日派的梦想也逐渐走向破灭。

三、中国留学生就读的日本教育机构

为接待中国留学生，日本创立了多所专门学校，其中较有代表性的是：

日华学堂：1898年6月创立，是一所以日语语言教育为主，兼修文、理、工、农各科的语言学校，专为中国留学生预备投考日本高等专科学校和帝国大学而设，教育对象主要为中国留学生。该校的宗旨是：务使学生速习所开课程。教学课程有日本语言、日本风俗和日本学校的普通各科，学校采取速成教育的方法，培养学生修习专门学科的学习能力。

成城学校：1885年创立于东京，是一所陆军士官学校的预科学校。日本参谋总长川上操六①曾任该校校长，学生多为中国前往日本投考军事学校的青年。设有文、理等科，以军事为主，尤注重实地训练。中国学生由成城学校升入日本陆军士官学校，毕业归国后晋升为大将、中将者甚多。

东京高等大同学校：1899年创立，学生多为中国流亡日本之人，如蔡锷、范源廉等，教学内容多为法国自由、平等、天赋人权诸学说。经过多次改名，最后定名为清华学校，校长为犬养毅。②

东亚商业学校：1901年4月创立，其前身为东京大同学校，后改名并从事商业专业教学，理由是：商业与国家兴亡关系密切，内政和外交亦以商业为基础，校长仍是犬养毅。

东京同文书院：近卫笃麿（曾任日本第34届、38届、39届首相的近卫文麿之父）1898年组合东亚同文会，该会除在中国设立南京同文书院（后迁至上海为东亚同文书院）外，又于1902年1月设立东京同文书院，为中国留学生讲授日本语和普通中等学科，作为他们进入专业学校的准备。

弘文学院：1902年1月创立，该院由亦乐书院发展而来，为嘉纳治五郎创立，留学生多数是从各地集体前来求学，班名多冠以中国地名，如南京普通班、湖北普通班、四川速成师范科班、北京警务科班等。黄兴、鲁迅、陈独秀等都

---

① 川上操六（1848—1899），日本陆军上将，曾起草《野战要务会》，是日本军制改革者之一。

② 犬养毅（1855—1932），近代日本著名资产阶级政治家，孙中山革命密友，日本第29任首相。

曾入此校学习，学校还专为日本人开设了"清国语言科"。

东斌学堂：1903 年创立，该校相当于私立的振武学校，招收大批被振武学校拒之门外且有革命思想拟习军事的自费中国青年，熊克武、陈铭枢等出身于该校。

振武学校：1903 年 7 月创立，由日本参谋本部开设，是专门从事陆军士官学校或陆军户山学校的预科教育。中国每年自各省各选 100 名学生留日，其年龄须在 18 岁至 22 岁。振武学校的经费由中国支付，该校毕业生影响了中国近代军政界。舒新城曾说：二十年来中国军界之重要人物的姓名几十之九可以从明治四十（1907）年《振武学校一览》之学生名册中查出，其影响中国军政界可谓大矣。①

法政速成科及普通科：1904 年 5 月设立，法政大学校长梅谦次郎②是日本优秀的法学家，对中国处境又有很深的同情，因而从他而学的中国留学生甚多，到 1908 年，仅三年多时间从速成科毕业的学生就达 1070 人之多。

经纬学堂：1904 年 9 月创立，明治大学下属机构，修业期限最短十个月，最长两年，六年间入学者共 2862 人，毕业学生 1384 人。

另外还有早稻田大学清国留学生部：1905 年 9 月创立，该留学生部极力反对速成教育，修业期限为预科一年，本科两年，补习科若干年，1905 年入学者762 人，1907 年 850 人，1908 年 394 人。③

第四节 派遣日本教习来华指导和
直接参与中国教育，谋取在华教育权力

近代中日教育交流中日本教育扩张（逆"摄取"）的一个重要现象就是大批的日本教习来华。日本教习来华表明了日本教育的摄取性中的逆"摄取"在操作层面上有较强的扩张性。

---

① 舒新城. 近代中国留学史［M］. 上海：上海书店出版社，2011：64.
② 梅谦次郎（1860—1910），日本近现代法学家、教育家，曾任东京帝国大学法科大学、文部省总务长官等职。日本民法典与日本商法典起草者。
③ ［日］实藤惠秀. 中国人留学日本史［M］. 谭汝谦，林启彦，译. 北京：北京大学出版社，2012：34-41.

一、日本教习来华之目的

早在清末兴办学堂之始，日本就开始向中国派遣教习。1896 年，京师同文馆聘用日本人杉几太郎为教习，1898 年杭州蚕学馆聘用日本人轰木长和西原德太郎为教习。进入 20 世纪后，日本更加主动和积极地实行向中国派遣日本教习的政策。

日本干涉中国教育的做法由来已久，而且花样甚多。日本甚至还出台了中国教育改革方案。如 1900 年，辻武雄①就出笼中国教育改革方案，认为日中两国互为邻邦，有文字相同之便利，因此在中国的教育中一要以讲授日语为主，中学以上要把日语作为必修课，二要多聘日人教习，因为中国人若聘外人教习，日本人及欧美人孰便孰不便，孰利孰不利，则各有不同意见，甚至均可请，待他日论之。言虽未尽，而力主向中国派遣教习之意则是非常明显的。

1901 年 2 月，在北京创办东文学社的中岛裁之通过吴汝纶与李鸿章见面，力陈延聘日本教习到中国的种种好处，请求聘任两千名日本教习来华任教。李鸿章表示赞同。② 1902 年 3 月，为配合日本教习来中国，日本《教育时论》杂志专门刊文《对清教育策》，认为清政府欲打破多年来形成的弊端，实行新政，仅靠本国人的力量是做不到的，必须招募国外的有识之士，在其左右献计献策，筹划经营各种事业……日本若真想帮助清政府实行革新，使日中双方都能获利，就必须在各个方面向他们提供优秀的人才。要在教育上对清政府进行赞助和指导，就必须尽可能地向他们派遣一些学识高深的人去担当顾问。清政府近期虽不断在各地开办学校，但缺乏适当的教师和教科书……迫不得已，向国外招聘教师，现向日本招聘各类教员，目前双方正在交涉。这也是日本人输出教育与文化的最好时机，日本方面要积极回应，大力派遣。辻新次就日本派遣教习来华致信吴汝纶，提出了自己的看法，他认为，招募日本师范毕业生，去中国讲授语言、历史、地理及风土人情，这也是中国借助日本为本国培养教师的途径之一。1902 年吴汝纶赴日考察教育三个多月，曾请日本派遣教习来华。日人日户胜部回复吴汝纶，提及日本文部大臣菊池大麓对中国教育甚为"关心"，并强调虽然日本亦人才缺乏，但为了选派"优良教师"去中国，日本会"尽心尽

---

① 辻武雄（1868—1931），庆应大学毕业，东亚同文会会员，有名的"中国通"，近代日本研究京剧第一人。

② ［日］中岛裁之. 东文学社纪要［M］. 熊本县，自费出版，1908：52.

力"。派教习来华，已成日本社会共识。于是，由文部省牵头，帝国教育会具体实施，专门培训来华教习的官方机构"清国派遣教员养成所"成立。民间团体也建立了类似的机构。1903 年，在东京还成立了清国派遣女教员养成所。日本有些大学也直接招聘一些志愿到中国的师生来华担任教习。这期间，大批日本教习来华任教，人数最多时达五六百人，且遍布中国各地。1905 年，日人哈拉达发表《论日本在华教育势力》一文，声称：日本在华教育势力有三种，即日本教习、日本留学生和译成华文的日本教科书。1907 年 5 月 21 日，日本大阪《每日新闻》载文《论日本宜设大学于中国东北各省》，称："何以我国语战后之满洲者，惟偏重于物质，而疏于精神之计，此识之所为扼腕而痛心者也。""观列国对华政策，既锐意从事于整理财政，而努力阐发华人之精神，其于传教、兴学等事，有可表见者不少。""即以我国而论，数年以来，男女教员之至中国者殊不乏人：南自广东，北迄满洲，虽僻至蒙古，莫不有吾人之足迹，成绩亦颇可观。虽然，其所就也皆中国自建之学校，不然亦缙绅家庭之教师，从未有以我国资金创兴大学，谋普及我国学风教化者。噫！当仁不让，其谓之何？"① 对日本派遣教习来华的目的，中国当时就有有识之士予以揭露，中国《外交报》在登载这篇文章时，曾加"编者按"，指出：外人之欲谋握我教育权久矣；即以已成者论，何地无之？何国无之？及今而言抵御，已嫌其晚。我国当局，可不亟自振兴，谋教育普及之策耶？② 而日本教习中有些人品行恶劣、学识浅薄、为非作歹，更是让中国师生厌恶。所以，中华民国政府成立后，由于中国方面的抵制，日本教习来华势头由盛转衰。

二、有日本教习的中国学校和机构

日本人在中国所办的学校，成为一种被示范和仿效的典型，因此中国人招聘"日本教习"已渐成风尚。在 1900 年之前，也有日本教习来到中国。不过，在义和团事件以后，它才正式成为一种潮流。

有关日本教习的资料，详见 1909 年中岛半次郎辞任天津北洋师范学堂教习归国后所著的《日清间之教育关系》一书。该书实际上是 1909 年 11 月所做的对全中国外籍教习的调查报告。那时，日本教习的全盛期已经过去，但有日人

---

① ［日］论日本宜设大学于中国东北各省［N］. 每日新闻，1907 - 05 - 21.
② ［日］论日本宜设大学于中国东北各省编者按［N］. 外交报，1907 - 05 - 27.

执教的各地学校，为数仍很可观。以下为当时各省市聘有日本教习的学校和机构。①

（盛京省）

安东：巡警总局。

营口：营口工程总局、巡警总局、卫生总局、商业学堂。

奉天：商业学堂、农事试验所、农业学堂、奉天两级师范学堂、奉天女子师范学堂、奉天森林学堂、奉天工艺传习所、奉天劝业道署、奉天第一蒙养院、奉天第二蒙养院、奉天师范学堂。

铁岭：新民府公学堂。

康平：蒙古博王府立学校。

（吉林省）

吉林：中等实业学堂、农业实习学堂、两级师范学堂、女子师范学堂。

（北京）法政学堂、法律学堂、高等巡警学堂、译学馆、电话学堂、艺徒学堂、五城学堂、第一师范学堂、优级师范学堂、工艺官局、淑慎女学堂、四川女学堂、慧仙女学堂、内城女学传习所、京师第一蒙养院、京师大学堂、财政学堂、测绘学堂、八旗中学堂、顺天中学堂、淑范女学校、蜀学堂、会学堂。

（直隶省）

保定：直隶法律学堂、直隶法政学堂、直隶优级师范学堂、高等农学堂、农工学堂、编译处、东文学堂、将弁学堂、模范小学堂。

天津：直隶学务公所、直隶工艺局、北洋师范学堂、北洋法政学堂、直隶高等巡警学堂、直隶高等工业学堂、两级师范学堂、天津银行专修所、直隶学务公所附设音乐体操传习所、科学馆。

丰台：日新文社。

定州：定武中学。

赵州：赵州学堂。

河头：正心义学。

（山东省）

济南：山东全省师范学堂、山东法政学堂、山东高等农林学堂、山东

---

① ［日］实藤惠秀. 中国人留学日本史［M］. 谭汝谦，林启彦，译. 北京：北京大学出版社，2012：57 - 60.

警务学堂。

曹州：曹州府普通学堂。

芝罘：芝罘毓材学堂。

（山西省）

太原：山西师范学堂、山西大学堂中斋、山西高等农林学堂、山西法政大学、警务学堂、晋明小学堂。

（河南省）

开封：河南优级师范学堂、河南高等学堂、河南大学。

（江苏省）

南京：两江师范学堂、宁属初级师范学堂、江南实业学堂、兽医学堂、南京高等学堂、女学校、女学堂、高等女学校、辨敏女学堂。

苏州：江苏两级师范学堂、法政学堂、高等学堂。

上海：育材学堂、务本女学堂。

（安徽省）

安庆：安徽师范学堂、安徽高等学堂、中等工业学校、安徽师范学堂、安徽陆军小学堂、安徽女师范学堂、布政使衙门幼稚园。

（江西省）

南昌：高等农业学堂、法政学堂、医学堂、江西高等农业学堂。

（浙江省）

杭州：杭州医学校、高等学堂、法政学堂、浙江铁路学堂、惠与女学校、浙江两级师范学堂、安定中学堂。

嘉兴：桐乡县学堂。

湖州：湖州中学堂。

（福建省）

福州：福建高等学堂、福建两级师范学堂、工艺传习所、农事试验场、福州幼稚园、女子职业学校。

（湖北省）

武昌：两湖师范学堂、农务学堂、文普中学堂、湖北商业学堂、湖北法政学堂、方言学堂、湖北女子师范学堂附属小学堂幼稚园、铁路学堂。

（湖南省）

长沙：湖南高等实业学堂、优级师范学堂、模范小学堂、明德学堂。

醴陵：醴陵瓷业学堂。

衡州：南路师范学堂、衡州府中学堂。

常德：西路师范学堂。

（陕西省）

西安：高等学堂、优级师范学堂。

三原：三原府高等工业学堂。

（四川省）

成都：四川高等学堂、铁道学堂、优级师范学堂、通省师范学堂、女子师范学堂、中等工业学堂、中等农政学堂、成都府中学堂、华阳中学堂、军医学堂。

重庆：重庆府中学堂。

资州：资州府中学堂。

眉州：眉州府中学堂。

永宁：永宁县中学堂。

（广东省）

广州：两广优级师范学堂、广东官立女子师范学堂、广东高等工业学堂、广东法政学堂、广东高等巡警学堂、广东高等工业学堂。

肇庆：肇庆府中学堂。

（云南省）

昆明：省会中等学业学堂。

（贵州省）

贵阳：官立农林学堂、官立优级师范学堂。

当时有日本教习的中国机构有 163 所，其中学校多达 150 多所，日本人 311 名（男 288，女 23），讲授的科目有日本语、工业、博物、数学、物理、化学、哲学、地理、历史、农业、音乐、手工、体操游戏、法政、经济、教育、医学、商业、电话事务、监狱事务、警务、兵科、保姆、手艺、图画、造花、织物、等等。

三、大肆谋取在华教育权力

日本向中国派遣教习和吸引留学生的政策，从表面上讲是打着赞助清政府教育事业的旗号，而实际上是以达到其教育扩张（逆"摄取"）和文化渗透为目的。另一方面，中国政府也从日本在甲午战争中战胜中国、在日俄战争中战胜俄国的实事中看到了日本明治维新后的迅速崛起，愿意向日本学习。于是中日两国的教育便明显呈现出中弱日强的洼地效应。1905 年日俄战争，日本战胜俄国，军国主义势力在其国内取得支配地位，日本跻身于帝国主义行列，对中国的政策随之发生变化，以"大陆政策"取代"保全清国"的政策，开始与其他帝国主义争夺在华势力。日本的对华文教政策也发生了明显的变化，由开始时遮遮掩掩式的教育与文化渗透，开始转变为露骨的教育扩张，这集中体现在其千方百计谋取在中国的教育权这一点上。

1914 年 7 月第一次世界大战爆发，日本乘欧战时中国国内混乱而袁世凯又急于当皇帝的机会，在取代德国的山东利益，武力强占青岛的同时，提出"二十一条"，并下达最后通牒，逼袁世凯承认。"二十一条"是灭亡中国的条约，其中关于教育的规定展示了日本对中国殖民教育的合法性，那就是日本在中国的宣教权。这充分暴露出日本侵略者在中国谋求教育权的侵略野心。同年 10 月 2 日，袁世凯为了讨好日本，竟以大总统的名义申令：查禁具有"排斥友邦思想"的教科书。同时，日本在其国内设立殖民学校（1915 年名为东洋协会殖民学校，1918 年改称拓殖大学至今）。该学校以培养在海外经营事业的人才为宗旨，极力主张侵略中国。1919 年 4 月 23 日，日本众议院提出《关于华人教育设施之建议案》。日本议会议员与政府委员就中国留日学生教育和在中国内地开展教育活动等问题展开辩论，声称应在中国设置教育机关。1923 年 12 月，日本外务省召开中日两国非正式会议，会议中日本政府以退回庚子赔款为诱饵，引诱并强逼中国政府签订了《日本对华文化教育事业计划书》，规定由日本人在中国兴办文化教育事业，以增强日本在中国的政治势力以及日本式教育的影响。近半个世纪以来，日本在华谋取的教育权力不断扩大和升级。

例如，在台湾，1895 年伊藤博文颁布台湾日本人总督《关于赴任之际的政治大纲的训令》，从此将台湾的教育大权完全控制在日本统治者手中。1919 年台湾日本人总督发布《台湾教育令》，将台湾教育纳入日本教育的轨道。1943 年公布《"关东州"人教育令》，在大连、青岛地区确立了完整的殖民教育制度。1937 年日本殖民当局发布《学制要纲》，加强了对伪满洲国教育权的控制，教育上采取了以日本语言教育为突破口的极具侵略性的手段，在伪满洲国制定了"皇道教育"的方针。1938 年，日本制定《从内部指导中国政权的大纲》，用武力控制了所有占领区的教育大权，利用汪伪政权推行奴化教育。1943 年，日本侵华当局授意伪教育部制定《战时社会教育实施纲要》，将教育的控制权延伸到中国占领区社会的各个领域。

由此，日本对中国文化教育扩张的系统化程度、对中国教育权力的控制程度极大提高，中国的教育遭受了前所未有的劫难。

第五节　日语汉字词汇大量进入汉语，教育扩张的显性现象

日语汉字词汇大量进入汉语，此现象的原因诸多，本章节主要从教育扩张（逆"摄取"）方面对其进行论述。明治维新后，日语渐成强势，日语汉字语汇随着日本教育与文化的扩张迅速进入中国，导致了 19 世纪末、20 世纪初的中国日文汉字和汉词热。其原因除了中国方面急需引进一些科技词汇和翻译用语外，随着日本军事和经济的强大，日语面对汉语成居高临下的态势也是一个重要原因。这是语言教育逆"摄取"（"有所作为"）的重要表象。

一、日语新词汇形成及其强势进入汉语的原因

日语由假名和汉字组成，原本日语中的假名是由中国汉字演创而成，汉字则是日本从中国摄取所得，日本人模仿和改造汉字，并将其一部分保留在日语中。在漫长的文字演变过程中，特别是明治维新时期，借用汉字制作新语成了一大时尚。例如，日本人所制作的"文学"一词，就是借用中文"文章博学"的文字自组而成的，明治维新后，这个词汇在日本以表 Literature 之意并传入中文中。又如"革命"一词，在汉文中本是"革天命"之意，但在明治维新之后，这个词则被用于表示推翻旧政时的 revolution 的意义了。

明治维新后，日本先中国一步敞开大门吸收西方文化。随着对文化和教育的摄取，在输入西方新事物、新思想的同时，大量新词汇进入日语。这一时期的日本人不使用原语和利用外来语的音读形式造词，而是借用汉字造新词来进行翻译。日本明治时期史地学家和语言学家大槻文彦曾有这样的描述：在此之前，即明治二年（1870）前，麟祥君任职（东京帝国）大学南校之时，就受命于日本政府，翻译了法国刑法之类的法律文本。后来又翻译了大量的有关西方宪法、民法、商法以及诉讼法、治罪法等的法律书籍。在麟祥未翻译刑法之前，日本人根本不知法律为何物，后来麟祥的翻译文本被教育部公开，法律在日本才渐为人知。麟祥作为译者，开始对法律这门学问也是知之甚少，没有法律参考书，没有法律字典，更谈不上有人指导。日本社会没有可借鉴的具有近代法

律意识的成例，连日语语汇中能借用的译语也没有，麟祥翻译之时，只能独自苦心钻研，自创法律文字体系，因而这些译本亦有些误译之处。虽然创造了新词语，由于人们对这些新语不熟悉，所以往往备受众人非难。麟祥君所使用的新词，从汉译《万国公法》中直接获取而来的极少，从《万国公法》一书取来的似乎只有"权利"和"义务"两译语（right 及 obligation），其他法律用语，比如"动产""不动产""义务相杀""未必条件"等，都是麟祥君辛苦推敲出来的。尤其是"治罪法"等语，更是备尝艰苦，复得辻士革君多方参议而成的。①

日本人造词时，多使用汉语语法构词，如由形容词＋名词所构成的"哲学""美学""背景"等词，由副词＋动词所构成的"互惠""独占""交流"等词，由动词＋宾语所构成的"断交""脱党""动员"等词。还有复合同义语以及复合语，如"解放""供给""说明""治外法权""最后通牒""消火器"等词语。

甲午战争后，中国的有志之士开始觉醒，中国人对新文化的需求与日俱增，通过翻译了解世界成为一种时尚。另一方面，日本教育的逆"摄取"（"有所作为"）给日文汉字的逆流向提供了充分的理由和极佳的条件，也为中国人的翻译提供了一定的方便。因为日本书籍中大量使用汉字，明治初的日文几乎全部用汉字书写，只有动词词尾和助词で、に、を、は极少的假名，如果弄懂で、に、を、は等假名的意义，便可大致读懂日文。另外中日两国语言文字中"同文""同义"者甚多，因而中国人做日文中译时与翻译西洋文字相比较要容易得多，况且那些新造的日文汉字词语，中国人一听解说就能理解，记忆也不难，完全没有语言的陌生感，甚至可以直接将其作为汉语使用。但是笔者认为此现象还有更深层次的原因，那就是国人对日本强势的政治、经济和教育的内心崇拜。

其时众多的中国人开始翻译和评论日文新书，梁启超便是其代表人物之一。梁启超通过阅读日本书籍吸收新思想，并将自己消化了的西洋思想对中国人进行宣传。在翻译日文、介绍西方的同时，他们各自抒发自己的见识。在这些文章中，若有中国人未见之词汇即日本词汇，便加上自己的注解。如：新伦理之分类，曰家族伦理，曰社会（即人群）伦理。② 以一国之财，办一国之事，未

---

① ［日］实藤惠秀. 中国人留学日本史［M］. 谭汝谦，林启彦，译. 北京：北京大学出版社，2012：238.
② 梁启超. 饮冰室文集类编（上）［M］. 东京：帝国印刷株式会社，1905：113.

有不能济者也，而又于先事有预算焉，于济事有决算焉（预算者，先大略拟此事费用，逐条列出而筹之也；决算者，征信录之意也）。① 欧洲之人，只有此数，其势固不足以分配（即遍布、充塞之意）于大地，而其人开明之度既日进，分利之人愈多，而生产之人（即任劳力者）愈少。② 今者西人制造物品之原料（即天产之物）。③ 君主无责任，故其责皆在大臣。凡君主之制一法，布一令，非有大臣之副署（副于君主以署名也……）。④ 优强民族能以同化力（能化人使之同于我谓之同化力）吞纳劣弱民族。⑤ 于是经济上（日本人谓凡关系于财富者为经济）为势力范围，遂浸变为政治上之势力范围。⑥ 于是创论理学（即侯官严氏译为名学者）以范也。……亚氏又明哲学与科学（中国所谓格致学之类）之别。⑦ 孟氏谓法治国（以法律施治谓之法治），人人得以为其所当为，而不能强其所不可为。⑧ 希腊之地形，半岛也（三面环海一面连陆者谓之半岛）。⑨ 故使路得非生于十六世纪（西人以耶稣纪年一百年为一世纪），而生于第十世纪，或不能成改革宗教之功。⑩ 诸如此类者甚多。以上括号内均有梁先生对日本词汇进行的解读。

明治维新后，大量的日文词汇伴随着日本文化和教育的"逆摄取"，以前所未有的速度进入汉语中，据实藤惠秀统计，共有 869 个之多，且其中大部分为常用词汇。⑪ 大量的日文词汇为日后中国近代教育的实施提供了极大的方便。

比如"经济"一词，在古代中国，"经济"有"经世济民"或"经国济民"的意义。明治以来，日本人用"经济"两字，作为 economy 一词的释语。初期留学生知道中国人对这个译语反感，所以后来有人尝试用"富国学""计学""资生学""平准学"等词汇去代替"经济学"。因为"经济"这个词，对于中国这个传统文化中轻视经济的国家来说，产生反感之意为历史之必然，并且有

① 梁启超. 饮水室文集类编（上）［M］. 东京：帝国印刷株式会社，1905：318.
② 梁启超. 饮水室文集类编（上）［M］. 东京：帝国印刷株式会社，1905：349.
③ 梁启超. 饮水室文集类编（上）［M］. 东京：帝国印刷株式会社，1905：352.
④ 梁启超. 饮水室文集类编（上）［M］. 东京：帝国印刷株式会社，1905：403.
⑤ 梁启超. 饮水室文集类编（上）［M］. 东京：帝国印刷株式会社，1905：518.
⑥ 梁启超. 饮水室文集类编（上）［M］. 东京：帝国印刷株式会社，1905：523.
⑦ 梁启超. 饮水室文集类编（上）［M］. 东京：帝国印刷株式会社，1905：91.
⑧ 梁启超. 饮水室文集类编（上）［M］. 东京：帝国印刷株式会社，1905：163.
⑨ 梁启超. 饮水室文集类编（上）［M］. 东京：帝国印刷株式会社，1905：533.
⑩ 梁启超. 饮水室文集类编（上）［M］. 东京：帝国印刷株式会社，1905：659.
⑪ （日）实藤惠秀. 中国人留学日本史［M］. 谭汝谦，林启彦，译. 北京：北京大学出版社，2012：276－283.

为数不少的文化人拒用此词或想找其他词来替代它。但"经济"一词却充斥在日译中的文本之中,躲不掉,避不开,最终不得已只好照样用之。例如,1901年7月发行的《译书汇编》第七期,刊登法学博士天野为之的《经济学研究之方法》一文的中译,并且在题目下面,附加了一个说明:经济云者,理财或富国之义。因原文通用此名,故仍之。① 在这篇译文的第一页,就三番五次地反复使用含有"经济"二字的用语,比如"经济学""经济原论""经济要义"以及"经济指针""经济杂志"等,使用次数共有12次之多。倘使翻阅全书,恐怕"经济"两字的出现次数,不会少于几百上千次。其实,中日两国都写"经济"两个汉字,只不过在日本读作 keizai,而在中国则读作 jingji,在读音方面有所不同罢了。故此"经济"一词常见于日文,近代亦常见于中文。

二、日语词汇进入汉语词汇一览表

日语词汇进入汉语,涉及的领域之广、数量之多,是世界语言史上前所未有的,其中能被中国人接受的常用词汇竟达856例之多。大量的日文汉字词也为日本教育进入中国(摄取中的"有所作为",即"逆摄取")提供了意想不到的方便。

来自日语的现代汉语词汇表见表5-6。②

表 5-6

一元论	一览表	二重奏	人道
人格	人权	人力车	人生观
人为的	人格化	人口	入超
入场券	七曜	～力	三角
三轮车	三段论法	上水道	下水道
小型	小熊座	大型	大熊座
大本营	工业	工业化	工艺美术
士官	土木工程	土木工学	反映

① [日]实藤惠秀. 中国人留学日本史[M]. 谭汝谦,林启彦,译. 北京:北京大学出版社,2012:263.

② [日]实藤惠秀. 中国人留学日本史[M]. 谭汝谦,林启彦,译. 北京:北京大学出版社,2012.4:276-283

续表

一元论	一览表	二重奏	人道
反射	反动	反对	反应
反党	反革命	方式	方法
方面	方针	方案	方程式
内包	内用	内在	内服
内容	内分泌	文化	文法
文明	文库	文学	皮店
支持	支部	支配	支线
分子	分析	分配	分类表
手段	手续	手工业	手榴弹
不景气	不变资本	予约（预约）	公债
公开	公证人	互惠	予算（预算）
化石	化学	予备役（预备役）	劳动
历史	宪法	讽刺	战线
还元（原）	灯火管制	吨	~学
总计	总理	总体	总动员
讲义	讲演	讲座（教育）	检波器（电学）
检讨	联想	环境	营养
誊写版	隐花植物	癌	~点
断交	断言	断定	关于
关系	归纳	职员	艺术
类型	杂志	优势	医学
双子叶	转换法	证券	沥青
警察	簿记学	议决	议案
议会	议员	~率	驱逐舰
辩护士	辩证法	权利	属性
欢送	权威	铁道	摄护腺
斗争	变压器	体育	体操
体积	体验	鉴定	纤维

续表

一元论	一览表	二重奏	人道
显花植物	观念	~观	联络
浪人	舶来品	浪漫	场合
参考书	记录	记忆	破门
破产	配给	配电盘	病虫学（农学）
病理学	索引	借方	条件
症状	乘客	海事	仓库
真理	伦理	狭义	气体
哲学	根本的	真空管	俱乐部
航空母舰	哩	劳动组合	~时代
~问题	动力	动向	动脉
动产	动态	动机	动议
动体	动员（政治）	动脉硬化	唯一
唯心	唯物	唯心论	唯我论
唯物论	唯理论	唯神论	唯物史观
现代	现役	现金	现象
现实	理念	理性	理事
理想	理论	假死	假定
假想	假释	假设	进化
进步	进度	进展	基于
基地	基准	间接	间谍
组合	组织	教育	教授
言语学	决算	抗议	呎
瓩	~作用	法人	法式
法定	法医学	法则	法律
法科	法学	法庭	表决
表现	表象	表情	表演
社团	社团法人	社交	社会
放射	放射线	放送	协定

续表

一元论	一览表	二重奏	人道
协会	协议	金库	金融
金额	直流	直接	直觉
物质	物理	批判	批评
拔河	河川工学	服务	服从
固体	固定资本	命题	命令
空间	突袭警报	免除	免许
例外	使用价值	制约	制裁
性能	治外法权	定义	定额
初步	弧光（电学）	取消	取缔
非金属	非战斗员	肯定	迫害
迫击炮	味之素	味素	拘留
所得税	所有权	长波	周波
单位	单子叶	单行本	游击
游击队	游击战	复员	复习
寒流	寒带	视为	视察
提供	提案	换位	运动场
运动（政治）	博士	博览会	最惠国
最后通牒	超自然	超短波	量子
散文	硬化	贷方	报告
短波	备品	道具	登记
结核	景气	雇员	傍证（旁证）
勤务	阳极	扬弃	过渡
极端	番号（军事）	贮蓄（储蓄）	无机
绝对	悲观	紫外线	混凝土
吗	超~	电力	电子
电池	电车	电波	电信
电流	电报	电话	电业
电导体	电气通信学	意匠	意志

续表

一元论	一览表	二重奏	人道
意味	意图	意识	意识形态
传票	传统	传播	传染病
侵略	侵蚀	要素	要冲
要点	信用	信托	信号
军事	军需品	军国主义	客观
客体	故意	故障	宣誓
宣战	指数	指导	思想
思潮	促成	促进	退化
退却	重点	重工业	派遣
派出所	版画	便所	革命
封建	背景	活动	劳动者
前提	相对	规范	建筑
科学	计划	马铃薯	劳动政府
～界	～型	消化	消防
消毒	消费	消极	消火栓
消火器	消音器	消费者	特别
特约	特殊	特许	特称
特务	特征	特权	高温
高潮	高压	高利贷	高周波
财政	财务	财阀	财团
财团法人	原子	原则	原理
原素	流行	流感	流体（物理）
流通资本	通名	通理	通货收缩
通货膨胀	神经	神经过敏	神经衰弱
展望	展开	展览会	时间 时效
仲裁	妄想	多元化	百货店
全称	劣势	企业	血色素
光线	休战	吉地（げた日本木屐）	温度

一元论	一览表	二重奏	人道
巡洋舰	吋	米	~式
泛~	低温	低潮	低压
低周波	低能儿	作用	作物
作品	作战	否决	否定
否认	改良	改造	改善
投票	投资	投机	技手
技师	判决	判断	身份
即决	克服	住所	冶金学
形而上学	局限	材料	冷藏库
攻守同盟	温床	助教	汽船
防空演习	见习	希望	系统
经理	经验	经济	经济恐慌
解决	解放	解剖	会计
会话	会谈	干事	干部
干线	蒸气	蒸发	蒸馏
感性	感官	感受性	资本
资料	债务	债权	农民
农作物	催泪弹	催眠术	新闻
新闻记者	号外	节约	暖流
阶级	义务	业务	铅笔
诗歌	想象	话题	试验
蓄电池	微积分	园艺学	~感
~腺	~阶级	对比	对象
对称	对应	对于（於）	对偶法
演出	演奏	演习	演说
演绎	领土	领空	领海
领域	领会	概念	概算
概括	概括力	概论	漫画

一元论	一览表	二重奏	人道
漫笔	漫谈	认可	认为
认识论	图案	图案画	图书馆
管制	管理	说明	说教
数量	数学	硕士	旗手
综合	银行	构造	算术
汇类	个别	实体	轻工业
适者生存	寡头政治	论文	论坛
伦理	伦理学	论战	广告
广场	广义	调整	调节
调制	确定	确保	紧张
紧缩	请求	请愿	选举
选择学	导师	导火线	绿化
舞台	卫生	谈判	课程
剧场	遗传	胶着	热带
质量	溃疡	象征	复写
范畴	乐观	场面	膣
～论	～线	学士	学位
学期	学龄	机械	机会
机关	静力	静脉	静态
积分	积极	独占（佔）	独裁
引渡	瓦斯	心理	巨头
欠点	幻灯	水成岩	火成岩
太阳灯	～化	反～	主任
主食	主席	主动	主义
主笔	主权	主观	主体
生理	生产	生物学	生产力
生存竞争	生产手段	生产关系	出口
出版	出席	出诉	出超

一元论	一览表	二重奏	人道
出庭	代表	代理	代数
代言人	民主	民法	民族
目的	目标	目的物	外延
外在	外分泌	必要	必然
世纪	世界观	可决	可变资本
布景	由于	古典	石油
打消	市场	立场	失踪
申请	右翼	左翼	集团
未知数	甲状腺	场所	～主义
交易	交流	交通	交感神经
交涉	交换	交战团体	交感价值
交际	交响乐	自发的	自然科学
自白	自由	自治	自然淘汰
自然	共和	共同	共产主义
共产	地主	地上水	地下水
地质	成分	成为	有价证券
有机	同盟	同盟同工	泛心论
泛称	印刷品	印刷的	回收
刑法	行政	列车	年度
突击队	武士道	玩具	典型
注射	并发症	宗教	供给
抽象	集合	承认	知识
事变	和声学	具体	～的
～炎	～法	～性	～物语
～社会	保健	保证	保障
保险	保释	政社	政治
政治经济学	政府	政策	政党
政治家	美化	美感	美术

一元论	一览表	二重奏	人道
美浓纸	美学	侵犯	侵害
商品	商业	侦探	侦察
停止	停战	常识	常备兵
处刑	处女作	国际	国际公法
强化	软化	淋巴	脚本
执行	接近	宿舍	细胞
偏见	副食	规则	偶然
情报	被动	阴极	温室
周期	得数	专卖	距离
脱党	液体	牵引车	集中

第六节　对台湾的教育扩张

1894 年，中日甲午战争爆发，清政府的腐败导致中国北洋海军全军覆灭。战后，日本军国政府胁迫清政府签订了《马关条约》。该条约丧权辱国，条约第二条明文规定：中国将台湾全岛及所附属岛屿、澎湖列岛割让给日本。1895 年起，中国台湾便被割让，成为日本的殖民地，长达 51 年之久。同年，桦山资纪①出任台湾第一任日本人总督，为了加强对台湾的殖民统治，时任日本内阁总理大臣的伊藤博文对桦山资纪颁布了《关于赴任之际的政治大纲的训令》，这份《训令》确定了日本帝国主义在台湾实行殖民统治的基本方针。《训令》把台湾作为日本帝国的"新版图"，强调台湾这种"新版图"急需"皇化"。明确了总督施政的基本原则是"恩威"两方面，所谓"恩"就是通过教育扩张，用日本文化洗脑来泯灭台湾人的民族意识，消除其国家观念，把台湾人训练成日本殖民统治者的顺民；所谓"威"就是对台湾人进行法西斯统治，镇压台湾人民的

---

①　桦山资纪（1837—1922），海军大将，曾任海军大臣，指挥甲午战争，出任日本第一任台湾总督。

反抗，使台湾人不敢有"非分之想"，不能有"狎侮之心"。日本统治台湾时期的教育，可分为两大类：一类是学校教育，另一类是社会教育。学校教育是整个教育的主线，起着引领的作用。各类社会团体如青少年团、训练所和家长会以及伤残人等的特殊教育统称为社会教育，社会教育是学校教育的基础。教育的主要指导方针为：1.（日本）国民精神的涵养；2. 国语（日语）的普及；3. 情操的陶冶；4. 职业技能的培养；5. 日本公民精神的养成；6. 生活的改善；7. 体质的提高。① 这是日本殖民者在台湾教育施政的总纲领。日本殖民者半个世纪来在台湾地区实施的教育扩张（"逆"摄取），其所谓制定教育政策、设置学校、投资和经营教育的整个过程，均是为了达到这一目的。

一、制定殖民地"同化主义"政策

台湾总督府首任学务部长伊译修二于 1896 年（明治二十九年）2 月，在国家教育社做讲演时指出：为了使"台湾真正成为日本身体之一部分"，就要"从人们内心深处，使台湾日本化"。②

"同化"教育首先是由后藤新平于 1896 年 12 月提出的，当时，时任台湾总督府掌管学务部的民政长官后藤新平发表讲话，认为统治台湾岛的关键问题，就是要加快对台湾人实施初等义务教育，要强迫他们入学，在普及日语和培养台湾人的日本国民性等方面，从根本上对其进行教育同化。从此"同化"教育成了日本殖民者的共识，成了日本对台教育政策的首选。

日本殖民者对台湾实行"同化"教育政策，其教育目的核心有四点：（1）以"同化"教育为先导，通过教育推行其政令，为殖民统治服务；（2）"同化"教育可培养台湾人的所谓日本国民性格，便于其进行殖民统治；（3）废止台湾本地的语言，从思维到日常生活都使台湾人丧失民族意识和国家观念；（4）泯灭台湾人民的反抗意识，以便配合其对台湾进行经济掠夺。只因是侵台初期，面临着台湾人民的反侵略反殖民的抵抗，日本侵略者为其统治之需要，不得已使用"同化"教育这样看似中性、意思亦较含混的教育术语，为其险恶用心罩上一层文化的色彩，因而其具有一定的欺骗性。"同化"教育只不过是教育扩张（逆摄取）的隐性形式而已，日本在台湾的同化主义教育政策，不仅意图明确，

---

① 蔡茂本. 台湾日语教育史之研究［M］. 台北：大新书局，2003：483.

② ［日］小森阳一. 日本近代国语批判［M］. 陈多友，译. 长春：吉林人民出版社，2003：174.

而且是一个不断强化的过程，是为其政治上的殖民统治和经济上的残酷掠夺服务的。

日本主要从两个方面在台湾实施同化主义教育：一是对台湾人实行"心性同化"，大量输入日本文化，从社会生活的各个方面取缔和根除台湾原有的本土文化，最终使台湾人归附日本，成为日本民族的一部分；二是强制推行日语语言教育，把日语作为"同化"的桥梁。1895 年 6 月 26 日，日本占领台湾不到一年，台湾总督府民政局学务部就在台北市近郊士林附近的芝山岩学务部里设立学堂，首建"国语"学校，先后招收 21 名台湾学生作为日本语练习生。总督府还特别公布直辖学校官制，将学校直接纳入殖民政府的管辖，并在台湾各重要城市设置各种与日语学习有关的机构，如练习所、夜学会、普及会、奖励会等。并由台湾殖民政府出面对日语学校的优异者给予奖励，即授予所谓的"秀才"称号。在《学务部施设事业意见书》中强调台湾人必须学习日语。更有甚者，1928 年台北帝国大学创立前后，以台湾的"日语"教育为中心的"同化政策"进入了新的阶段。台湾殖民政府希望通过学校教育，把台湾孩子们的语言纳入"日语"圈中。为对居住在山区的高山族进行日语教育，在台湾城乡各地逐渐设立了 3169 所"蕃童教育所"。"教育所"与警察官办事处、派出所设在一起，负责"经常使用日语和台湾语的青年"的教育，学习年限定为四年，开设为"培养成为（日本）国民所必要的品性"而需要的科目。其中面向女性开设的家政课程则由日本警察的妻子等日本人负责任教。警察及其妻室同时兼任"日语"教育者，这一点明确体现出当时的"教育所"实为日本人操控的特征。为在台湾强推日语教育，日本殖民当局于 1937 年甚至完全取消了学校的汉语选修科。日语讲习所在台湾迅速膨胀，到 1939 年仅两年左右时间，全台湾日语讲习所猛增至 15126 所，学生近九万人。日本殖民者还采取众多的措施，引诱和强制台湾人学习日语和在日常工作、学习、生活中使用日语。如在学校，所有中学入学考试须加口试，且口试皆用日语，学生不学日语者不能升学。又如政府机关办公语言一律使用日语，连选取官员时也必须增加日语的考试，日语不合格者不予录用。在日常生活中，对在家庭中采用日本式生活方式并使用日语者公开奖励，奖励的办法：一是子女优先上学；二是优先录用公务员；三是就业优先，并享有经商、营业的优待；四是增加日常生活必需品的配给，并提供给其日本旅游参观的机会。更有甚者，日本殖民者动用警察和宪兵强迫台湾山区高山族人学习日语，仅高山族日语讲习所 1942 年时就有 267 所，学日语人数近两万人之多。

1914 年底，为组织"同化会"，日本人板垣退助①专程来到台湾，他从当时日本在台湾的教育现状出发，发表了《台湾的急务》，为在台湾实行广泛的"同化"做舆论宣传。文章强调，要研究台湾 300 万新归属人对"祖国"日本统治方针的疑惑问题，并要切实采取措施加以解决。同年 12 月，台湾"同化会"成立，强制对台湾同胞实行"心性同化"。对此，台湾总督明石元二郎②曾有这样的论述，他认为只有通过"同化"，采取恩惠驯服的方法感化台湾岛民，才能使之具备和日本帝国臣民相同的天性。日本殖民当局就这样通过"同化会"把"同化"教育推向台湾全社会。学校通过日语和日本文化的教育实现教育"同化"，而台湾的社会教育几乎全部"同化"于日本，包括台湾本土的生活习惯、民俗风情、婚姻家庭、户籍管理、往来礼仪等。为了对台湾人民进行全方位的语言"同化"、文化"同化"和"心性同化"的教育，日本殖民当局在台湾各州、郡、市，甚至是町和庄强行成立了各种带有强烈日本色彩的组织，如"同化会"、同风会、风俗改良会、户主会、青年会、矫风会、共荣会、主妇会、兴风会等。

二、实施日本教育制度

随着对中国内地侵略战争的升级，日本对台湾的殖民地统治也不断得到巩固，在此形势下，日本对台湾的教育"同化"也从语言、思想、文化等层面，扩展到了教育制度。台湾教育制度逐渐日本化，推行"日台共学制"这一教育制度便是这一"同化"过程的集中体现。

台湾总督府为加强对台湾教育的控制，于 1919 年 1 月 4 日发布了《台湾教育令》。《台湾教育令》作为第一号赦令，共 6 章 32 条。其总则称对台民的教育皆须据此令实施。该赦令指出，教育分为普通、职业、专业等不同的教育门类。认为所有教育都要适应时势和经济、文化水平，其根本目的就是遵循日本天皇颁布的《教育赦语》的精神，把台湾人培养成日本的所谓"忠良"国民。这一赦令的颁布将台湾的教育完全纳入了日本的教育体系，并确立了完整的殖民教育制度。1922 年 3 月，台湾总督府又颁布了《台湾新教育令》，共 27 条。此教

---

① 板垣退助（1837—1918），日本明治维新功臣之一，日本第一个政党——自由党的创立者。
② 石元二郎（1864—1919），日本陆军大将，日本特工之王，日本占领台湾期间他曾任第七任总督。

育令再次推进了台湾教育制度日本化的进程，台湾教育制度日本化的中心内容为"日台共学制"。同年 4 月 1 日，台湾总督府又发布第一号谕示，进一步把明确"训育皇民"作为台湾的教育方针，强化殖民教育政策，并要求台湾人民振奋"国民精神"。还明确了各类教育层次的教育目标，中等教育的教育目标是"训练中坚有为的皇民"，高等教育的教育目标则是"训练皇国有用的人才"，并规定台湾所有中等以上学校都要实行"日台共学制"，即在同一所大学、中学、小学以及专科学校中允许台湾人和日本人的子弟共校学习，但其教育方式必须按照日式教育的规定实施。

"日台共学制"在台湾教育中的作用有三个：一是把台湾教育作为日本教育的一部分，将其正式纳入日本教育的范畴；二是进一步发展了日本在台湾的"同化"教育；三是保障了日本"皇民化"教育政策在台湾的具体落实。"日台共学制"除要求台湾基本上模仿日本国内的教育制度外，还有一个宗旨和一个区别：宗旨是通过教育向台湾输入日本"皇权文化"，把台湾人培养成忠诚日本天皇的所谓"日本国民"；区别是为尽快满足日本殖民者掠夺台湾经济的需求，在学制上缩短学习年限，以降低教育成本，特别是在整个教育中突出了职业教育，培养为日本殖民经济服务的中下级劳动人才。

日本殖民统治者在台湾的教育从来就不是一视同仁的，而是采取民族差别教育和民族歧视政策，这种民族歧视分别在不同层次的教育中充分表现出来，这也是台湾殖民教育的特色。"日台共学制"打着"日台共学""一视同仁"的旗号，其目的就是试图欺骗台湾民众，消弭台湾人民的不满和反抗。

（一）在小学教育方面，日台歧视更加明显

规定日本人进小学校，而台湾人却只能进公学校。两者虽同为小学教育，但学年却差异很大，前者为八年，而后者要少两年，只有六年。教学内容也有很大的区别：较之小学校，公学校增加了日本国情内容和实用课程，如日本历史和手工等，甚至将汉语改为随意课来淡薄学生的中国意识。此外，小学校使用的课本都是日本本土使用的教材，知识程度比较高，而公学校的教材则是由总督府组织编辑的，程度低。如此一来，公学校的教育完全无法与高一级学校接轨，最后甚至完全变成简单的职业培训教育。加之在师资、设备等方面小学校比公学校要优质得多，因此，进入高一级学校的升学率小学校比公学校也要高得多，这样一来，就从起点上剥夺了大多数台湾人继续受教育的权利。当时，日中儿童教育等级分明，进小学校学习是日本儿童享有的教育特权，而台湾儿童中只有极少数的政府官吏和为数不多所谓"国语家庭"的子弟才能进入小学读书。1940 年日本侵华战争期间,台湾的所有小学校中,日本儿童就学人数有四万至五万人,而台湾儿童却只有 3000 多人,仅占日本学生人数的约 8%。而后虽在 1941 年重新修订了《台湾教育令》,将这两类小学改名,统一称为国民学校,校名虽改,实际教学却与前基本相似,教学内容实行三种完全不同的课程表。如日本学生就读的学校实行所谓第一号课程表,该课程表的教学内容充实,起点高且侧重实业。一般台湾学生就读的学校使用第二号课表,该课程表以日语为主要教学内容。台湾偏僻山区的儿童则使用第三号课表,该课表以日语和实业并重。这些足以说明,台湾的殖民教育尽管名目不断翻新,但其殖民教育的本质却是一脉相承的,殖民教育所导致的差别和歧视始终没有改变。

(二)在中等教育方面

台湾中等教育初期是为了适应日本人子女的学习需求而设置的,中学限定只招收日本学生,台湾家境富裕的子女也只能远涉日本留学。后因台湾士绅呼吁享受更多的教育权利,并欲自行设立中学校,出于统治安定及方便控制的考虑,总督府才允许由台湾人出资设立中学,但规定学校必须采用日式管理,目的是使学生获得日式教育,满足其殖民地人力资源要求。1922 年以后,殖民当局公布了《新台湾教育令》,规定中学以上的教育皆以"内台共学"为原则。但中学以上学校的入学需经过考试。由于小学教育的不平等、语言障碍及受日本多方限制,台湾本地人学生入学录取率极低。"共学"使更多台湾同胞被剥夺了受教育的权利。① 在入学考试、录取名额、修业年限等方面,台湾人学校与日本人学校均有不同,教育差异明显,并在各个方面都限制和歧视台湾学生。例如入学考试方面,由日本人主持录取考试,并且人为提高日语口试成绩的比重。在录取名额方面,台湾学生为主的中学,日本学生名额不受限制,而日本学生为主的中学,台湾学生数量却不能超过 20%。在修业年限方面,日本人中学五年,台湾人中学只有四年。此类种种规定,均限制了台籍学生升入中学的机会。

(三)在师范教育和高等教育方面

日本对台湾的教育"同化"和教育歧视亦非常严重。1899 年,日本人在台湾专设师范学校,其办学宗旨就是通过师范教育把学生训练成日本帝国主义的顺民,然后让这些师范生成为教师,再通过他们的教育去影响台湾学生,这是"同化"教育之根本。当然,这些师范学校培养的师资只限于在初等教育学校任

---

① 关捷. 日本对华侵略与殖民统治(上)[M]. 北京:社会科学文献出版社,2006:116.

教，中等及以上台湾学校的教师只有日本人才能担任，若是台湾人，则必须是在日本受过高等教育且在日本的大学毕业才能任教。日本人和台湾人的师范学生在学校受到不同待遇，毕业后日本学生可当教谕，台湾学生只能当训导，待遇相差一倍。台湾人受到更为严格的控制和排斥。台湾学生中只有极少部分人能接受师范教育，日本人几乎完全控制了师范教育。台湾被收复前十年内，其师范毕业生达5000人，这些学生中台湾学生所占比例不到2%。台湾学生接受高等教育之人更是少之又少。台湾大学教育直到20世纪20年代才开始建立。1928年建立台北帝国大学，当时目的在于开展热带医学的研究，同时也想培养一批台湾士绅子弟，作为日本殖民统治的辅助。教育机构包括医学校、农林学校、商业学校和工业学校等专科学校。台湾的高等教育，则几乎被日本人垄断，日本学生占了绝对优势。1928年，台北帝国大学日生128人，台生9人；台中农业学校日生94人，台生5人；1937年台北经济专门学校日生229人，台生23人；1941年台中专门学校甚至出现日生160人，而台生仅1人的情形。台籍学生进入高等学校学习的更是寥寥无几，每年不足总人数的一成。

事实证明，日本在台湾实行几十年的所谓"日台共学制"，是"司马昭之心，路人皆知"，其本质是对台湾人民的教育歧视和教育扩张，日本教育摄取性的扩张本性（"逆"摄取）在台湾教育问题上暴露无遗。

三、推行"皇民化"措施

1937年，全面侵华战争爆发，日本殖民者的教育扩张与摄取也进一步升级。战争期间，日本殖民当局在台湾开始明目张胆地实行所谓"皇民化"教育。该教育大致可分为两个时期：一是1937年至1940年的总动员时期，称为"国民精神总动员"；二是1941年至1945年四年间的所谓"皇民奉公时期"。

日本人所推行的"皇民化"教育的主要内容有三个大的方面：一是台湾人民不得自由言论、出版乃至结社；二是鼓励台湾人民检举有反抗意识的"抗日思想犯"；三是强化"日本化"教育，无论是在学校教育领域还是在社会教育领域都要加强。通过"同化"教育，把台湾学生训练成日本侵略战争的工具。在"皇民化"教育方面还制定了具体的措施，主要有：首先在教育中不得使用汉语甚至台湾本土语言，中文刊物也被强令停止出版；其次就是强行拆毁台湾传统祭祀的寺庙，拆除各家的祖先神主牌位，并强令台湾人放弃自己的信仰，必须一律改信日本的"天照大神"①；禁止演出台湾所有的传统戏剧和音乐，取而代之的是为日本侵华战争歌功颂德的"忠勇美谈""日华事变美谈"这样一些所谓"青年剧""皇民剧"以及日本军歌和日本传统的歌谣等，以期用"大和魂"②的教育来麻痹台湾人民。为了推行"皇民化"教育运动，日本台湾殖民总督府还多次制定一系列的政策，为其教育提供优惠，如鼓励台湾人在日常生活中讲日语，建立日语家庭，模仿日本文化，穿日本和服并按日本道德礼仪和风俗习惯生活。另外，给予改中国姓名为日语姓名的台湾人民诸多的特权，例如：一是在台湾社会生活中准其享受各种优待；二是提高这些台湾人的社会政治地位；三是凡改名家庭的子女可入日本人中学学习；四是增加米、面、糖、布、烟、木炭等社会紧俏生活用品的供给。

随着第二次世界大战规模的扩大，1940年9月，日、德、意三个法西斯国家结盟，日本也加快了战争的推进。为建立所谓"大东亚共荣圈"，日本企图大举南进，台湾为日本南进的"皇国南方锁钥"，是重要的战争基地。为配合战争，日本在台湾成立了所谓南进人才养成所。特别是在高层次的学校教育方面，台湾的日本殖民教育当局更注重对热带医学以及热带农业的研究，还对华南及南洋（东南亚）进行了以配合日本南进的军事行为为目的的资源调查和语言研究。

台湾总督长谷川清③任总裁的"皇民奉公会"于1941年4月18日在台湾成立，"皇民奉公会"是极富侵略色彩的殖民组织，该组织提出了所谓"热心奉公""为圣战而劳动"的口号，强行要求台湾人开展"皇民奉公运动"。日本殖民当局把每家台湾人都强制纳入"皇民奉公会"之中，首先是在台湾各地设立"皇民奉公"分会，然后根据台湾人的职业、年龄和性别的差异，分别将其编入各种不同产业的"奉公"会和"奉公"壮丁团以及"大日本帝国妇女会台湾分会"，利用这些组织强迫台湾人购买战时公债，服"圣战"劳役。其宗旨是：要求台湾全岛一致，遵守日本臣民的所谓伦理道德，确立与日本共有的国防体制，建立所谓大东亚新秩序，彻底彰显日本国体和皇民精神。"奉公会"的章程是基

---

① 天照大神，是日本神话中高天原的统治者与太阳神，她被奉为今日日本天皇的始祖，也是神道教的最高神。

② 大和魂：战时日本提出的日本精神，即所谓日本民族固有的勇气、坚定和对天皇的忠义精神。

③ 长谷川清（1883—1970），日本海军大将，日本侵华淞沪会战开始时日本驻中国方面舰队司令，日本第18任台湾总督。

于战时国体情况,要求台湾人贯彻皇国精神,为建立大东亚共荣圈,做到在职奉公,全岛一致。其行动纲领还特别提出,要实现惟神之道和八纮一宇精神,推进战争非常时期的经济建设,建设东亚新秩序。章程和行动纲领明确提出:"汉族性要蜕变为日本民族性""台湾外地性转化为内地性""本岛人要转为内地人"。

1941 年 12 月 7 日,日本偷袭珍珠港,太平洋战争爆发。随着侵略战线的延长,日本兵源严重枯竭。为扩大兵源,日本于 1942 年、1943 年连续两年公布陆、海军特别志愿兵制,强行征召台湾人加入日军,并将其派往华南和南洋作战。为了配合日军征兵,日本还在台湾设立了许多军事教育的训练机构,强迫台湾青年甚至学生入学接受训练,将台湾的教育完全纳入战争轨道。当时设置的教育训练机构层次多样,数量庞大,人数众多,具体学校和人数:青年学校 544 所,学生有十多万人;特设青年训练所 602 所,学生五千多人;青年特别练成所 27 所,每期学生 13000 多人;"皇民"练成所 3731 所,学生近 20 万人。这些训练机构的训练重点有三个方面:一是对学生实施日本国民精神训练,使所有参加者都能"皇民化";二是按士兵要求对学生实施严格的军事训练,使训练者皆能"战斗化";三是传授学生农业技术以提高战时生产能力,使人人皆能"生产化"。

"皇民化"教育措施的实施,是日本教育逆"摄取"("有所作为")发展的顶峰,它把日本教育摄取性直接用教育扩张的形式表现出来,是世界教育史上的黑暗时代。

第七节 对大连、青岛及"满铁"附属地的教育扩张

大连地区在近代一直是日俄两国的争夺之地,1905 年日俄战争后,日本强占了大连地区。青岛被日本视作侵华的重要基地,日本曾两次侵占青岛。南满铁路是东北南部的一条重要的交通、经济枢纽,日本利用它控制南满。大连、青岛和南满同属渤海湾地区,是日本侵华的前哨。从 20 世纪初开始,日本帝国主义便对上述地区进行全方位的殖民统治,教育扩张(逆"摄取")也日渐升级。

一、日本武力强占、教育扩张，控制大连、青岛及"满铁"地区

1905年9月，日俄战争后，沙俄战败，将大连转让给日本，日本开启了对大连地区长达40多年的殖民统治。沙俄统治时期，大连曾被命名为"关东州"，日本沿用了这一名称，并进一步扩大侵略范围，将复州的凤鸣岛、西中岛、交流岛、平岛、骆驼岛全部纳入其侵略范围，辖区为现在大连市的中山、西岗、沙河口、甘井子、旅顺口、金州六区和新金县、长海县、瓦房店市的一部分。日本利用不平等条约占领大连后，组建了殖民地教育管理机构，按照日本大东亚战略的框架大力发展殖民教育，试图把大连地区建成侵略东北乃至全中国的据点和基地。在建立伪满洲国（1934）之前，日本因惧于东北的现实和全中国人民的反对，还不敢像对台湾那样，对大连进行赤裸裸的殖民统治，而是比较小心地为了统治全东北进行着试验。这就决定了1934年前日本侵略当局在"关东州"的殖民教育中还不能够毫无顾忌地进行强制性的"同化"教育政策，而是采取渐进式的殖民教育。直到日本侵占整个东北，即1934年以溥仪为首的伪满洲国成立之后，日本立即把"关东州"教育纳入伪满洲国的管理体系，因为它比伪满的其他地区先走一步，大连地区的殖民"同化"教育成为其他地区的样板。

青岛及胶济铁路沿线地区于1897年被德国作为"租借地"予以强占，日本对此一直耿耿于怀。1914年第一次世界大战爆发，日本借口对德宣战，公然出兵占据了该地区，至1922年12月，经过中国人民的强烈反抗，在其他列强的高压下，在勒索了中国政府一大笔所谓"赎金"之后，才极不情愿地将青岛以及在山东的特权归还中国。日本对青岛共实施了长达八年的殖民统治。1922年—1938年这16年间，日本人虽然名义上归还了青岛，但对青岛的侵略从未间断。日本的特务、军人和浪人在青岛为所欲为，横行霸道。1938年后在日伪政权任要职并从事奴化教育工作的大部分是这些日本人。1938年日本第二次强占青岛，为掠夺中国资源和全面侵华战争之需要，日本把青岛作为桥头堡、转运站和输出港，称其为"中、日、满三国之锁钥之地""华北之门"。① 从1914年到1945年长达30年间，日本帝国主义在政治上实施殖民政策，操控傀儡政权，把青岛地区变成日本的殖民地；在教育方面，强制学校实行比"同化"教育更加殖民

---

① 青岛市档案馆馆藏档案临字23全宗、临字18全宗。

化的奴化教育，通过奴化教育向学生灌输媚日亲日观念。为泯灭中国青少年学生的国家民族意识，日本殖民当局强迫中国学生学习日语，学习日本文化。

南满铁路及其附属地原本被沙俄强占。1904 年日俄战争中日本战胜沙俄后将所辖地区接管，它包括长春到大连（安奉路）以及所属支线铁路沿线 30 里以内的地区。日本成立南满铁道株式会社，简称"满铁"，具体管理该地区。清政府迫于日本的军事强权，承认了日本在该地区的特权。"满铁"把总社设在大连，并在总社设立地方部学务科，具体控制该地区的教育，学务科还设有视学机构，机构负责人均由日本人担任。1906 年日本政府三大臣（外务、大藏、通信）发布命令，规定"满铁"为日本政府的派出机构，受日本政府认可，有在日本所占地区建设铁道、教育、卫生等设施的权力。日本殖民当局通过"满铁"控制南满铁路及其附属地，因为"满铁"地区是东北较为发达的地区，这样一来东北地区的经济和教育命脉则都在日本殖民当局的掌控之中。此种局面成为1931 年日本挑起战争，侵占整个东北的基础。"满铁"附属地的教育在管理体制上，是由"满铁"株式会社办理，并由"关东州"指导；在伪满建立之前，日本对"满铁"的教育政策大致与"关东州"相同，但它的地理环境与当时已经被日本化了的一个行政区域的"关东州"不同，因为地形狭长，"满铁"附属地的中国满洲南部呈纵向，包含长春、四平、沈阳、辽阳、鞍山、营口、抚顺、本溪、丹东等十多个南满的大中城市。"满铁"附属地周围遍布中国学校，一定程度上受到中国教育制度和文化的影响。所以在"九·一八"事变之前，"满铁"的教育在"同化"教育方针的推进上与"关东州"又有些许的差异，稍显滞后。

二、强力推行"皇国之道"的奴化教育政策

20 世纪 30 年代，随着日本侵占东北全境和伪满洲国的建立，大连地区的教育被纳入了日满殖民奴化教育总体系之中。王道、皇道和神道教育这三类教育在全东北迅速推进，大连的"同化"教育政策再也用不着像以前那样刻意伪装，皇民化和殖民化教育已成公开化。1943 年 6 月公布的《"关东州"人教育令》就充分暴露了日本愚化大连的丑恶行径，该教育令在第一章总则中就公然宣称其宗旨是根据日本的建国精神，醇化陶冶"关东州"的中国人，培养挺身奉公的实践精神，以归顺日本的皇国之道，贯彻奉谢日本天皇的皇恩之诚；明确日本在东亚及世界上之使命，须知辅佐大东亚共荣圈建设是"关东州"人的职责；

在教育的全过程中，一是必须尽力做到重视日本精神训练，培养"关东州"人灭私奉公的实践能力，二是培养尊重战时劳动的观念，振作为战争而劳动的风气，贯彻坚守岗位的信念，三是重视日本式的集体训练，培养在日本统治下的负责和协同等品德。日本所推行的殖民奴化教育政策的本质在这里被表现得一目了然，简单地说，其本质就是通过殖民化教育使中国人成为驯服的日本"皇国"良民，从而甘心情愿地做日本侵略战争的工具。这才是日本殖民统治当局在大连地区所实施教育政策的最终目的。

1938年1月17日，日本第二次侵占青岛的第七天，就成立了伪"青岛市治安维持会"。一年后，1939年3月，又成立"兴亚院华北联络部青岛出张所"。驻青岛的日本海军大校柴田弥一郎①以兴亚院青岛出张所所长的身份出任伪青岛市公署顾问。他在第一次到伪市公署视事时，便大谈"中日亲善、共存共荣"的奴化教育论调，并告诫伪职人员如不遵照他的旨意或采取消极对抗的态度，他就要"挥泪斩马谡"。② 兴亚院下设文化部，主管教育、文化、新闻、宣传、宗教等，掌握了对中国人民进行奴化教育和奴化宣传的权力。

日本驻青岛总领事馆和日本居留民团也在实施奴化教育方面起了重要作用。伪政权、伪设机构举行的重要会议、活动，日本领事馆和居留民团的要人每次都要参加，宣传"中日亲善"的奴化教育思想。如，日本驻青岛总领事大鹰正次郎③在1938年举办的暑期中小学教职员讲习会闭会式致辞时，一再强调中国人不必"学欧美，致令人看不起"。④ 1942年日伪"兴亚纪念周"期间由伪市公署教育局、新民会青岛特别市总会和日本居留民团共同举办"长途赛跑"，以彰显日本人对教育的重视。

日本在"满铁"附属地对中国人的教育侵略，开始时还比较慎重，主要是顾及其殖民统治尚不稳固，所以多以实施所谓"德政"来笼络人心，并通过传播日语的方式来控制"满铁"的教育，未敢过急而采取缓和的方式。1906年8月，时任"满铁"首任总裁的日本政客后藤新平发表《就职情由书》，其中就大谈对中国人"教育"的问题，他以台湾为例谈及殖民地的教育，认为日本帝

---

① 柴田弥一郎（生卒年不详），日本海军中将，曾任日本南遣舰队司令官，1945年1月投降。
② 王逸《日伪政警特宪机构及其罪恶片段》，载于《青岛文史资料》第5辑。
③ 大鹰正次郎（1892—1966），东京帝国大学法科毕业，日本职业外交官，1937年任驻青岛总领事。
④ 《青岛特别市"兴亚纪念周"实施方案》，1942年收于青岛市档案馆，临23-2-223.

国主义在台湾所谋之事是要永远统治台湾，因此，其最根本的方法就是教育，通过日式的教育除去台湾人的桀骜不驯，积极疏导台湾民心，使之在政府组织的生产活动和帝国的各项行政事务中与日本保持高度的统一，让他们无暇生出抗日的事件。另外，他认为也必须慎重对待殖民地教育事业，不可操之过急，以免埋下民心不驯的祸根，认为以往英国对印度殖民的教育便是前车之鉴，要吸取教训，切不可重蹈覆辙，在对"满铁"的殖民教育方面，反其道而行之，便可成功。后藤新平还说，以教育来奴化中国人虽是好办法，但若贸然为之，便会适得其反，乃至贻误殖民统治的大事。日本众多政客都认为此类思想同样也适用于日本在中国的其他殖民地。

三、建立和操纵的奴化教育机构

日本占领大连后，就开始组建殖民教育统治机构。1941 年 3 月"关东州"厅内务部学务科编印的《"关东州"的教育》中说，自日俄战争后，（旅大）归日本统治以来，作为政治工作的第一步棋，首先全力以赴地致力于教育机构的设置。日本在大连的行政机关经历了四个时期，第一个是关东总督府时期（1904—1906），第二个是关东都督府时期（1907—1919）；第三个是关东厅（1920—1934）时期，第四个是关东局（1935—1945）时期。与此相关，日本设置在大连地区的殖民教育行政机构也经历了四个阶段：一是 1905 年 6 月设置"关东州"民政署，民政署下设三个分署，分别是旅顺、青泥洼、金州分署，开始掌管教育事宜；二是 1906 年 8 月建立关东都督府，设民政部，并模仿日本在民政部下设庶务课学务系，管理大连的教育行政事宜，增设貔子窝、普兰店两民政支署。民政部为加强对地方教育的管理，地方课设置学务官，第二年设置学务课并在大连所辖各地增加视学编制。三是 1918 年 5 月撤销都督府，设关东厅，原陆军部改为关东军司令部，直属日本天皇，从此实行军政分治。四是 1934 年 12 月，于伪满"首都"新京（现长春）日本驻伪满"大使馆"内设置关东局，由关东局官房（即办公厅，内设学务课）和在满教务部共同掌管大连地区的教育，"关东州"的教育行政机构是州厅内务部学务课及其下属的学务课、学务系。据 1934 年 12 月 26 日"关东州"厅训令第二号《"关东州"厅事务分掌规程》，内务部学务课分掌下列工作：一是社会教育事项，二是监督学校教职员事项，三是教育与文化艺术事项，四是学校、幼儿园、青年训练所、博物馆、图书馆事项，五是教学用图书事项，六是神社、宗教与祭祀事项。教育行政机构的建立，确保了日本殖民者在大连地区能顺利地推行殖民教育，使其教育完全为日本对华的整体思想，为维护日本殖民统治的需要而展开，与日本在大连地区实行的政治压迫、经济掠夺相配合，旨在泯灭大连地区人民的民族意识和国家观念。

1938年，日本侵占青岛后成立了一个特殊的机构，名称为"宣抚班"，归日本海、陆军军方直接管理。"宣抚班"的组成人员基本上为"中国通"，他们对中国的文化和风俗极为了解。他们身着日本军服，臂戴"宣抚"袖章，配合日军开展军事行动，有时也单独行动，到处举办展览、开会讲演、张贴标语、散发传单，并严厉清除抗日书籍、标语、宣传品和与国民政府有关的物品、标志等。大力鼓吹"中日亲善"，还通过各种教化方式对殖民地人民进行欺骗宣传，在不同的场合炫耀日本军队侵华的"战绩"，以诋毁中国人民为抗日救国所做的种种斗争。"宣抚班"的宣传还渗透到教育方面，一些宣抚官经常到学校，向学生进行所谓训话，给学生洗脑，实行奴化教育宣传。他们甚至还到农村举行各种奴化教育活动，如组织"爱护村青年团"等，除对青年团进行加强训练外，还将其带到青岛参观日本人的"新政"，宣抚官往往与日本侵略军队一起活动，用武力高压迫使统治区的人民接受其奴化教育。

青岛伪教育局是侵华日军实施奴化教育的操作机关。伪青岛治安维持会成立时就曾设置教育科，由日本人任顾问和督学室主任。伪青岛市公署成立后，伪教育科升格为教育局，先后由日本人饭田晁三、佐藤政吉、石川忠三郎任副局长。后来副局长改称辅佐官，增设了三名日籍"专员"，以加强对伪教育局的实际控制。教育局的各科室的重要职位都由日本人把持，其中最典型的是督学室。督学室在青岛教育中居于极其重要的位置，它可以控制和左右青岛的教育方向与进程。《青岛特别市公署各局组织规则》中对督学室给予了充分的特权：一是教师指导和监督权，二是教材审查权，三是教职员工成绩考查权，四是学生成绩考查权，五是日语奖励权，等等。由此可见，督学室是日本人监督和实际操纵伪教育局与各学校的一个重要部门，督学室简直就是青岛教育的太上皇。督学室主任和34名派驻到各中小学的教育指导官，均由日本人担任，整个督学室只有一个职位由汉奸充任。社会教育科科长最初由中国人担任，日本殖民当局为了掌握对青岛教育的实际操作权，决定将社会教育科科长也换成日本人，青岛日伪教育局副局长饭田晁三亲自兼任社会教育科科长。社会教育科享有极大的权力，其全面负责青岛教育的计划、审议、调查以及教育法规的编制和对师生的思想调查与管理。特别是在教育科内设立的调查股，是一个典型的日本教育间谍情报机构，股长大元保清就是日本军方特务机关的头目。

1909 年 6 月，"满铁"特设的盖平公学校成立，这是第一所中国人的学校。学校虽然参照清政府《奏定学堂章程》定学制为 4—5 年，但其他教学和学校管理都由日本人操控。每周 30 课时中就有日语课 6 课时。到 1924 年，"满铁"附属地公学校增至 10 所，学生达 2000 余人，学龄儿童入学率达 41%。1914 年 3 月 31 日正式公布的《南满铁道株式会社公学堂规则》中表述了公学校的教育方针，公学堂的办学宗旨是施之以德育，授之以实学，关注学生身体，并使之学好日语。所谓"德教"，其实只是中日亲善的"亲日教育"，是彻头彻尾的奴化教育，它与当时"关东州"公学堂的办学宗旨完全一致。"满铁"第二任总裁中村是公①曾在公学校的授旗仪式上表示，公学校是日本施德教、授实学、培养"有用而善良的人才"的教育场所，希望教职员及学生等体察日本教育之深意，努力锻炼身心，振兴学风，发扬公学堂之光辉。

在中国实施日语教育，是日本近代以来教育逆"摄取"的重要内容，因而日本殖民统治者对此相当重视。"满铁"附属地也不例外。时任满铁总裁中村是公就曾对"满铁"沿线的日语教育提出了要求，一是要普及，二是要奖励，三是要监督。普及方面要做到大力开设日语学校，推广日语，以达到日本人不用翻译、讲日语就能办事的社会环境；奖励主要是针对日语学习优异者、教授日语者和开办日语学校的人；监督则是要加强对日语学校的管理，使之符合日本殖民当局的"旨意"，并加快其发展。

1939 年 6 月 11 日，北京新民学院青岛分会成立，北京新民学院的院长、日军中将佐藤亲自到青岛参加成立典礼。仿照其在北京设立"国立新民学院"的办法，日本二次侵占青岛后不久，就在青岛开办"新民塾"，成立"青年训练所"，培养殖民地所需的伪职人员。与此同时，日本人还在青岛附近的农村地区设立新民分会，以新民会来管理其他的社会团体，如"青年团""少年团""训练处""体育协会"等，都被纳入新民会的统一管理。新民会在殖民奴化教育中也起到了先锋的作用，经常利用各种形式进行奴化宣传，借以欺骗人民，消灭殖民地人民的民族意识。新民会"教化"的内容及其作用，就是所谓中日提携共荣，衷心信仰日本以及解放东南亚。

1938 年 11 月，日本全面侵华战争爆发一年多，日本殖民者加快了对青岛教

---

① 中村是公（1867—1927），日本政客，曾任职大藏省、日本驻台湾总督府等，1908 年任"满铁"总裁，1924 年任东京市市长。

育扩张（逆"摄取"）的步伐。一是成立了伪治安维持会所辖的学务委员会，二是颁布了《青岛治安维持会学务委员会规则》。学务委员会本是民间组织，但该组织中仍然是日本人占多数——占总人数的60%，另外还由青岛占领军的日本要员担任委员会的顾问。规则明文规定，学务委员会的成立是为了应对"学校经营之一切事项"，是协助政府管理青岛教育。学位委员会的表面工作虽然是对教育问题进行调查、研究，并在此基础上提出建议，但实际上在具体问题上有陈述意见和决策的权力。学务委员会这样的组织形式无形中起到了两个作用：一是彻底贯彻日本殖民当局奴化教育的旨意；二是对教育扩张（逆"摄取"）的控制进行更好的伪装，明明是殖民政府的企图却被表现为民意。与此同时，日本人的教育扩张也呈多种形式出现，除治安维持会、学务委员会之外，为对青岛人民进行全面的教育奴化和思想统治，日本人还在青岛成立了众多的社会民间组织，如日华妇人会、兴业俱乐部、东亚同文会青岛分会等，这些组织均由日本人操控。更有甚者，日本侵华军方还把宗教团体、佛教会、寺院等作为实施奴化教育的工具加以利用。为此目的，日本僧人正林彦明于1939年以慰军为名来到青岛，借讲"大乘精神"之机，大肆鼓吹"坚固日华思想亲善运动"。在日本侵略军武力的强压下，青岛的佛教会和寺院举行了各种讲演会和追存会，以宗教的形式慰灵和美化日军，如多次举行"日华思想亲善讲演会"和"大东亚阵亡英灵慰灵追存会"等。为加强对青少年进行教育奴化，日本侵略军在青岛成立了一系列的青少年组织，如伪青年团、少年团以及少女团等，并且由宣抚班牵头，在小学校内建立伪少年队以取代原有的童子军，少年队的教练均由宣抚班成员担任。特别是1938年5月青岛伪中国少年团成立，日本殖民当局军、政、学界的头目有六人为少年团的顾问，只有三名顾问为中国人。少年团设名誉指导员，负责监督少年团的所有事务，他们全部由宣抚官和青岛学院的日籍教师担任。伪新民学会还在报告中重点强调，本会以前工作的主要对象是推进新民会的工作，现在则要加强对青少年团的管理，要注意调整和加强训练，这是因为此时的华北形势之需要，所有的日本人都必须明白，华北青年责任重大、使命特殊，要把华北建设成为"解放"东亚的稳固后方，还要在内部完成"剿共反共"和"安全建国"的任务。因此，决定加大力度训练青年团和少年团及少女团，采取分期择优实训的方式进行。在日本人的授意下，少年团制定了团的规则，其团规方针要点：一为脱离国民党教育，二为亲日、完成中日敦睦的使命。日本驻青岛总领事还亲自参加少年团成立大会。日本殖民当局把中国的传统教育污蔑为不正确教育，提出要废除过去的不正确教育，加强殖民地的奴化教育，实行中日敦睦的要求，还特别指出为谋东亚和平，关键在于教育中国第二代，没有中日第二代国民的携手合作，日本的大东亚共荣的目的则不能实现。

四、进行"疏导同化"，采取"乡土化"措施，建日式学校，强化"奴化"教育

1905 年至 1923 年，日本在大连地区开办各类学校，对中国居民施行教育扩张。到 1945 年日本投降的近 40 年时间里，日本殖民当局直接开办或接管改办招收中国人的各级各类学校数以百计，且呈日趋发展完善之势。主要层次：一是初等学校，包括公学堂、蒙学堂和普通学堂；二是普通中学，最具代表性的是1910 年殖民当局在旅顺最初设立的日本人男子普通中学（后更名为旅顺第一中学校）、职业学校、师范学校、盲哑学校等。另外还有大专院校。日本殖民当局建立了一个殖民地气味十分浓厚、色彩十分鲜明的双重标准的教育体系，对"关东州"内的日本人和中国子弟施行两种不同的教育内容和教育手段。对日本子弟施行的是灌输殖民主义思想的特殊国民教育方针，全面开展初、中、高等三个层次的教育；对中国人子弟施行的是灌输亲日忘祖、认贼作父思想毒素的奴化教育方针，开展初、中等两个层次的教育，只有少数人才能升入大专院校。① 其教育基本上是仿效台湾。日本殖民者在大连实行的"同化"教育，主要有两个方面内容：一是强化所谓的"德育"教育，用日本的道德文化奴隶人民；二是推行日语教育，用语言同化泯灭中国人民的民族性。日本陆军少将、辽东守备军政长官神尾光臣②于 1905 年 4 月发布训令，他根据台湾的经验，命令占领区各地军政署长在推行殖民地奴化教育时，奖励多设日语学校。他认为设日语学校教授日语这类教育任务是当务之急，甚至比完成军事准备、为军事工作提供后勤服务和生产等任务还要重要。这是日本占领大连后发布的第一道命令，是殖民地奴化教育开始的信号。同时日本政府清楚地认识到，日本对东北实施教育的目的是用日本文化取代中国文化，使日中亲善、共存共荣，确保日本在远东的利益，维持远东和平。同年，"关东州"民政署也颁布《"关东州"公学堂规则》，要求公学堂向中国学生开放，在传授生活中所需的实用知识

① 关捷. 日本对华侵略与殖民统治（上）［M］. 北京：社会科学文献出版社，2006：87.
② 神尾光臣（1855—1927），日本著名间谍，陆军大将。曾任东京卫戍总督、青岛防备军司令。

和技能的同时，加强日语和德育教学。时任民政署长石冢英藏①对该规则进行了说明，他特别强调，公学堂的修身为必修课程，为了能使学生熟练掌握日语，历史、地理和理科、图画四科可不必放入课程之中。中国学生学习汉语的目的也是让学生能明中之意，使有日语能力的学生熟练地将汉语翻译成日语。其中修身为日本的道德教育，是"同化"教育的重点内容之一，另一个重点内容就是日语教育。在中国实施日语教育成为日本朝野的共识。1911 年 3 月，关东都督府都督发布学事咨询训示；1914 年 7 月，大连公学堂校长浅井政次郎提出《关于"关东州"中国人教育的意见书》；1926 年 11 月，旅顺师范学堂校长津田元德②发表《"关东州"内师范教育的回顾》。他们都特别强调要在中国普及日语。关东府都督认为，传授日语，可以使受教育的中国人沐浴日本德育，感悟日本文化，从而更加信赖日本，服从日本的统治。浅井政次郎强调在中国普及日语教育的重要性，是因为日语可以"作为同化的桥梁"。日本人普遍认为，中国学生若受到了日本人的教育，通过学习日语了解了日本，熟悉了日本文化和日本的风俗习惯，他们就不会对日本不满而排日，只会对日本更加亲切，更有依附感。津田元德还特别指出，学校要以"同化"教育为基本方针，"同化"教育的特征：一是日语教育，要称日语为国语；二是加强修身课，修身课的教学内容为报恩、遵纪、守法三项；三是对中国学生增加柔道和剑道课，为以后的日本军事服务。日本人屿田道弥说得更明白：就是要通过"同化"教育，使中国人沐浴到日本文化的阳光，培养中国人对日本人的服从感，以更有利于日本人"进出"满洲，"进出"中国。

日本殖民当局在狠抓学校教育的同时，也不放松社会教育。首先对主要社会教育场所、团体，如图书馆、博物馆、社会文化教化团体等，进行改进，编写奴化教育教科书等。③ 由于当时的中国国内外形势不便于日本在大连照搬台湾的办法，因而他们便采取隐蔽的"同化"教育方式，即实质基本相同而表面上予以掩饰。他们把占领区的教育方针视为统治方针，对此，"关东州"的学务官关屋贞二郎有自己的见解："因此，我们不能够把它轻易道尽，简单言明。"④

———————————

① 石冢英藏（1866—1942），毕业于东京帝国大学，曾任日治台时期第 13 任总督，为侵华战犯。

② 津田元德（生卒年不详），日本军国主义教育学者，先后任长崎县师范学校校长和旅顺师范学堂堂长。

③ 关捷. 日本对华侵略与殖民统治（上）［M］. 北京：社会科学文献出版社，2006：11.

④ 《中国教育——公学堂、普通学堂》，大连市档案馆第 39 号，1945 年 1 号卷。

因而他们不得不做些换汤不换药的掩饰或调整。1923 年 3 月，"关东厅"颁布第十三号厅令，第三次修订《"关东州"公学堂规则》，把"传授日语"这种带有同化色彩的词语删去，但在实际操作中，却从来没有放松过对日语的传授与普及。同时，继续强调对中国学生进行"德育"，其主要内容是：健全而善良、尊崇孔子、尚协调融合、"日中亲善""日满提携"等，其中最重要的是"日中亲善""日满提携"，从而教育学生成为"日满提携"的中坚人才。其内容中虽然删去了"讲授日语"的词语，但并不是对"同化"教育政策的纠正和放弃，而是通过强化"德育"，在思想上对中国人进行殖民地奴化教育，这正是"同化"教育政策的实质内容之所在。

日本占领青岛后，为日后侵华之需要，让日本移民大量涌入，一批日本人学校开设起来。1916 年 4 月，第一批日本小学在李村和青岛开学。1917 年 4 月，又成立了日本女子中学和男子中学。此外，日本还在其占领区青岛及胶济铁路沿线设立了大批的日式小学，其中纯日本教育的日本小学 11 所、与中国教育结合的中文学校四所，还有商业学校和幼儿园各一所。到 1921 年短短五年时间内，日本人设置的各类学校中仅在校生就多达 5000 人。上述学校，主要是为解决日本殖民者的子女教育问题，所以其教育方针、教学内容和方法基本上按日本国内的规定进行。日本殖民教育当局为培养日本学生的殖民主义统治才能，把军事训练、日本武士道精神培养等课程作为学校的主干课程。还先后恢复了因战争而关闭的学校，并将所有的学校改名为"公学堂"，接受当地中国学生入学。对这类"公学堂"，日本殖民教育当局从政治上、思想上严格控制其校长、教师。日本还向各公学堂派遣日本教师教授日文，在教学上对学生主要灌输日本语言文化，推行殖民奴化教育。殖民教育当局还设立了五所日语学校，专门招收中国学生，共有学生近 400 人，培养直接为日本殖民统治服务的语言"人才"。当时青岛地区"公学堂"共有 37 所，在校学生达到 3000 多人。

日本侵略者加强对青岛学校进行统治和监控。青岛市伪市政委员，后来担任伪市公署辅佐官的村地卓尔在伪学务委员会成立时说："欲求中日亲善与东亚和平，必须先从改革教育着手。"他们在扶植起伪政权后所做的主要事情就是新建或恢复各级各类学校，向青少年灌输媚日卖国思想，强迫他们学习日语，接受日本文化。自 1938 年 3 月起，恢复了市立中小学和私立学校，向各中小学校派驻了教育指导官，中等学校两名以上，其中一名担任副校长，市区小学每校一名，郊区小学则由一名教育指导官兼任一校或数校的"指导"工作。中国籍的校长对他们只能唯命是从，否则就会被撤职甚至被杀害。日本副校长和教育指导官在学校中掌握实权，指导、监督校务，监视师生思想言行，打击学校中的抗日活动。

奴化师资的培养是奴化教育的关键。为此，日本人于1938年底在市立中学内设立特别师范科，其教育部长和日语教师均为日本人。确定了特别师范科的教育宗旨和教育理念，特别强调如下几点：一是皇道精神，二是中、日、满一体不可分离的关系，三是明确日本为友邦，四是防共反共和根除三民主义教育之弊端。特别师范科的毕业生，被要求担任中国第二代国民的日语教师，为普及日语和中日亲善而努力，因为这是为"同化"教育中日语教育做师资准备，故给毕业生的待遇甚优。由于特别师范科所在的市立中学校舍狭小，难以满足日伪培养所需师资之需要，为加强对奴化教育师资的培养，1941年，日军将其占据的市立女子中学校舍腾出一部分，单独设立青岛师范学校，由日本人灵田寿雄①任副校长，掌握实权。开学典礼时，兴亚院青岛出张所所长、日本海军大佐绪方真记②和日本驻青岛总领事高冈、伪市长赵琪及日伪高级头目均到场"祝贺"。

抗战前李仲刚在青岛创办了私立东文书院，自任校长，因公开鼓吹媚日卖国，教授日语和古文，被青岛市国民政府通缉，学校也被查封。青岛沦陷后东文书院又重新开张，1939年李仲刚纠集市伪"名流"组成东文书院学校董事会，董事长由青岛日伪市长担任，副校长是日本人木村兵三，书院教师半数以上是日本人。称日语为"国语"，中国语为"国文"，以教授中日言文以融洽两国青年之感情为宗旨。在原来的基础上增加了中学部，主要教文言文。但生物、化学等理科课程均用日语教授，连《古文观止》也要用日语讲授。夜学部分为两部分：一部分为日语专修科，主要任务是教授中国学生日语；另一部分为华语专修科，教授日本学生汉语。1941年又增设日语研究科，以加深对日本语言和文化的学习程度。东文书院成了日伪在青岛实施奴化教育的典型。1916年由日本人吉利平次郎③创办了青岛学院，此外，日本人还在青岛的一所医科专门学校、两所中学和五所小学招收少量的中国学生。这些医科专门学校、中学和小

---

① 灵田寿雄（生卒年不详），日本教育侵华先锋，曾任青岛师范学校副校长，在学校极力推行奴化教育政策，删改教科书，鼓吹中日"同文同科"。

② 绪方真记（1892—1944），日本海军中将，曾任伪青岛市公署顾问，日本海军第9舰队参谋长。

③ 吉利平次郎（生卒年不详），日本近现代教育人士，儒学者。曾任青岛学院校长，大力推行在中国办教育的思想，为日侵华战争培养"人才"。

学都是日本人所办，中国学生在这些日本学校要接受更正规、更强化的日本教育。20 世纪 40 年代初，青岛学院已发展为商业学校、实业学校和绂宇女子学校三部分，三部分均为中等职业教育，青岛学院还兼收中国学生，培养侵华所需要的实用"人才"。随着侵华战争的发展，日本军政府还把日本中等学校定为培养基层军官的学校。在这些日本学校里，从表面上看中国学生和日本学生所受的教育差不多，包括教学内容和课程设置等，但是在人格身份上，日本侵略者对待中国学生比对日本学生要低一个层次，有时甚至不把中国学生当人看。日本人瞧不起中国学生，骂他们是"亡国奴"。在这些学校上学的中国学生也须和日本学生一样，接受日本军国主义"忠君爱国"思想教育和法西斯军事训练，培养武士道精神和等级服从观念，时刻准备"为大东亚圣战献身"。

此外，日本殖民统治者还在青岛设立各种补习和成人学校，以加强教育扩张（逆"摄取"）的层次，例如日本宗教联盟设立的日语学校、国际日语学校，日本妇人会设立的日华女学院、兴亚学院、启明学院以及暑期女子日语学校等，对中国人教授日语，实施语言奴化教育。就连抗战前为解放妓女所设立的女子补习学校，这时也派设了日本教师，足见日本的教育扩张（逆"摄取"）有多么无孔不入。

为适应侵华战争的需要，20 世纪 20 年代前后日本对"满铁"附属地的教育进行了一次调整，即实行所谓"适地主义"和"乡土化"教育，就是说，要采取适应满洲当地具体情况的方法办教育。早在 1913 年，"满铁"副总裁国泽新兵卫①就曾提出要根据周围的情况和学生们的处境，采取相应的措施办学，"乡土化"教育因此产生。"乡土化"教育当时在日本殖民者中间引发了一场争论，争论分为两派，一派为缓和派，另一派为强硬派。缓和派主张教育应采取慎重、稳妥的策略，以便于中国人接受，缓和与其他帝国主义国家的矛盾，于是提出了"适地主义"或"乡土化"教育的主张。而强硬派则主张把日本国内的教育原封不动地移植到殖民地，强行"同化"教育，用日本文化完全取代中国的汉文化。这种言行不仅激起了中国人民的强烈不满和反抗，也受到其他帝国主义国家的猜疑和非难。在保证日本殖民当局对中国人教育方针不变的基础上，"满铁"附属地殖民统治者于 1921 年对公学堂和普通学校的规则做了部分修改。所谓"乡土化"，其调整内容主要是字面上删掉"教授日语"一词而已，

---

①　国泽新兵卫（1864—1953），日本铁道官僚，实业家、政治家。曾任"满铁"理事长，日本通运第一任社长。

其实在"满铁"附属地的各级各类学校的教学中，因为日本殖民教育当局对日语的学习与运用采取奖励的政策，日语教学仍然占有高于其他所有科目的地位。调整的另一方面是：允许中国人设立少数小学或工人夜校，但是，必须经殖民当局批准，其数量是少之又少。而且必须按照殖民教育当局制定的教育方针和办学宗旨办学，稍有违犯，便予以取缔。这表面上看起来似乎是一次教育政策的调整，似乎是尊重中国人的教育，其实，日本殖民教育的实质丝毫没变，用当时日本人的话说，这不过是"在不得已的情况下采取的权宜策略"，因此带有极强的虚伪性和欺骗性。1925 年，"满铁"理事松冈洋右①提出，日本人在"满铁"办教育不要有"鸡孵鹜卵"的思想，眼光要长远些，要具有建立"东北亚洲帝国大厦"的崇高理想，以此来批评一些日本人要求停办公学堂的议论。这表明，"满铁"附属地的教育，其本质就是教育侵略，"移植"也好，"适地"也好，"乡土化"也好，不管日本殖民教育当局如何调整，也只不过是速度快慢、手段隐显的差异而已，而其为侵略东北、建立东北的殖民帝国服务的目的，却是始终如一，丝毫也没有改变。

五、奴化教育培养"愚民""顺民"

日本殖民教育当局是想通过教育把中国人培养成愚昧无知、逆来顺受的奴隶，因此尽量压制、拆销中国人的"教育"机构，从形式上剥夺中国人受教育的权利，明显采取了歧视和愚民的教育政策。对中国人的"教育"是建立在"愚民政策"上的奴化教育，是"满铁"附属地日本教育侵略的一大特点。从学校设置看，"满铁"附属地当时有 20 万日本人，建立了大学一所、职业中学三所、普通中学十所、初等小学三十九所，还配有数量众多的其他学校，如补习学校、青年学校等。日本人学龄儿童入学率达 99%，而与此形成鲜明对照的是，中国人学龄儿童的入学率不足 34%。28.8 万中国人，却只有五所规模很小的职业学校、一所普通中学和十所初等小学。为达到"愚民"之目的，这五所职业学校又分别在 1928 年到 1932 年间先后停办。"九·一八"事变后，伪满殖民教育当局的教育政策更加殖民和奴化，教育的目也更加露骨，那就是要为日本侵略者"培养献身王道乐土建设的人才"，培养唯日本人是从的"善良"的满洲人。到 1938 年，"满铁"附属地的中国人学校就被完全纳入了伪满的殖民

---

① 松冈详右（1880—1946），第二次世界大战前夜日本有代表性的外交官，日本参议院议员，日、德、意三国同盟缔结主要参与者，二战甲级战犯。

奴化教育体系之中。

日本人在中国设置学校的目的是实施奴化教育，为降低中国人文化和科学素质，削减他们的反抗能力，达到"同化"中国人的目的，培养日本殖民统治的顺民。因此，在做教育规划时，他们尽量减少中国学校的数量、降低中国人的教育层次和控制适龄儿童入学率，人为地减少中国人的受教育年限。在具体教育操作时采取的主要措施是推行奴化教育，强行设置日语课，强化日本语言文化教育。他们对于抗战前的国立山东大学，只字不提恢复的事。抗战前青岛原有小学112所，日伪恢复最多时也不过80所；市区原有市立小学25所，仅恢复了五所。适龄儿童入学率也比抗战前的水平低很多。更有甚者，他们肆无忌惮地进行教育资源侵占，日本军队明目张胆地把建筑质量较高的学校房屋占据为兵营，当时位于青岛市的山东大学，还有青岛市的男女中学以及师范学校和部分小学其全部校舍都被日军强占，除中学勉强在破陋的小学上课外，其他学校均被迫关闭，学校的教育设施和仪器也几乎全被损坏。

日本教育逆"摄取"在此时的另一重要现象是教育打击和压制，对于有抗日倾向或不遵从其奴化教育命令的学校，是绝不允许存在的。其中几个显著的事例：一是青岛铁路中学事件，二是"铁血团"事件，三是明德小学电台事件。铁路中学事件是日本殖民当局因为日本占领青岛之前铁路中学曾发生过抗日行为而不准其复课的事件。"铁血团"事件是指日本宪兵队因重庆政府方面有人寄信给学生，污蔑其为"铁血团"的抗日组织，逮捕30余人并对其施以严刑，致两人死亡，多人伤残。明德小学电台事件的起因是日本宪兵在该校搜出一部电台，于是便将其校长逮捕并停办学校。对青岛原有的西方教会学校，日本军方也派驻教育指挥官进行控制。太平洋战争爆发后日军更是肆无忌惮，直接把美国教会在青岛开办的六所学校进行军事接管并没收，把学校的英美人员遣送到潍县的日军集中营予以关押。

第八节　对东北地区的教育扩张

东北地区一直是日本窥视之地，早在明治初期，日本就把占领东北作为国策。臭名昭著的《田中奏折》① 中就有一段众人皆知的日本征服世界步骤的"名言":"惟欲征服支那,必先征服满蒙;如欲征服世界,必先征服支那。"②20 世纪 30 年代初,日本为全面侵华战争的需要,动用武力开始了对东北地区的全面控制,与此同时加快了对东北教育扩张的步伐。

一、强占东北建立"满洲国",控制东北地区教育管理权

1934 年,以清朝末代皇帝为"执政"的伪满洲国在日本帝国主义操纵下成立,"定都"长春,将长春改名为"新京"。1934 年溥仪称帝,将"满洲国"改名为"满洲帝国",它包括东北三省和内蒙古东部以及河北北部地区。日本帝国主义为了对东北地区进行全面的殖民统治,提出了"民族协和"和"一心一德"的口号,倡导要建立"王道乐土"和"大东亚共荣圈",充分展示了日本教育扩张(逆"摄取")的基本特性。

日本侵略军占领东北后,在日军关东军司令部的直接干预下,教育扩张方面采取的措施就是破坏,一是强行关闭原有的各级各类学校,二是残酷镇压原有学校的中国爱国师生。

随着伪满洲国的建立,日本殖民统治者把对"满洲国"的教育控制也提到了议事日程上,在将原有学校关闭整顿的同时着手建立新的教育机构。为了应对中国人民的反抗,他们在整顿教育机构时采取了文武兼治的手段,特别是通过武力高压强行推行自己的奴化教育政策。教育行政管理机构也分为两级,即中央和地方两个层次。在日本侵略者的直接操纵和控制下,一系列政府教育机构相继成立。1932 年伪满中央成立文教部,这个文教部是由民政部文教司升格而来。地方教育机构亦纷纷建立,而且各级地方教育行政机构的教育行政长官均由日本人指派和安插,全部为汉奸执政。另外,日本人还直接插手到伪满各级教育行政机构和学校中。伪满中央教育行政机构中总务司长和次长均是日本人,其他各部也一样,司长和次长都由日本人担任。通过实行"总务司长中心制"和"次长中心制",最终由担任总务司长和次长的日本人牢牢掌握了伪满政府文教部的教育大权。1937 年 7 月,中日战争全面爆发,日本人更是肆无忌惮地将教育机构名称改为日本式,设"大臣官房",但仍由日本人担任各部次长,

---

① 《田中奏折》:据称是由日本首相田中义一在 1927 年 7 月 25 日呈给昭和天皇的秘密奏章,题为《帝国对满蒙之积极根本政策》。

② 赵德宇. 穿越百年的对外征服案 [J]. 读书, 2013 (1):78.

仍然实行以前的"次长中心制"，次长的权利仍然是无限大。从表面上看，伪满时期的一部分教育机关甚至包括学校，由中国人担任正职，日本人为副职，但其实权却在副职。教育方面无论大小事，都由任副职的日本人说了算，中国人则成了摆设。在教育行政机关里日本人占有相当大的数量，1933年伪文教部有在职官员150人，其中70人为日本人，将近一半。在一些具体行政部门，如总务、教务司，日本人任职人数超过50%，督学官共三人，其中二人为日本人。学校也不例外，为了加强奴化教育，日本殖民当局还将大量日系教师安排进学校。

除对教育的控制外，日本殖民者还在东北建立了与日本体系相似的教育法规，对东北的殖民主义教育进行法制化的系统管理。如1932年5月宣布"民政部训令"，1933年5月宣布"文教部训令"，同年7月召开教育厅会议。"民政部训令"发布了关于制定教育法规的规定，明确所有教育法规必须经民政部批准才能实施。"文教部训令"也重申了由文教部审批的教育事项。教育厅厅长会议更是强调了东北殖民地教育法规的统一。通过一系列殖民当局的官方文件，东北的殖民教育完全被纳入日本的法律之中，日本殖民者基本上掌握了东北地区的教育管理权。

二、制定殖民奴化教育方针

1933年7月9日，日本拟订了"王道教育"方针，即"重仁爱、讲礼让、发扬王道精神"。1937年5月2日，发布《学制要纲》，制定了"皇道教育"方针，向学生灌输忠孝、日满一德一心的思想，以使之成为伪满皇帝和日本天皇的顺民。①

日本帝国主义对伪满洲国的走向有两项规定：一是将"满洲国"变成农业国，直接受日本帝国控制；二是防止其出现资本主义，特别是汉民族的资本主义化。1932年3月，在日本殖民者的授意下，伪满洲国制定《建国大纲》，大纲中重点提出并阐明了王道主义，认为王道主义是"满洲国"的指导思想，是"满洲国"的教育方针，其王道精神就是"尊重博爱"，就是根除种族观念和排外思想，就是协调民族与国家关系，树立人类相爱的理念。从字面上看，王道主义所表现的都是人类美好的愿望，但实质上这是日本殖民者变相的奴化教育，

---

① 关捷. 日本对华侵略与殖民统治（上）［M］. 北京：社会科学文献出版社，2006：321.

通过"礼让""亲邻""协和""相爱"的口号来铲除中国人的民族意识和反抗精神，通过所谓王道主义下的殖民奴化教育，将东北人民特别是青少年一代教育和训练成日本帝国主义的顺民。

1935 年 4 月，溥仪访问日本，回满洲后发表诏书。"诏书"内容一是自己向日本天皇表忠心，二是对东北人民提出要求。他在"诏书"中表示对日本天皇"五体投地"，表示自己与天皇"精神如一体"，并对天皇统治以及日本扶植伪满洲国的功劳大唱赞歌。他要求东北人民要效忠天皇，与日本一德一心，共同发扬东方道德，奠定两国友谊。《回銮训民诏书》发表后，伪满洲国殖民教育的教育目的便更改为"日满一德一心不可分"。第二年，文教部还专门发出指示，要求东北殖民地的小学教育要以《回銮训民诏书》为指针，并以此作为建国精神，学生要遵循和培养东洋道德，与友邦日本真正形成"一德一心"。

综上所述，我们可以看出日本在东北殖民奴化教育的进展轨迹，即开始时是"王道主义教育"，接着是"日满一德一心"的奴化思想。这不仅充分体现了其教育的殖民性和奴化性，也反映出日本教育摄取性中的极强侵略扩张性，它表明了日本殖民者对东北教育的控制，从"王道教育"到"日满一德一心"的殖民教育体系在东北基本形成。

三、制定并实施殖民奴化教育"新学制"

"新学制"是日本殖民奴化教育在东北的重要标志之一，是日本教育逆"摄取"的具体表象。"新学制"的实施表明，伪满的教育已被完全纳入日本殖民教育体系之中。

（一）"新学制"的制定

伪满洲国的学制建立分为两个阶段：一个是沿用旧学制，另一个是建立新学制。伪满洲国成立之初，因为诸多原因，殖民统治者仍沿用中国原有学制。伪政权民生部对此做了解释，认为，"建国"初时间太紧，来不及制定新学制，于是沿袭旧时代的学制，只将教育内容稍加改变。但是这终不是长久之计，因为要实现建设新国家的理想，仅改善些许内容远远不够，只有彻底改革旧学制，建立适应殖民奴化教育的新学制，才能完成新国民的教学任务。中日战争的形势使日本殖民统治者越来越清楚地认识到旧学制的弊病：一是年限太长，二是不重视职业教育，三是不能适应殖民教育宗旨。因为旧学制太长的学习年限已经跟不上日本侵华战争的发展速度，其人才培养满足不了战争的急需。旧学制偏重基础教育,而日本侵略者因对中国加大经济和资源掠夺,需要大量初、中级技术熟练工人,旧学制导致教育严重滞后。特别是旧学制的道德教育,与日本殖民教育的宗旨如"建国精神""日满一体""唯神之道"等相差甚远。基于以上原因,建立"新学制",成为日本在东北教育侵略、实施奴化教育的首要任务。为达目的,日伪当局从1932年6月伪满洲国刚建立三个月开始,做了历时五年之久的前期准备工作。到1936年,日本帝国主义已经基本建立起较稳固的殖民统治。为了进一步控制东北的经济命脉,扩军备战,准备全面侵华,日本帝国主义开始对军需资源进行疯狂掠夺。在此形势下,制定"新学制",废止旧学制,不仅成为日本侵华政治的需要,更是军事的需要,是日本教育扩张在东北地区的当务之急。因此,日本殖民者加快了"新学制"制定的步伐。1937年4月,在侵华日军的精心安排之下,提交学制方案,后由"国务院"的参议府会议审查,一个月后溥仪宣布"新学制"正式制定。同年10月,为配合"新学制",伪民生部公布各类学校的规程及实施细则。1938年元旦,"新学制"正式在伪满洲国实行。日本殖民主义的教育在东北自成体系,殖民奴化教育全面实施,"新学制"的颁布和推行是其重要的标志之一。

(二)"新学制"的特征

伪满洲国的"新学制"是典型的殖民地奴化教育制度,充分体现了日本殖民主义教育的本质特征。其主要特点:一是把日语列为"国语",通过语言的改变进行教育和文化控制。各级各类学校普遍开设并加强日语教学,中学的日语课课时数已大大超过了"满语"的课时数,大学则完全用日语讲授。二是突出奴化思想教育,强化教育扩张之思想控制。"新学制"把奴化思想教育摆在特殊重要的地位,将其渗透在教育目的、课程设置、教材选编和日常教学训练等各方面。为教育洗脑,培养忠于日本天皇的顺民,初等教育设置"国民科",将"诏书""敕语"等日本军国主义的思想作为教学内容,其几乎占去总教学课时的一半。中等以上学校均设有"国民道德"课,内容则是宣传"皇道""神道""建国精神""一德一心""民族协和"等日本政治理念。三是强调"实务教育",使中等教育完全职业化。在各种国民高等学校中,减少中等文化基础课的分量,增加实业科课时,实业科课时占全部课时的1/2;取消了对系统知识和基本理论的讲授,强调实际操作的训练。学校成了名副其实的劳作训练中心。教育完全背离了其本质特征,失去了人的概念,变成了"工具"的制造。四是缩短中等和高等教育的修业年限,降低民众整体教育水平,实行殖民地愚民教育政策。中等教育由六年制缩短为四年制;高等教育由四年制改为三年制。全部学程 13 年，比当时日本的学制整整缩短了五年。再加上把精神教育、劳作教育和实业教育作为主要的教育内容，文化科学知识的教学课时一减再减，借以限制青少年对文化科学知识的学习，降低中国一至两辈人的整体文化水平。

（三）"新学制"的基本内容

"新学制"的基本内容分为两大部分：一是提出了教育方针。该教育方针突出了两个特性：一是殖民性，二是奴化性。并且特别强调了道德教育。它要求东北的教育要遵照"满洲国"的建国精神和溥仪访日"诏书"的旨意，贯彻"日满一德一心"精神，实行民族协和，学习东方忠孝道德，培养国民精神；学习日常生活所需的实用性知识和学问，通过教育，使国民成为顺服于日本殖民统治的工具。这种"新学制"，把所谓"德育"摆在第一位，把"日满一德一心"、日中"民族协和"作为学校教育的根本，把"知识技能"教育和增强学生体魄作为教学的主要内容，试图把青少年培养成顺民、帮凶和劳动力，即效忠日本天皇的顺民，供日军奴役、为日军侵华用于经济和武士掠夺的帮凶，四肢发达、头脑简单的初级劳动力。二是确立系统的殖民教育体系。"新学制"将学校系统分为三个阶段和两个门类，三个阶段为初等教育、中等教育和高等教育，两个门类为师范教育和职业教育。初等教育阶段是三个阶段中的重点，它包括初级小学和高级学校两个层次，分别是四年和二年。初级小学亦称国民学校，其教育目标有三点，即培养道德基础、教授知识技能和育成国民性格。要求学校留意学生身体和心理的教育，贯彻"新学制"的方针，加强国民道德教育，学生学习实用知识的同时，养成劳动习惯，将学生培养成忠心为日本天皇效力的"良民"。高级学校也叫国民优级学校，其教育目标与初级小学基本相似，只是更加强调道德培养和实务知识、技能的学习。中等教育包括两个类型：一类是国民高级学校，另一类是女子国民高级中学校。这两类学校过去的学习年限均为六年，"新学制"将其改为四年，其教育目标是通过实用教育和实务教育，培养对日本殖民统治有用的国民。中等教育的学科主要为农、工、商等，这些并不是普通基础教育，而是典型的职业教育，是要为日本侵华战争培养经济领域的熟练操作工。高等教育名义上是大学，实际上是专科学院，"新学制"规定其学科为农、工、医、法等，并将学习年限缩短一年，均为三年。高等教育的教育目标是继续培养"建国精神"所提倡的国民精神，学习学术理论和实践，把学生培养成殖民地所需要的人才。另外还有师范教育，分为三部分，分别是师范特修科、师范学校和高级师范学校。师范教育是"新学制"的重点所在，又是日本殖民奴化教育的基础，教育目的是为中、小学的奴化教育培养师资。特别值得注意的还有殖民教育体系中的技工学校，它是殖民地中等教育的延伸部分，属于职业教育的范畴，是为日伪控制下的各生产部门培养简单劳动力的。

四、强化殖民奴化教育措施

东北教育的改变是以"九·一八"事变为节点的。"九·一八"事变之前，东北已经形成了中国自己的近代教育体系。"九·一八"事变之后，原有的中国教育体系遭到日本殖民者的破坏，日本殖民当局废除原有体系后，实施了一系列奴化教育措施，在东北建立了日本殖民教育体系。

实施殖民奴化教育措施的第一点就是编写奴化教育教材。"九·一八"事变爆发后，日本殖民者接二连三地发命令、通告，并采取各种行动，要求废除原有教材，编写新教材。具体步骤：首先是关东军发布铲除排日、反日教材的密令；第二是在 1932 年 4 月，伪满"国务院"通令全国废止有关党义教科书；第三是在 1932 年 6 月，伪满"民政部"发出训令，对排外教材和三民主义党义教材以及与"建国精神"相违的教材进行坚决取缔；第四是在 1932 年 3 月至 7 月，日本殖民当局除大量进口日本帝国主义思潮的书籍外，还迅速组织人力、物力编写殖民奴化教材，与此同时，日本侵略军还焚烧 650 余万册原有的中国书籍；第五是在 1932 年公布《教科书编审委员会官制》的通令，建立奴化教材编写机构并任命教材编审官；第六是在 1933 年 3 月开始编写"固定教科书"，以供初、中等教育之需；第七是在 1935 年 12 月，固定教科书编审完毕并正式出版，这是一套完整的中、小学校教材，共有 23 种 29 册。这些教材虽门类有别，但有一个共同特点，那就是基调相同，指导思想一致，教材内容对中国历史有严重的歪曲，充满了所谓"王道政治"和"日满亲善"，教材的使用保证了东北殖民教育能从源头向学生灌输亲日敬日的奴化思想。

实施殖民奴化教育的第二点就是设置奴化教育的课程。奴化教育课程的重点之一是日语课程。其课程的设置经历了如下几个阶段：第一个阶段是 1935 年 12 月，为加强初级小学的日语教学，规定伪满洲国的小学须从一年级起开设日语课，包括高级小学和初级中学也须如此，后因一些客观原因如师资问题，初级小学改为三年级开设。第二个阶段是 1936 年，在"满洲国"实行日语等级考试，这原本是对社会开放的考试制度，但允许在校学生参加，日伪当局大肆奖励日语成绩优异者，除对合格者发"语学津贴"外，还在以后求职时对其进行优先录取。为配合日语学习，伪文教部还要求日语教师不仅要教日语，更重要的是通过日语教学，使学生学习日本文化，感受日本精神，使其真正理解"日满一德一心"，真正做到亲日、敬日、服日。第三个阶段是 1936 年 1 月，小学课程中除加大日语课分量之外，还增设修身和经学这些以思想教育为主的学科课程，特别是增加了日本史的课程。规定了修身科和历史科的教学目的，修身科的教学目的是以建国精神教育学生，培养学生的日本国民道德，把学生培养成为日本殖民统治的驯服工具；历史科的教学目的则是通过教授日本史，以增加学生对日本的认同感，使其能接受日本对"满洲国"的殖民政策。如此一来，"满洲国"的学校课程基本上都成为具有明显奴化色彩的课程。

实施殖民奴化教育的第三点就是加强师资培训。日本殖民当局对教师的素质培养非常重视，先后多次开办讲习会和讲习所来训练教师，提高教师对日本的"满洲国"统治思想的认识和理解，如 1932 年 8 月在长春举办的"教员讲习会"和 1933 年 4 月成立的"教员讲习所"，日本殖民者利用这些组织对满洲国的中小学教师进行洗脑，向他们灌输"建国精神""王道主义"和"满洲国"教育之奉旨，清除教师头脑中的中华民族意识，清除他们对日本人的所谓不纯和不敬的思想。殖民当局认为，只有用殖民奴化教育的观念奴化教师，通过教师，才能更直接、有效地教化学生，把奴化教育落到实处。满洲各地也纷纷开办教员讲习会，分批轮训学校教师。为培养"满洲国"殖民地日式奴化教育的教师骨干，各地还选送一批教师去日本学习，让他们接受日本人教育的实地训练，这些措施的实施，使东北师资的奴化得以很快地发展。

实施殖民奴化教育的第四点就是督学视学制度。日伪当局对督学视学制度相当重视，多次发表指令和通告，如 1934 年发表《视学须知》，1936 年规定视学官视察的主要内容。《视学须知》明确了督学的地位和职责，其地位在所有教师之上，职责是理解"建国精神"，研究"王道"真义，建设"王道"式的奴化教育。视学官视察的主要内容有三方面：一是"建国精神"实施情况，二是日语普及状况，三是"固定教科书"使用情况。通过两三年的运作，伪满建立了众多的自上而下的督学机构，首先是文教部设督学官，成立督学官室，各地也模仿成立相应机构并设视学官，这些所谓的督学视学机构和督学视学官员，具有监督"满洲国"教育的功能，实为日本侵略者的教育警察。他们受日本人指派，收集教育情报，监视教师的思想，以保证殖民奴化教育的顺利进行。根据他们反馈的信息，日本殖民教育当局制定奴化教育的政策，加强对中国教育的控制。在实施奴化教育的过程中，各级督学视学机构成了日本人监察督办奴化教育的工具，教育摄取彻底变味。

第九节　对华北、华中、华南地区的教育扩张

"七七事变"后，抗日战争全面爆发，日本帝国主义在其占领区实施教育扩张，教育的逆"摄取"力度更大，通过武力，剿灭中国原有教育体系，推行其殖民奴化教育。

一、全面侵华，华北、华中和华南大部相继沦陷

日本发动全面侵略中国的战争，是蓄谋已久的。1937 年，"七·七"卢沟桥事变爆发，日本全面侵华，大举进攻我华北、华中和华南地区。为在其占领区建立亲日的傀儡政权，日本侵略军加快了组建日伪政权的步伐：一是推出汉奸王克敏，在北平建立"中华民国临时政府"；二是 1938 年 3 月，日军攻占南京后，扶植汉奸梁鸿志在南京成立"中华民国维新政府"；三是 1938 年 12 月，汪精卫投敌叛国，日军开始组建所谓更具权威性和更具代表性的全国性日伪政权；四是 1940 年 3 月，合并南京和北平的两汉奸政府，组建以汪精卫为首的南京伪"国民政府"。从"七·七"卢沟桥事变到南京伪汪政府成立短短两年多时间，日本侵略军就攻占了我大半个中国，他们在华北、华中和华南大部的沦陷区内，用武力推行其殖民奴化的教育政策，并且利用其建立的日伪政权，在所有侵占地把奴化教育宣传作为武器，削弱、摧残中华民族精神，妄图使中国人服从于其残暴的殖民统治，成为日本太阳旗下的顺民。

二、日伪政权的教育宗旨

为加强对占领区的统治，日本于 1938 年 7 月占领南京后制定了《从内部指导中国政权的大纲》，大纲的规定表明了侵略中国策略的某些改变，日本对华的侵略策略变得更隐蔽，更具欺骗性。其重点有两条：一是尊重，二是禁止，即尊重日华共通的文化，彻底禁止一切抗日言行。与此同时，侵华日军大本营也秘密发布《文技宣传策略纲要》。极具日本殖民教育色彩的组织——"兴亚院"，据此纲要，制定了对占领区的奴化教育的具体方针。方针一方面要求通过殖民奴化教育，毁灭中华文化、消灭汉民族意识、清除抗日思想；另一方面要

求大力开展文化工作，宣扬日本文化，建立日中共荣、防共的东亚新秩序。"特别强调反共，破坏国共合作。"①

（一）提出培养"新民人"的教育口号

统治区的日伪政权提出培养所谓"新民人"的教育口号，按日本人的解释，"新民"或"新民主义"，即"王道思想"，"新民人"就是拥护"王道思想"的人。《新民之歌》唱道："旭日照东亚，全亚协合为一家。学宗孔孟行王道，人做新民在中华。格物致知正心，诚意修身齐家，治国平天下。"② 1937 年 12 月 24 日，北平成立了伪新民会，这是地地道道的汉奸文化组织，是日本军方参谋本部与日本特务机关仿效伪满协和会刻意组建而成的。其基本纲领有五条，即发扬新民精神、实行反共、完成国民组织、团结东亚民族和建设世界新秩序。1938 年 1 月，"新民学院"在北平成立，该学院的性质为"新官吏养成所"，由华北日本军军部直接管辖，与此相类似的"维新学院"也在南京成立。从中央到地方都有伪新民会的分支机构，几乎遍布整个占领区。为了加强奴化教育，加强对学校的控制，日本还成立了"新民青年实施委员会"，委员会渗透到大、中、小学校，经常在各类学校组织活动，如讲演比赛和作文比赛，向学生灌输"新民精神"，使学生了解新民会的使命，争做所谓的"新民青年"。不仅如此，日本军方还于 1938 年 4 月成立"中等教育师资讲肆馆"，训练和培养殖民奴化教育的教师。同年 5 月 1 日，成立"中央青年训练所"，培训日军占领区的青年学生骨干，从 1938 年至 1943 年的五年时间内，受训人数达 2000 人，其中 80%的人加入了新民会，大部人被分派到伪政府机关，指导占领区的政治工作。在日军的控制下，从政府到民间都设有新民组织，政府方面的新民组织有"首都新民少年团"，还创办了《新民报》，民间建立的新民组织有"新民教育馆""新民主义研究部"以及新民阅览室、映画班和茶社班等。"首都新民少年团"曾被日本军方誉为"兴亚先锋"，该组织不仅对青少年进行新民精神训练，还利用《新民报》进行宣传，鼓吹其侵略战绩，压制抗日斗志。新民会通过各种形式，配合日本侵略军的奴化教育和治安强化，宣扬日本文化，培养日本侵略战争所需要的所谓"新民"。

（二）制定反共睦邻的奴化教育方针和政策

关于教育方针和政策，日伪当局根据战争形势的变化多次加以阐释。1939

---

① 南开大学，吉林师范大学，等. 中国现代史（下）[M]. 哈尔滨：黑龙江人民出版社，1981：79.
② 夏潮，史会来. 抗战时期沦陷区封建礼教泛滥现象分析 [J]. 学习与探索，1997 (5).

年8月，汪精卫主持召开的伪国民党六大修订了国民党政纲中关于教育的部分，其修改的内容与日本军方提出的思想大同小异，也包括两个方面：一是除发扬固有民族道德之外，还特别强调要吸收外国文化即日本文化；二是要贯彻睦邻精神，严禁排日思想。为实现这一目标，伪"教育部"于1940年10月制定了《中学训育方针及实施办法大纲》，以此来指导对学生的奴化教育。1941年8月，汪精卫政府中央宣传部秉承日本侵略者"实施对重庆和平工作"的要求，制定了《对渝宣传攻势计划》，其方针是："为促进全面和平之实现，和平统一之完成，以宣传攻势之姿态，使人民知抗战不足以救国，而依归和平，以共同担负复兴中国复兴东亚之大业。"[1] 1938年到1941年期间日伪政权教育方针政策的主旨：一是宣传，二是消磨，三是破坏，即宣传日本殖民者所谓的和平"建国"的思想，消磨中国人民的抗日斗志，破坏中国抗日民族统一战线。宣扬中日同种、同洲、同文、同道，鼓吹要冲破所谓中国民族意识之壳，觉醒于大东亚民族意识。1941年12月太平洋战争爆发后，日本帝国主义对原有对华政策进行调整，出台了新的对华政策，增加了打击、瓦解美英力量，制造与东亚接近的政治理由等内容。汪精卫政权为配合"日中一体""发扬东方文化之真髓"的所谓新政策，在1942年元旦提出《新国民运动纲要》，制定了"新国民"标准，极力推行"协力于大东亚战争"的"新国民运动"。另外，在1943年6月和11月分别制定了《战时文化宣传基本政策纲要》和《战时社会教育实施纲要》。《战时文化宣传基本政策纲要》强调，为了适应东亚战争的需要，特别是配合日本在中国的统治，必须进行战时文化宣传和加强殖民地奴化教育。剖析《战时社会教育实施纲要》，其重心更加露骨，就是要通过教育使民众加强战时意识，全面服务甚至直接参与"大东亚战争"，培养日本侵华战争的炮灰。

由此可见，此时日本教育逆"摄取"在侵华战争中对中国教育的侵略扩张是何等"全面、深刻"，中国教育面临着史无前例的灾难。

三、实施奴化教育活动

日伪统治当局实施奴化教育，重点是严管教科书、清理教师队伍、强推日语教育。通过"宣抚班"的"演讲"和"训话"，灌输奴化教育思想，还利用实习游历，以大量潜移默化的方式，炫耀日本的"王道乐土"，以达到培养汉奸

---

① 吴洪成. 日本侵华时期沦陷区奴化教育研究［M］. 石家庄：河北教育出版社，2017.

之目的。

一是规定了编写奴化教科书的方针。其基本内容是排除中国的三民主义和一切抗日思想，在教材中加强奴化教育的量，用历史来证明日中之间共存共荣的连环关系。为了把奴化教育思想溶于中国文化之中，大肆宣扬恢复东方固有的教育理念和文化道德，在日本"王道思想"的框架内提倡中国固有的儒教思想，借此抹杀中国人民的反抗精神，鼓吹对日亲善。日伪教育当局虽然规定小学读《孝经》，初中读《诗经》，高中读《孟子》，但强调要用"大东亚共荣""皇道思想"来解释这些中国经典。1938 年 5 月，北平伪临时政府"教育部"为了加强对教科书的管理，公布了《教科图书审查规程》，审查规程强令规定所有教科书未经"教育部"审定不能发行和采用。1939 年，伪华北政权教育总署编审会编的小学教材开始使用。缪斌①任新民会中央指导部部长期间，就筹划利用"亲日反共"的"亲民主义"来代替"三民主义"，此举深得日本人的赏识。为落实这一计划，在思想意识上彻底泯灭中国人的"三民主义"，日本人坚持将"亲民主义"编入中小学教科书。汪伪政权经日本侵略军的授意，为贯彻"和平反共建国"的奴化教育方针，以日伪政府行政院和教育部的名义，多次发布训令，规定教育内容。伪华北政务委员会教育总署于 1941 年在北京成立编译馆，着手编印奴化教育所需要的所谓现代知识丛书和大学丛书等。汪伪南京国民政府"教育部"也制定了中、小学教科书的编辑要旨：鼓吹"大亚洲主义"，鼓吹"和平、反共、建国主义"，鼓吹"东亚同盟四大纲要"和以所谓政治上独立、军事上结盟和合作经济、沟通文化为东亚民族"共存共荣"之基本原则。要求各级学校都要取消其他外国语并用日语代之。据此方针，除在统一教材的外语中全部选用日语外，甚至直接使用由日本文部省编写的日本国内教材，这些教材中有大量削除抗日、歌颂日本帝国主义的内容，其中处处可见"中日亲善""圣战必胜"和"帝国万岁"的字句。例如在新国民教科书中，除开"日本对华的援助"和"中国事变的意义"外，还加进了许多所谓"新……"的内容，如"新中国政府""新人民党""新中国国民党"和"新环境的认识"等。教科书用一系列的"新"来麻痹中国青少年学生，充分暴露出日本教育侵略者的险恶用心。为了进一步加强对青年学生进行奴化教育，1943 年 2 月，在日本军方的授意下，伪国民政府规定了公民教育的主要内容，为新三民主义、大亚

---

① 缪斌（1899—1946），孙文主义学会发起人之一，曾任国民党中央执委，后参加北平亲日政府成为汉奸，二战后被处决。

洲主义和新国民运动纲要等，并且还以"党义"的内容作为青年学生的必修课。日伪统治当局认为，青年学生少不更事，头脑简单，容易冲动，只有对他们加强奴化教育，才能防止他们被邪说所蒙，误入歧途，贻误国家。日本军方在教材中还大肆侮辱中国人，污蔑中华民族。如日本文部省编发的小学教材，其中就有内容把中国人比作雪人，把日本人比作太阳，在日本人面前中国人是不堪一击的，因为"太阳一出，雪人就溶化了"。1942年伪华北教育总署发出通知，把《兴亚读本》作为中小学道德教育教材，《兴亚读本》的核心就是张扬"大亚洲主义"，"大亚洲主义"实际上是日本帝国主义对外教育扩张、教育侵华的思想基础。

二是严控教科书，实行教育内容的奴化。首先是对学校原来使用的教科书进行全面删改，并提出了其删改的原则和程度。删除的方针是反共，原则有两个，一是阶级斗争的问题，二是民族国家仇恨的问题。删除程度非常严格，只要原有教材含有甚至有可能含有引起阶级斗争思想的内容，含有足以引起民族国家仇恨思想的内容，都必须将其彻底删除。因此伪教育部严格审查了原来使用的教科书，加大了对教科书的控制。1937年8月31日，为保持教科书的所谓"纯洁"，伪北平市维持会就发出通知，规定删除所有小学教科书中的有关爱国主义教育的内容。同年10月中旬，又强行要求各类学校都要增加日语课程，并对中国原有的大、中、小学校教材强行予以修改。例如当时的北平师大第二附属小学，就曾发生过类似的事件，"七七事变"后，日军占领了北平，秋季开学时教材便出现了问题，因为该校继续使用的原有教材中有一些民族自强与抗日的字句与内容，例如小学五年级上册语文课本上的"中华民族""精忠报国"和"自强""奋斗"等词句，这些都被强行命令用黑墨涂掉。其中有一篇《吴阿毛的故事》的课文也被撕掉，原因是该课文讲述了上海司机吴阿毛抗日的故事——吴阿毛把一卡车日军开进黄浦江，自己也光荣牺牲。还有《岳母刺字》和《阎典史》等表现中国传统文化的文章，也被删除。与此同时，日本殖民当局加快了组织教科书的步伐，他们除了自行出版教材外，还从伪满洲国甚至日本运来课本。日伪接管的学校所使用的课本多由伪满洲国运来，少量则由伪华北教育总署编辑出版，甚至有的大学被强行要求使用日文课本，以此强迫学生学习日语。日伪政权对教材的审查程度非常严格，1938年，提出了对原有教材进行审查的决定；1940年，又公布了对各类教材的审查表，特别是伪上海的"维新政府"，还专门成立了学校教材编查委员会，加大对教材审查的力度，教材中只要带有一点抗日爱国的内容，都被通通删除，并加进大量的崇日媚日的文章，例如，当时中小学四年级下册教材中的《上海商人互助协会致某某军电》等文章就被删除，其原因是这些文章宣扬爱国思想。特别是 1940 年的审查表，审查程度甚至令人发指，审查表规定凡有"妨碍中日邦交之点应删除"。此审查表针对幼儿园、小学和中学的各类教材，删除的课文有：初中一年级下册的《王冕少年时代》《战地一日》《抗战受伤的追忆》《济南城上》四篇，初中三年级上册的《川原中尉战毙记》，初中三年级下册的《戚继光传》《南口喋血记》等。更有甚者，如小学五年级上册中"报国仇"之类的词句也被删除。

三是清理教师队伍，培养奴化师资。日本军方对当时的教师队伍进清理和奴化，主要表现在两个方面：一方面，在具体教学中，学校经常有督学来视学，甚至还有日伪特务听课，一旦发现教师有排日言行就将其逮捕入狱；另一方面是为了培养和加强奴化教育的教师力量，派大批日本人来华直接任教。为解决奴化教育的师资问题，日伪政府首先通过各级师范学校培养教师，对教师实行审定，然后对其进行再训练。其次，严格审定小学教师，还经常指定教师受训，一方面发展特务组织，一方面审定教师思想，为笼络小学教师，在薪俸上给予一定的提升。① 早在 1938 年 4 月，"中等教育师资讲肄馆"就在日本华北派遣军的直接操纵下在北平成立。该培训组织的目的是培养奴化教育的师资骨干，学员经过培训，最后都成为冀、鲁、豫等省各县的中小学校长。各省的伪政权也纷纷响应，成立讲习所和专项训练班等。特别是其中一些为适应侵华战争的需要实行的专项训练，如伪河南省教育厅组织的"农业训练"，训练目的是为了支援大东亚圣战而搞好农业生产，参加的人员有校长、教务和训育主任，除讲授农业知识外，还大讲"大东亚战争必胜"等亲日思想。上海日伪当局规定小学校长"须抱东亚和平主义"，对"曾有抗日或共产行为，证据确实，迄未自新者"不准录用。还密令警察局所属特务侦缉总队，严密监视教职人员行动，"发现形迹可疑或有反动倾向者"，立即严密查办。伪政府还采取"思想测验"等方式来考核教职员。其测试题目有"树立东亚和平，现在该做什么工作？""容共抗日与反共亲日两者孰利？""在新政府统治下应灌输何种中心思想？"等。教员的答案若与"标准"答案不符，即被判为是思想"异端者"，轻则取消其教师资格，重则将其送入日本宪兵队处治，教员甚至因此失去生命。

四是强推日语教育，增加亲日课程。日本侵略军对占领区奴化教育中的重要一环是在其军事占领区开展日语教育。当时在考察伪政权时，看是否对日亲

---

① 张同乐. 华北沦陷区日伪政权研究 ［M］. 北京：生活·读书·新知三联书店，2012：73.

善,也要看是否将日语作为学校的必修课。在日军武力的高压之下,占领区的教育将日语作为重点,各校在安排课程之时,也极力地开设日语课程。1940年7月,日本控制下的伪教育部规定初中以上学校将日语列为必修科。河北、浙江等伪省公署还设立了日语教员养成所、日语教员讲习会。颁布了《日语讲习会实施纲要》,纲要明确规定对日语教师训话的七大内容:宣讲日本事情、认识兴亚之新事态、高扬灭共精神、学习东洋伦理、感悟东洋精神即文化、熟悉世界维新与东亚关系、理解东亚新时代教育。在制定编写中小学教材的要旨时,侵华日军授意伪教育部规定各级学校都要以日语代替其他外国语,并据此方针编定统一教材,甚至直接使用日本文部省编印的日文版教材。伪政府最高顾问部还规定:模范小学及主要都市特定小学日语教员须聘用日本人,中国人和日本人虽然都可以担任中学、专科学校或大学的日语教师,但是中国人的日语教师要受日本教育顾问甚至日本特务的监督。为配合日语课的教学,在行动上树立奴化意识,汪伪教育当局还在学校开设所谓"青训课"。"青训课"是一种特殊的课程,其上课形式野蛮,教师对学生进行武士道训练,可以任意体罚学生,对学生宣讲亲日卖国思想,培养绝对服从的奴化学生,甚至规定"青训课"成绩一票否决制,若"青训课"成绩不合格则不允许学生升入到高一级年级。此外还在南京等地举办了"青少年训练班",以"中日亲善""东亚联盟"和"新国民运动理论"作为训导的基本内容。这样一来,日本就把教育摄取中的教育扩张细化到了教育的各个环节。

五是成立"宣抚班",通过"演讲""训话",宣讲奴化教育。日本第二次占领青岛后,侵华日军就在海军和陆军中成立"宣抚班",这是一个带有侵略色彩的宣传教育组织。随着战争的扩大,"宣抚班"深入到中国内陆的广大地区,到学校学生和社会群众中宣讲侵略理论,进行奴化教育的欺骗宣传。1938年10月,日军占领武昌县后,在全县各乡镇驻扎"宣抚班",负责推行奴化教育。一方面,组织维持会,在各乡镇所在地、大街小巷及各乡村路口刷写反动标语,如"中日亲善""共存共荣"等,还走乡串村,宣传反动口号,制造反动气氛,麻痹人民的意志。另一方面,他们还把魔爪伸向青少年,强令全县13所中心小学一律使用日伪新编的歪曲事实的课本,学习日语、说日本话、唱日本歌、做日本操、跳日本舞,以日文为主科,所有学生如日文不及格则遭到留级处分,而汉语则被看得无足轻重。凡是有爱国思想、宣传抗战的言论更是被严禁。日本军国主义教育摄取异化的教育扩张(逆"摄取")经过长年累月的奴化教育宣传,严重地摧残了中国青少年学生的身心健康。

　　日伪政府也经常派员到各地学校进行"演讲""训话"，给学生灌输奴化教育思想。1940 年 4 月 20 日，凡日占区的学校都有日伪官员亲临，政府官员对学生进行有针对性的训话，规定每周必须训话一小时以上，以培养学生从小的亲日感。1941 年 3 月，日伪南京政府对 8000 多名南京大学生进行集训，宣讲媚日卖国。1943 年 11 月 29 日，汪精卫对上海的大中学生进行训话，标题为《光明的方向》，他要求学生通过训话教育，树立吃苦耐劳、亲日共荣的思想，努力实现"大东亚宣言"。所谓"大东亚宣言"，是 1943 年 11 月 6 日，伪汪、伪满、泰、菲等在"大东亚会议"上共同签署的。"宣言"称：大东亚各国要互相敦睦，紧密提携，沟通文化，进而开放资源，建设"共存共荣"的秩序。①

　　六是组织实习、游历，炫耀"王道乐土"。利用所谓的实习组织学生参观游历，是日伪教育当局对青少年学生进行奴化教育的方式之一。并且规定学生参加实习后才准许毕业。日军还把"天长节"（日本明治天皇生日）等日本节日原封不动地移植到中国，把它们作为中国人的节日，强迫青少年学生在那一天去参观，去感受日军的辉煌"战果"，感受"皇军"的伟大。特别是新民学院，每一期的学习结束后，学生都要参观一个月。由日本军部带队，先经朝鲜，后到日本，在朝鲜参观日本统治下的所谓"王道乐土"。到日本则除参观一些大城市外，还重点参拜日本的神社，拜祀日本的"忠灵"，如二重桥、明治和伊势神宫、靖国神社，以使学生接受日本的神道教育，培养其对日本历次战争中侵略者的崇敬之情。整个参观过程都在展示日本帝国的"国力"，以证明日本为全世界最发达国家。通过参观让学生不仅产生"敬佩"之情，更重要的是使学生成为忠于日本天皇的顺民。② 日本人以大量弥散性和潜在的隐形方式，使日本帝国主义的奴化教育渗透到占领区学校生活的各个层面之中。

四、疯狂摧毁中国学校设施

　　随着日本侵华战争范围的不断扩大，侵华日军对占领区内中国原有教育机构的破坏也不断升级。当时因战争原因停办的学校达十万多所，其中初等学校最多，停办的就有十万所以上，中等学校停办的有 3000 所左右，职业学校停办

---

① 中央教育科学研究所．中国现代教育大事记［M］．北京：教育科学出版社，1988：519．

② 北京市政协文史资料研究委员会．日伪统治下的北平［M］．北京：北京出版社 1987：297．

的也有 100 多所。全国众多学校的停办，造成大量学生失学，失学学生有千万人之多，全国的教育几乎全部瘫痪。大学亦如此，多数被停办或解散，导致部分大学历经千难万险迁入川、黔、湘等西南地区。著名的西南联大就是北大、清华和南开为避战祸南迁，先迁长沙后迁昆明后联合组建而成的。

"七七事变"前，日本就对关内的学校进行肆意破坏。1932 年 1 月 28 日淞沪战争发生时，上海各大、中、小学校就遭日军狂轰滥炸或野蛮占领。淞沪战争爆发后不到半年时间，国民政府教育部就对战争中就教育所招致的破坏做了调查，公布了《淞沪被害专科以上学校所报损失表》，调查表明，在日军侵沪战争中，仅 14 所学校所受到的直接和间接损失就达 750 万元左右。这些学校分别是国立中央大学商学院、国立中央大学医学院、国立暨南大学、国立同济大学、国立劳动大学、国立交通大学、私立复旦大学、私立大夏大学及附中、私立东吴大学法律学院、私立上海法学院、私立持志学院及附中等。另外，"七七事变"之后，1937 年 8 月中旬，日军出动飞机 100 余架对上海实施狂轰滥炸。空袭中有 90 多学校被破坏，众多的高等学校被炸毁，其中 75% 的高校几乎全部被毁坏。天津也在日本侵华战争中遭到重创，1937 年 7 月 29 日，日军飞机对天津实施空袭，连续轰炸四个小时，其轰炸的目标主要是南开大学。南开大学遭空袭后变成瓦砾之场。更有甚者，日本侵略军还纵火焚烧教学楼、图书馆及师生住宅等，被烧毁的房屋一共有 37 栋，还有大量的图书资料被毁，其中中文图书十万余册、西文图书近五万册，还有珍贵的成套学术期刊，仅南开大学一校的财物损毁就达 700 万元。日军不仅将南开大学洗劫一空，还把校园变为日军的医院和军马牧场。关于中国高校被战争破坏的情况，国民政府教育部编写的《敌人摧残我文化事业录》中曾有过记载，记录表明，1937 年 10 月，抗战爆发仅三个月，全国就有 23 所高等学校被日军飞机轰炸。这些学校分别是天津、河北、上海、南昌和广州的高校，其中有南开大学、复旦大学、同济大学和中山大学等。对浙江大学，日本侵略军采取了更疯狂的破坏行动，1938 年 1 月，日军竟然用煤油纵火，火烧浙江大学，该校图书馆的所有书籍资料几乎全部被毁。1939 年 2 月，日本飞机轰炸宜山地区，浙江大学校园被日军投掷一百多枚炸弹，导致房屋建筑被严重破坏，教学设施几乎被炸毁，校产损失三万余元。1938 年（抗战第二年），为避战祸，湖南师范大学的前身国立师范大学也不得不在远离长沙的湖南省安化县蓝田镇筹办成立。

日军飞机所到之处，教学机构变成一片废墟，在北平仅有少量几所大学幸免于被轰炸，但也被日军强占。1937 年 8 月 25 日，日军攻入北京大学，强行到校长办公室进行所谓的安全"检查"；9 月 3 日，日军进驻北京大学校内的第二院和灰楼宿舍；10 月 18 日，地方维持会接管北京大学并将所谓"保管"北京大学的布告挂在第二院的门口。日军还强占了北京大学红楼，并将其变为日军的宪兵队队部，北京大学的地下室也被日军改作囚禁抗日爱国人士的监狱。文学院院长办公室被强占为"南队长室"，日军还将"小队附属将校室"的牌子挂在中文系的门口。

　　日军占领区面积大、人口多，因而中、小学校数量多，所受损失程度也更深更大。战前，我国从事中等教育的学校数量已达 3000 多所，学生 60 多万人。1937 年全国抗战爆发后，战事在短短几年内就席卷了华北、华东、华中及华南各省，近半个中国被日本侵略军占领。日军占领区不仅是中国经济发达的地区，而且也是教育文化发达的地区，这些地区的中等教育机构遭日军破坏尤盛。上海市社会局对当时的情况所做的调查表明，抗战开始后不到一年时间，上海的中学损失就达 200 多万元。其中几乎全部被日军炸毁的中学有吴淞、复旦、麦伦、市北、粤东和爱国女中、惠群女中、启秀女中、两江女师、广东初中等。至1938 年 8 月底，江苏省中等学校的财产损失为 1500 多万元，安徽省为近 500 万元，河北省为 1300 多万元，山东省为 600 多万元，河南省为 300 多万元。察哈尔为 260 多万元，绥远为 34 万余元，南京为 330 多万元，上海为 170 多万元，北平为 1000 多万元，天津为 440 多万元，青岛为 120 多万元，威海卫为 80 多万元。其结果不仅是学校的数量，在校学生人数也是速减。"七七事变"后不到半年就有 1368 所中学被迫关闭，占原有学校总数的 40% 之多，在校学生人数也由"七七事变"前的 62 万余人迅速减少为 38 万人，近半数被迫辍学的学生只能流亡内地。仅 1938 年一年时间，教职工数万人受战争影响，占其总数的 1/3 以上。湖北省国民政府对该省中等学校抗战时的损失统计表明：公立中等学校有 40 余所，合计损失近 600 万元；私立中等学校有 70 余所，合计损失 560 多万元。其中，建筑物、图书、仪器、设备、标本等直接损失为 1000 多万元。战后江西省教育厅长的报告中提及江西省中等学校遭受破坏的情况，尤以南昌为甚。江苏省教育厅长称：本省学校校舍等教学设施破坏甚大。南京市的报告中也指出，南京教育因遭受日伪长期蹂躏，基础已失，恢复特难。北平市在战后接受调查中发现，全市各级学校及社会教育机关共计 245 处，其校舍坍漏，校具破烂，图书被焚毁或被偷窃，仪器残缺，损失实居大半。

　　日军对我国初等教育的摧残远在中学之上。1935 年，为在全国加快普及义务教育的速度，国民政府教育部制定了《实施义务教育暂行办法及施行细则》。

当时中国的初等教育得到迅速发展，从 1935 年和 1936 年两年的情况就能充分证明。先看 1935 年，一年时间全国就增加短期小学 25901 所、简易小学 129 所和普通小学 35173 所，社会巡回教学组 119 组，增收初级教育学生 380 多万人。再看 1936 年，再增加短期小学 38117 所、简易小学 161 所和普通小学校 13267 所，巡回教学组也成倍增长，达 735 组，增收初级教育学生 440 多万人。仅两年就增加初级教育学生达 800 万人之多。到 1937 年"七七事变"之前，全国的初级教育已成规模，不仅有 32 万余所初等教育机构，学生数量亦是空前达 1800 多万。"七七事变"之后，这些初等教育机构，除开部分学校因战争直接被损毁外，其余学校皆因被日军占领而被迫关闭。至 1937 年底不到半年时间，学校数量就骤减 22 万所；一年之后，又有十余万学校被停办，600 多万中国少年儿童失去受教育的机会。据江苏、安徽、河北、山东、河南、察哈尔、绥远、南京、北平、天津等 13 个被日军占领的省市不完全统计，初等教育的财产损失达亿元。其中江苏损失为 2000 多万元、安徽为 400 多万元、河北为 900 多万元、山东为 3600 多万元、河南为 800 多万元、察哈尔为 200 多万元、绥远为 50 多万元、南京为 150 多万元、北平为 180 多万元、天津为 640 多万元、上海为 580 多万元、青岛为 160 多万元。[①] 摧毁中国的学校及教育设施，是日本教育侵略在侵华战争中的重要表现之一。它严重损坏了中国教育的实物基础，使我国教育事业遭受了更为深远的影响。中国近代教育几经磨难，义务教育更是步履维艰。从 1931 年到 1945 年 14 年的侵华战争，不仅使中国战区和沦陷区的几乎所有的教育机构被毁之殆尽，而且彻底打断了我国在 30 年代刚刚起步的义务教育，甚至使抗战后方各地的义务制教育，也因战时经费的困难而无法实施，使中国整整一代人丧失了受教育的机会，从而严重延误了我国教育事业的正常发展。此种教育摄取和教育扩张所造成的中华民族教育的间接损失和历史影响，更是无法进行估量的。

日本的教育扩张（"有所作为"的逆"摄取"），给中国的教育带来了灭顶之灾，严重地破坏了中国原有教育设施，侵蚀了中国师生的灵魂，摧残了中华民族的精神，同时，也激起了中国人民和广大师生的反感、抵制和反抗。为了揭露、抵制奴化教育，反抗日本帝国主义侵略，中国人民利用各种形式积极与其斗争，甚至献出了宝贵的生命。

---

① 齐红深. 日本侵华教育史 ［M］. 北京：人民教育出版社，2002：340 – 352.

第六章

结　论

　　中日两国近两千年的教育交流，均由日本主动摄取而起，因为摄取的方向改变，双向影响的比重也各有差异。在古代，中国教育与日本教育存在着势位差，即中国教育成熟而完备，日本教育起点低、发展亦慢。这种势位差决定了两国之间教育交流的相互影响和促进，无论是在其规模、速度以及内涵上，均是不能相提并论的。因为两国间的势差巨大，所以此间的教育交流，因日本教育的摄取性表现为日本主动吸收式的，由中国向日本温和地流动。然而当历史行进到近代，两国间教育交流的这一关系逐渐发生了逆转，虽然仍旧是日本教育主动，但日本教育摄取强势，使大趋势变成了日本向中国强迫式地流动，变成日本对中国的教育侵略。

　　提出摄取性为日本教育的基本特征，源于对日本教育定性的质疑。中国人研究日本教育远不及日本人研究中国教育深刻，因而中国教育学界对日本教育的性质研究往往缺乏合理性，常常是强调针对性，而忽视全面性；重视同一性而又忽视差异性；关注共性却少谈个性。故诸多的研究均不能准确地表述作为客观存在的日本教育。中日教育的交往有近两千年的悠久历史，其间有欢笑，有泪水，更有灾难。明治维新前，日本视中国为先生，对中国萌生欣羡、崇拜之情。明治维新后，学生对昔日的老师挥起了屠刀，将其教育摄取性中的所谓"有所作为"发挥到了极致，把教育摄取性的主动吸收、利益选择异化成教育扩张，在中国的土地上横行了半个多世纪，中国近代教育成了日本教育蹂躏的对象。明治前对中国教育的吸收，明治后对中国教育的扩张，此特征正好符合教育摄取性的两个方面，符合日本教育摄取性在日本教育历史的不同阶段的客观合理性，对众多的日本教育历史实事也能做出较好的诠释。

　　日本教育摄取性有四个基本性质，它们分别是：①主动开放性。本文论述过，日本摄取中国教育是全方位的，它贯穿整个日本的古代史。日本教育的开放表现在其不仅吸收性强，而且又具极强的主动性。②利益选择性。日本教育以中国教育形式和内容为骨干，以自己固有的民族教育为血肉，形成了极具日本特色的教育。③综合创新性。兼容各家之长进行综合创新是日本摄取性教育的最突出的特点，其中特别阐明了日本"儒家资本主义"教育是东方（中国）儒家教育思想与日本式西方资本主义文化创造性的产物。④极端的两重性。日本教育无论如何变化，都时刻保持本国现存教育和外来教育两重特征。事实确实如此。究其根源，是日本民族教育中岛国民族的自卑感和"自尊心"相互作用，此点亦正好印证了日本教育摄取性的特征，前者往往激起日本民族向外学习的渴望，主动去摄取域外优秀教育，促进本民族教育的发展；后者则导致其教育一旦成熟进步，国力强盛，岛国民族的"自尊心"便会引发出狭隘的民族"优越感"，由"优越感"形成的扩张意识也会迅速膨胀，先是"国粹教育"登场，最终发展成军国主义教育。

文字、文化乃至政治经济的走向决定了教育的走向，古代和近世的日本，其文字和文化与中国相比都处于明显的劣势，教育更不在同一水平线上，成为一块教育"洼地"。日本古代基本上无生成原创教育，教育的无根使日本人内心生惧，也导致了日本而后教育滋生出极强的摄取性。其摄取不是简单的吸收，而是吸收后加速创新，日本张扬的男性文化特征，使创新强势后的日本教育又极具外传（侵略）性。早在公元前二三世纪，在航海工具极其困难的条件下，中国教育就由中国无意识地传出，日本有意识地摄取，成系统地进入日本，从根本上改变了日本教育，奠定了日本教育的基本走向。如大化改新的中国模式，大学寮、国学、博士等具特色的中国儒学教育；奈良时《大宝律令》仿唐制建学校，科举考试的"秀才""进士"，留学生（僧）赴唐，甚至参加中国的科举考试；学宋朝建书院，大兴汉学教育，提倡朱子学；江户时建立儒学学问所，幕府将军亲授《论语》。

陈寅恪先生曾说过："其真能于思想上自成系统，有所创获者，必须一方面吸收外来之学说，一方面不忘本来民族之地位。此二种相反而适相成之态度，乃道教之真精神，新儒家之旧途径，而两千年吾民族与他民族思想接触史之所昭示者也。"① 日本教育对中国古代教育的摄取亦是如此。日本教育和中国教育的关系表面上看起来不是"达摩弘法"，而是"玄奘取经"，但日本教育的"玄奘取经"，则是指其具有自身极强的主体性的"求知向学"，摄取真谛时孜孜之诚，一旦情势有变，就会"师徒"倒置、反目成仇。明治维新前后日本教育对

---

① 刘桂生，张步洲. 陈寅恪学术文化随笔［M］. 北京：中国青年出版社，1996：17.

中国教育的态度，是再明显不过了。19 世纪中叶以后，中国国势日蹇，内忧外患纷至沓来，教育也面临前所未有的危机，而明治维新前后的日本由于开放向西，学习欧美，致使国力渐盛。日本成为一个浓厚封建性的新兴帝国主义国家，教育的取向由此发生了质的变化，教育的摄取性亦开始变化。1890 年由明治天皇颁布了《教育敕语》，作为教育总纲领，《教育敕语》把皇权思想和封建忠孝道德统一起来，并将其融汇在实现军国主义的意识之中。明治维新后日本就一直觊觎中国的领土，为达到这一目的，他们首先以《教育敕语》为指导方针，利用一切机会千方百计地对中国进行教育摄取，把日本教育渗透到中国社会的内部，积极为全面侵华战争做准备。伴随着军事、政治、经济、文化的侵略，日本的教育扩张由此开始。此时日本教育的摄取性，完全演变成了扩张性。就像《说文》中解释的"摄取"一词的意思那样，日本开始按照合乎日本军国主义教育的需要来控制中国教育。从此日本的教育扩张经历了长达半个多世纪的漫长过程，中国教育深受其害。

因众多因素影响，本研究在有些方面还存较大的提升空间，其中以下两点较为突出：

一是日本古代教育历史资料原本就相当缺乏（这与日本人的历史观有关），而近代教育历史资料又带有极大的片面性，因而在处理和利用这些资料时遇到了不少的困难。有些史料不得不借助非正式出版物，即日方所编撰的丛书来获得，影响了历史资料的客观性。

二是所研究的问题历史跨度大，所以在某些历史节点上所有的精细研究不够，缺乏对问题的深层次思考，这与思辨能力有关。研究的宏观面似乎完整，给人以顺畅之感；但微观面的深入却使人略感不足，可深思回味处不多。另一方面是对日本教育问题的研究与对文化研究的关联不够。一个社会的文化走向往往很大程度上影响其教育的走向，只有将教育研究与文化研究联系起来，教育研究才会更加深入。本研究虽然也有借助文化研究的模式，对日本教育摄取性进行了分段研究，但在从文化学的角度对日本文化进行研究、探讨文化与教育的内外在联系方面，显然还有欠缺。

参考文献

一、日文著作

[1]［日］武安隆. 中国人の日本研究史［M］. 東京：六興出版, 1989.

[2]［日］中村元. 東洋人の思惟方法（第三巻）［M］. 東京：春秋社, 1949.

[3]［日］浜口惠俊.「日本らしさ」の再発現［M］. 東京：日本経済新聞社, 1977.

[4]［日］実藤惠秀. 日中非友好の歴史［M］. 東京：朝日新聞社, 1973.

[5]［日］佐藤尚子, 大林正昭. 日中比較教育史［M］. 横浜：春风社, 2002.

[6]［日］阿部洋. 日中教育文化交流と摩擦［M］. 東京：第一書房, 1983.

[7]［日］松本亀次郎. 中华留学生教育小史［M］. 東京：東亜書房, 1931.

[8]［日］阿部洋. 中国の近代教育と明治日本［M］. 東京：龍溪書舍, 2002.

[9]［日］佐佐木高明. 日本誕生史［M］. 東京：集英社, 1994.

[10]［日］秋山虔. 源氏物語の世界［M］. 東京：東京大学出版会, 1964.

[11]［日］中村孝也. 総合日本史［M］. 東京：講談社, 1987.

[12]［日］井上清. 日本の歴史［M］. 東京：岩波出版社, 1990.

[13]［日］津田左右吉. 文学に現れる国民思想の研究［M］. 東京：岩波出版社, 1951.

[14] ［日］源了円. 文化と人間形成 ［M］. 東京：第一法規出版, 1984.

[15] ［日］森三樹三郎. 中国文化と日本文化 ［M］. 東京：人文書院, 1988.

[16] ［日］丸山真男. 日本の思想 ［M］. 東京：岩波書店, 1961.

[17] ［日］会田雄次. 日本人の意識構造 ［M］. 東京：講談社, 1970.

[18] ［日］杉山明博. 日本文化の型と形 ［M］. 東京：三一書房, 1982.

[19] ［日］飯沼二郎. 風土と歴史 ［M］. 東京：岩波書店, 1970.

[20] ［日］板坂元. 日本人の倫理構造 ［M］. 東京：講談社, 1971.

[21] ［日］加藤周一. 日本とは何か ［M］. 東京：講談社, 1976.

[22] ［日］尾形裕康. 日本教育通史 ［M］. 東京：早稲田大学出版社, 1978.

[23] ［日］坂田吉雄. 明治维新史 ［M］. 東京：未来社, 1960.

[24] ［日］井上清. 明治维新 ［M］. 東京：東京大学出版社, 1951.

[25] ［日］小原国芳, 等. 八大教育主张 ［M］. 東京：玉川大学出版社, 1976.

[26] ［日］加藤仁平, 等. 新日本教育史 ［M］. 東京：早稲田大学出版社, 1960.

[27] ［日］木宫泰彦. 日中文化交流史（中译本）［M］. 北京：商务印书馆, 1980.

[28] ［日］海厉宗臣监修. 戦後日本の教育改革（第一卷）［M］. 東京：東京大学出版社, 1977.

[29] ［日］大田尧. 戦後日本教育史 ［M］. 東京：岩波書店, 1983.

[30] ［日］高桥俊乘. 日本教育文化史 ［M］. 香港：中日文化协会出版发行, 1933.

[31] ［日］石川松太郎, 等. 講座日本教育史（第一卷）［M］. 東京：第一法规, 1984.

[32] ［日］野村浩一. 近代日本的中国认识：走向亚洲的航踪 ［M］. 张学锋, 译. 北京：中央编译出版社, 1999.

[33] ［日］实藤惠秀. 中国人留学日本史 ［M］. 谭汝谦, 等译. 北京：生活·读书·新知三联书店, 1983.

[34] ［日］井上亘. 虚伪的"日本" ［M］. 北京：社会科学文献出版社, 2012.

[35] [日] 村山峰一. 净土教芸術と阿弥陀信仰 [M]. 東京: 東京致文堂, 1978.

[36] [日] 安井小太郎. 日本汉文学史 [M]. 東京: 富山房, 1939.

[37] [日] 大庭修. 江戸時代の日中秘話 [M]. 東京: 東方书店, 1980.

[38] [日] 和島芳男. 中世纪の儒学 [M]. 東京: 吉川弘文馆, 1960.

[39] [日] 镰田茂雄. 中国佛教史 (第一卷) [M]. 東京: 東京大学出版社, 1982.

[40] [日] 大芝孝. 日本にの中国文化 [M]. 東京: 東京日中出版社, 1974.

[41] [日] 家永三郎. 外来文化摄取史论 [M]. 東京: 青史社, 1974.

[42] [日] 内山克巳, 等. 近世日本教育文化史 [M]. 東京: 学艺图书株式会社, 1961.

[43] [日] 唐译富太郎. 日本教育史 [M]. 東京: 诚文堂新光社, 1961.

[44] [日] 小林哲也. 日本的教育 [M]. 北京: 人民教育出版社, 1981.

[45] [日] 原念斋. 先哲丛读 [M]. 東京: 有朋堂书店, 1928.

[46] 京都史迹会. 林罗山文集 [M]. 東京: ぺりかん社, 1979.

[47] [日] 源了円. 近世初期実学思想の研究 [M]. 東京: 創文化, 1980.

[48] 国民精神文化研究所. 藤原惺窝集 [M]. 京都: 思文阁出版, 1941.

[49] [日] 佐原真. 大系日本の历史 (1) [M]. 東京: 小学館, 1993.

[50] [日] 家永三郎. 日本文化史 [M]. 刘债生, 译. 北京: 商务印书馆, 1992.

[51] [日] 户川芳郎. 古代中国的思想 [M]. 姜镇庆, 译. 北京: 北京大学出版社, 1994.

[52] [日] 黑田日出男. 历史学事典 [M]. 東京: 弘文堂, 1995.

[53] [日] 小西甚一. 日本文芸史 [M]. 東京: 讲谈社, 1985.

[54] [日] 矶部忠正. 天常の构造 [M]. 東京: 讲谈社, 1976.

[55] [日] 安田孝子. 唐物语 [M]. 京都: 和泉书院, 1993.

[56] [日] 阿部吉雄. 日本朱子学と朝鲜 [M]. 東京: 東京大学出版会, 1965.

[57] 庆应义塾. 福译瑜吉全集 [M]. 東京: 岩波书店, 1958.

[58] [日] 荒井清秀. 近代中日学术用语の形成と传播——地理学用语为

中心 [M]. 東京: 白帝社, 1997.

[59] [日] 柳田国男. 明治大正史·世相篇 [M]. 東京: 筑摩书房, 1975.

[60] [日] 辻善之助. 日本文化史 [M]. 東京: 春秋社, 1955.

[61] [日] 佐伯有清. 古代东亚与日本 [M]. 東京: 東京教育社, 1977.

[62] [日] 冈田雄. 异人及其他——日本文化の基础构造 [M]. 東京: 東京言从社, 1979.

[63] [日] 安藤更生. 鉴真大和上传研究 [M]. 東京: 平凡社, 1980.

[64] [日] 中村新太郎. 中日二千年 [M]. 東京: 東邦出版社, 1973.

[65] [日] 今枝二郎. 阿倍仲麻吕研究 [M]. 東京: 高文堂出版社, 1979.

[66] [日] 宫本常一. 日本民族文化の形式 [M]. 東京: 法政大学出版局, 1981.

[67] [日] 大谷光男. 邪马台国時代 [M]. 東京: 雄山阁, 1978.

[68] [日] 山田孝雄. 五十音图の歴史 [M]. 東京: 宝文馆, 1951.

[69] [日] 中野义照. 弘法大师研究 [M]. 東京: 吉川弘文馆, 1978.

[70] [日] 植手通有. 日本近代思想と形成 [M]. 東京: 岩波书店, 1974.

[71] [日] 长泽规矩也. 和汉印刷史 [M]. 東京: 汲古书院, 1976.

[72] [日] 和岛芳男. 中世纪と儒学 [M]. 東京: 吉川弘文馆, 1965.

二、中文著作

[1] 严修. 东游日记 [M]. 天津: 天津人民出版社, 1995.

[2] 田正平, 等. 教育交流与教育现代化 [M]. 杭州: 浙江大学出版社, 2005.

[3] 舒新城. 近代中国留学史 [M]. 影印本. 上海: 上海文化出版社, 1989

[4] 王桂. 日本教育史 [M]. 长春: 吉林人民出版社, 1987.

[5] 李喜所. 近代留学生与中外文化 [M]. 天津: 天津教育出版社, 2006.

[6] 王晓秋. 近代中日关系史研究 [M]. 北京: 中国社会出版社, 1997.

[7] 李兆忠. 看不透的日本——中国文化精英眼中的日本. [M]. 北京：东方出版社，2006.

[8] 黄福庆. 请来留日学生 [M]. 台北："中央研究院"近代史研究所，1975.

[9] 陈景磐，等. 清代后期教育论著选 [M]. 北京：人民教育出版社，1997.

[10] 吕顺长. 清末浙江与日本 [M]. 上海：上海古籍出版社，2001.

[11] 汪向荣. 日本教习 [M]. 北京：中国青年出版社，2000.

[12] 齐红深，等. 日本侵华教育史 [M]. 北京：人民教育出版社，2004.

[13] 王向远. 日本对中国的文化侵占 [M]. 北京：昆仑出版社，2005.

[14] 吕顺长. 清末中日教育文化交流之研究 [M]. 北京：商务印书馆，2012.

[15] 王奇生. 中国留学生的历史轨迹：1872—1949 [M]. 武汉：湖北教育出版社，1992.

[16] 林子勋. 中国留学教育史 [M]. 台北：台湾华冈出版有限公司，1976.

[17] 王新生. 日本简史 [M]. 北京：北京大学出版社，2005.

[18] 户川芳郎先生古稀纪念改文集编辑委员会. 中日文化交流史论集 [M]. 北京：中华书局，2002.

[19] 郭守义. 日本语言与传统文化 [M]. 桂林：广西师范大学出版社，2002.

[20] 李寅生. 论唐代文化对日本文化的影响 [M]. 成都：巴蜀书社，2001.

[21] 郑彭年. 日本中国文化摄取史 [M]. 杭州：杭州大学出版社，1999.

[22] 朱谦之. 日本的朱子学 [M]. 北京：生活·读书·新知三联书店，1958.

[23] 王家骅. 儒家思想与日本文化 [M]. 杭州：浙江人民出版社，1990.

[24] 贺国庆，王保星. 外国高等教育史 [M]. 2版. 北京：人民教育出版社，2006.

[25] 王根顺，朱江婷. 明治维新时期《学刊》对日本高等教育的影响 [J]. 高等理科教育，2014（3）.

[26] 吴光辉. 近代日本高等教育的形成与发展——以国家主义教育体制的

确立为中心［J］．日本学论坛，2004（3）．

　　［27］滕大春．外国教育通史（第五卷）［M］．济南：山东教育出版社，1993．

　　［28］张德伟．日本教育特质的文化学研究［M］．长春：东北师范大学出版社，1999．

　　［29］陈俊英，韩秀梅．日本明治时期初等教育的普及与回顾［J］．北京：日本问题研究，1998（4）．

　　［30］戴季陶．日本论［M］．香港：香港中和出版有限公司，2013．

　　［31］王永娟，姜俊燕．樱花的国度［M］．北京：中国水利水电出版社，2006．

　　［32］姚嶂剑．遣唐使［M］．西安：陕西人民出版社，1984．

　　［33］孟家承，等．中国古代教育史资料［M］．上海：华东师范大学出版社，2010．

　　［34］朱谦之．日本的古学及阳明学［M］．北京：人民出版社，2000．

　　［35］张旅平．文明的冲突与融合［M］．北京：文津出版社，1993．

　　［36］范作申．日本传统文化［M］．北京：生活·读书·新知三联书店，1992．

　　［37］武安隆．文化的抉择与发展［M］．天津：天津人民出版社，1993．

　　［38］王勇．日本文化论：解析与重构［J］．日本学刊，2007（6）．

　　［39］谢红辉，韩勇．日本概况［M］．上海：上海交通大学出版社，2010．

　　［40］梁策．日本之谜：东西方文化的融合［M］．贵阳：贵州人民出版社，1988．

　　［41］陈理昂，朱铁英．记者眼中的日本［M］．北京：中国青年出版社，1988．

　　［42］林语堂．吾国与吾民［M］．北京：宝文堂，1988．

　　［43］肖川．教育与文化［M］．长沙：湖南教育出版社，1990．

　　［44］池学镇，田忠魁．日本通览［M］．哈尔滨：哈尔滨工程大学出版社，1993．

　　［45］谢川予，吴治玮．你可能不知道的日本［M］．北京：中国发展出版社，2008．

　　［46］田旭东．周秦汉唐历史文化十八讲［M］．西安：陕西人民出版社，2008．

三、其他部分

[1] [美] 赖肖尔. 当代日本人：传统与变革 [M]. 陈文寿，译. 北京：商务印馆，1992.

[2] [法] 雅克·卢梭. 论语言的起源 [M]. 洪涛，译. 上海：上海人民出版社，2003.

[3] [美] 本尼迪克特. 菊与刀 [M]. 唐晓鹏，王南，译. 北京：华文出版社，2005.

后 记

专著的闭门写作，费时颇久，画上最后一个句号时，窗外已冬意渐浓。岳麓山的红枫只残留屈指可数的几片，在寒风中的枝头摇曳。但推开窗户，不知怎的，总感觉到扑面的寒风中有春的气息，于是心中升起一种朴素的温暖，原来山阳处和庭院中的梅花正悄然含苞，静等那春天的第一声惊雷。此时此景，专著撰写时的点滴，仿佛历历在目，甜苦不能言尽，诸多事令我终生难忘。

首先是油然而生的感谢之情。我要特别感谢孙俊三等教科院的诸位教授，若无他们舌耕之辛劳、智慧之光的照耀和人格之力的感召，我如此静心研究、独立思考地完成专著实不可能。同时感谢出版社的编辑老师，专著得以付梓，感谢他们的辛勤付出。我还要感谢我的家人。妻子蒋雁鸣老师是我研究心得的第一位倾听者，她工作繁忙，但为了保证我的写作不辞辛苦，甘愿付出。女儿在香港读大学，学习之余，数次为我查找和翻译资料，解决了我资料缺乏之困，每每忆起这些，心中倍感温暖。这也是我写作的动力。

因有在日本学习的教育背景和日语语言方面的优势，我对中日教育交流的研究颇有兴趣。但在该研究领域，尚属浅识之人，今后待走之路甚长。现能完成本专著的写作，在很大程度上也借助了其他研究者的心血和成果，在此一并予以感谢。

与感谢之情伴生的便是愧疚之意。日本古代教育历史资料原本就相当缺乏，近代教育史料又带有一定的片面性，因而在处理和利用这些资料时遇到了不少的困难。专著撰写过程中，有些史料不得不借助非正式出版物，即日方所编撰的丛书来获得，这一定程度上影响了历史资料的客观性。又因研究的问题历史跨度大，微观面的深入自感不足，留下了不少遗憾。

书稿虽经数次修改而成，然因本人学识和研究能力的局限，其中定有不妥之处，切望专家学者批评指正，不吝赐教！

为交流之便利，特留下本人邮箱：liyingfu1234@126.com

李应赋

2020 年 11 月　于岳麓山下